옛 만화가들의 에피소드

김 진 글
채일병 그림

시작하면서

이 책 <옛 만화가들의 에피소드>는 1996년, 도서출판 (주) 한국아람에서 발간된 <만화가들은 진짜 못 말려!>를 바탕으로 하여 다시 만들어졌다. 원래는 만화에 관심이 많았던 내가 만나고 들은 만화가들의 이야기를 중심으로 구성한 일종의 에피소드 모음집이었다. 그런데 최근에 다시 책을 보게 된 내가 이왕이면 내용을 시대별로 정리하여 한국만화계의 야사도 알 수 있는 참고 도서로서의 기능도 아울러 갖추면 어떨까 하는 생각을 하게 되어 약간 다른 내용으로 다시 손을 보게 되었다.

물론 이 책에 소개되지 않은 만화가들도 많이 있다. 하지만 그것은 이 책을 편집한 내가 그들을 만난 적이 없거나 대화한 적이 없기 때문이다. 그들의 이야기를 듣기 위해 일부러 만남을 시도하거나 하지는 않았다. 이 책은 그저 바람에 날려 오는 것 같은 작은 이야기들을 하나 둘 주워서 모은 것일 뿐이다. 하지만 그것은 결국 이 책이 부분적인 만화계의 역사책이며, 그런 책도 커다란 역사를 구성하기 위해서는 필요하리라고 생각해 본다.

이 글을 통해 내가 소개하고자 하는 것은 주제넘게 만화가들의 작품 수준에 대한 평가나, 한국 만화계의 발전을 위한 고견이 아니다. 그들에게서 순간적으로 느낀 인간적인 느낌을 스케치하듯이 그려놓은 여러 장의 그림을 소개하는 것뿐이다.

하지만 여러분은 이 책에 소개되는 이야기를 읽으며 자신도 모르게 웃게 될 것이고, 그것에서 작은 위안까지도 얻게 될 것이다. 만화가들에 대한 이야기는 꿈을 먹으며 살아가는 어른들의 이야기이니까.

이 책은 「서장, 만화가와의 첫 만남, 제1장, 내가 만나고 들은 만화가들 이야기, 제2장, 만화 같은 이야기들, 제3장, 만화가들의 아내 등 네 덩어리로 나누어 구성되었다.

끝으로 어쩔 수 없이 일부 만화가들의 이름을 OO으로 표기한 사정에 대해 깊은 양해 있으시기를 바란다.(경우에 따라 불가피하게 가명을 만들어 사용하기도 했다.)
  이 책의 기본적인 삽화는 고인이 되신 원로만화가 채일병 선생이 그려주셨다.

2024년 3월 25일
김진

차 례

서장
만화가와의 첫 만남 ································ 13

○. 산호 ·· 15
*. 산호 선생을 만나다… *. 타오르는 야심 *. 인생을 사는 최상의 방법 *. 묘한 사람 *. 술주정이 심한 친구가 있다면 *. 멤버 체인지 *. "라이파이가 다음 편에 어떻게 되지요?" *. 이갑호 선생 *. 넓은 무대를 향해 *. 덧붙이는 글

제1장
내가 만나고 들은 만화가들 이야기 ········ 37

○. 김용환 ·· 39
*. 코주부 *. 코주부의 충무공에 대한 열정.

○. 최상권(문철) ·· 44
*. 귀신

○. 이성룡 ·· 48
*. "누가 의사를 불렀어?"

○. 최상록 ·· 53
*. 머리가 나빠서

○. 김기율 ·· 54
*. 초창기 만화계의 괴짜들 *. 낚시에 대한 기억 *. 큰길가

의 술집 *. 노루잡이

o. **박기당** ··· 77
  *. 일본에서 출생한 만화가 *. 원숭이 한 마리로 평생 먹고 사는 방법

o. **김원빈** ··· 82
  *. 성(成)과 화(華) *. 가족

o. **김경언과 정파** ······································· 86
  *. 뛰어난 만화가 *. 칠성이 대통령과 깨막이 수상

o. **성영식** ··· 88
  *. 성 선생의 조카사랑

o. **신동우** ··· 90
  *. 평가 방법 *. 이해할 수 없는 차이 *. 그림을 그리는 속도

o. **송칠성** ··· 95
  *. 물오리 사냥

o. **고우영(추동성)** ····································· 98
  *. 만화는 곧 당의정 *. 짱구박사

o. **방영진** ··· 102
  *. 약동이와 영팔이

o. **박경신** ··· 106
  *. "재수가 좋았어."

o. **오명천** ··· 108
  *. 지독한 애연가 *. "호랑이의 앞니는 몇 개?"

o. **유세종** ··· 113
  *. 코끼리를 냉장고에 넣는 법

o. **이윤경(채윤남)** ····································· 115
  *. 재주가 많은 사나이

o. **이상열(호세)** ················· 117
　*. 장기 시합 *. 기대가 크면 *. 경고 동작 *. 찾아가서 만든 형님

o. **전상균** ·························· 128
　*. 캐리커쳐 *. 야유회 *. 밀가루 음식

o. **채일병** ·························· 133
　*. 대식가 *. 꿩과 복덕방 *. 이격정 *. 편집장의 월급이 원고료 *. 균형이 맞지 않는 지출 내역 *. 미사일 *. 취미생활의 변화 *. 보물찾기 *. 룸살롱 풍경 *. 중국여행 *. "살았구나, 만세!" *. 네 바퀴 달린 오토바이 *. 최고의 관객

o. **김청기** ·························· 165
　*. 부지런하고 건강한 사나이 *. 김 감독의 영감 *. 프라모델「우뢰매」

o. **조항리(조원희)** ············· 171
　*. 원고료 *. 최인호와 계약금

o. **이덕송** ·························· 175
　*. 송강 *. 우에노의 호랑이

o. **이영복+산호** ·················· 177
　.「어느 사랑의 이야기」. 미국의 만화계 *. 기적 *. 밀어닥친 행운 *. 선구자적인 인생

o. **양정기** ·························· 187
　*. 양말 *. 이불 동굴 *. 어떤 술안주

o. **박부남** ·························· 195
　*. 시계 도둑 *. 원하지 않은 재회

o. **심만기** ·························· 204
　*. 심 선생과 버버리코트

- **엄국진** ·········· 206
  *. 명국환 선생의 부고 *. 바나나와 막걸리 *. 탈영병
  * 진짜 사나이

- **조치원(강의웅)** ·········· 213
  *. 심술대장 *. 잭나이프 *. 결투. *. 이상한 천재

- **김동명** ·········· 222
  *. 내가 좋아하는 일 *. 접착제(?) *. 달걀 껍질 밖의 계산
  *. 원고 청탁을 시키다

- **김수연** ·········· 235
  *. 기록화 *. 장난을 즐기는 만화가 *. "다섯 권이 아니야!"
  *. 검문소의 초소장 *. 연필값 *. 도망자 *. 캐리캐처 *. 차장의 임무. *. 잉어

- **황○주** ·········· 265
  *. 공연한 걱정 *. 술 구경 값

- **고무창** ·········· 273
  *. 어떤 이야기

- **이정○** ·········· 275
  *. 분화구(?)

- **이○동** ·········· 277
  *. "올려!" *. "항복이야. 내가 졌네." *. 겁이 없는 사나이

- **배○길** ·········· 285
  *. 호랑이? 고양이?

- **공○현** ·········· 288
  "○을 하나 더 붙여."

- **나하나(노윤생)** ·········· 290

*. 고스톱
○. **차아성** ················· 292
　　*. 입이 화근
○. **김○진** ················· 294
　　*. 보는 눈과 못 보는 눈
○. **김○성** ················· 296
　　*. 열매를 맺지 못한 인재 *. 승용차
○. **장○철** ················· 300
　　*. 커피포트
○. **조규덕** ················· 302
　　*. 5분만 가는 손목시계
○. **신택구** ················· 305
　　* 동물 이름들, *. 청바지 값
○. **오달수** ················· 311
　　*. 동양화
○. **심진호** ················· 312
　　*. 심술 백 단
○. **문○○** ················· 314
　　*. 무인도의 쥐
○. **오세영** ················· 317
　　*. 요절한 천재
○. **김철수** ················· 319
　　*. 숙명(1), 숙명(2) *. 자이언트 판다
○. **남문○** ················· 326
　　*. 육사생, *. 위기, *. "냉이야, 병!"

○. 나오미 ·· 335
  *. 따뜻한 우유 *. 외상 오입권

제2장
만화같은 에피소드 ···················· 341

○. 맞는 이야기 ·· 343
  *. 유식한 마담 *. 인심 좋은 약사 *. "너 손잡이 똑바로 잡지 않을래?" *. 만두가 다섯 개인 이유
○. 만화의 등장인물같은 사람들 ················ 345
  *. 모택동 *. 노래나 한 곡씩 부르지
○. 사나이의 약속 ···································· 349
○. 만화 같은 이야기 ································ 355
  *. K씨는 동키호테 *. 뱀
○. 숙명이란? ·· 359
  *. 내용1 *. 내용2 *. 내용3 *. 내용4 *. 내용5 *. 내용6
  *. 내용7 *. 내용8 *. 내용9 *. 새로운 이야기 1 *. 새로운 이야기 2
○. 희한한 녀석들 ···································· 370
  *. 개이야기 *. 물고기를 잡는 특별한 방법 *. 악인(惡人)과 선인(善人) *. 답답한 제본소 사장 *. 레슬러

제3장
만화가의 아내들 ························· 381

○. 백곰표 팬츠 ······································· 383

ㅇ. 내 친구의 후배의 아내 ··· 386
ㅇ. 두레박에 묶인 아이 ··· 388
ㅇ. 바케츠의 물 ·· 392

서장
만화가와의 첫 만남

산호

*. 산호 선생을 만나다

내가 산호 선생을 처음으로 만난 것은 1960년대 중반이었으며, 나도 그처럼 멋진 만화가가 되고 싶었다. 나는 한동안 그의 집에 있었지만 얼마 후 그의 집에서 나왔다. 나는 결국 산호 선생을 무척이나 좋아했던 팬의 입장을 넘어서지 못했다.

당시에 그의 집은 돈암동 6번지, <서라벌> 예대 옆에 있는 초록색 대문 집이었으며 독실한 천주교 신자인 부모님과 두 형님과 동생들이 있었다. 당시 팬텀기 조종사였던 작은 형님은 산호 선생처럼 그림을 잘 그리셨는데, 그 분의 영향을 받아 산호 선생이 라이파이라는 SF만화를 그리게 되지 않았나 하고 생각한다.

당시 산호 선생은 <소녀의 기도>, <콜로라도의 달>, <전설> 등의 만화를 그렸으며, 1959년부터 <라이파이 시리즈>를 그렸다. 제목은 제1부 <제트단과 라이파이>, 제2부 <피너 3세와 라이파이>, 제3부 <녹의 여왕과 라이파이>, 제4부 <십자성의 신비와 라이파이>이며, 계속해서 발행되는 동안 수많은 독자들을 열광시켰다.

산호 씨는 당시의 다른 만화가들은 좀처럼 다루지 않았던 미국의 수퍼맨, 배트맨, 일본의 아톰처럼 우주의 평화를 위해 싸우는 한국적인 수퍼맨을 탄생시켰으며 그야말로 대단하다고 말할 수밖에 없는 인기몰이를 하는데 성공했다.

라이파이 신간이 나오게 되면 과장된 말로 난리가 났다. 아이들은 앞을 다투며 대본소로 몰려들었고, 대본소 주인들은

어린 독자들의 욕구를 충족시키기 위해 똑같은 신간을 몇 권 씩이나 사야 했다. 뿐만 아니라 그래도 모자라 책들을 각각 반권씩 뜯어서 독자들이 앞부분을 좀 더 빨리 볼 수 있도록 배려해주는 대본소도 있었다.

그것은 물론 당시가 아이들의 놀이 문화가 형성되지 못했던 시절이어서 생겨났던 놀라운 기현상이었지만 라이파이의 인기는 한마디로 말하자면 가공할 만한 것이었다. 물론 당시에 출간된 만화들은 김종래 선생의, <엄마 찾아 삼만 리>, 박기당 선생의 <만리종> <묘구 공길이>, 신동우 선생의 <날쌘돌이> 등 여러 작품들이 있었지만 인기 면에서 <라이파이>와 비교할 수 없었다.

그것은 정말로 놀라운 일이었다. 한데 더욱 놀라운 일은 그 작품을 그린 작가가 겨우 스무 살을 넘은 어린 청년이라는 점이었다.

하지만 라이파이는 예상하지 못했던 문제가 생겨 갑자기 발행이 중단되었다.

* 타오르는 야심

내가 그의 집에 갔을 때 그가 그리던 만화는 일제 시대를 배경으로 한 <해 뜨는 나라>였다. 그런데 그는 그때 <해 뜨는 나라> 원고 제작을 다른 팀원에게 넘기고 자기는 4×6배판 특판 사이즈로 라이파이와 제비 양의 아들인 <피터 링>의 이야기를 그리기 시작하고 있었다. 아마도 라이파이와 함께 사라진 인기를 되살리기 위해서였을 것이다. 하지만 그 같은 시도는 결국 성공하지 못하고 있었다.

"'라이파이'라는 제목은 어떻게 해서 만들어지게 되었지요? 뭔가 특별한 이유라도 있었나요?"

산호 선생 집에서 함께 생활하게 된 내가 물었더니 그가 대답했다.

"특별한 이유는 없네. 라이파이를 그리기 전에 본명(김철수)으로 작품들을 몇 가지 발표했는데, 그걸 찍어준 출판사의 사장이 <하이파이>라는 상표가 붙은 전축 하나를 선물로 사 주었어. 그때 SF만화를 준비하고 있었는데 문득 하이파이의 '하'자만 '라'자로 바꾸면 재미있는 제목이 될 것 같다는 생각이 들어 즉흥적으로 사용하게 되었지."
"산호라는 필명은 어떻게 짓게 되었지요?"
"그건 이유가 있지. 영어나 불어권에서는 바다를 여성으로 표현하잖아. 한데 산호초만 여성(바다) 속에 존재하는 남성으로 표현한다는 거야. 어때? 재미있고 근사하다고 생각되지 않나? 그래서 '산호'라는 필명을 사용하게 되었지."
산호 선생은 그렇게 말하며 라이파이 이후에 그린 <유리천사> 책자들을 일본의 유명한 만화 출판사에 보냈으며, 의향이 있으면 와서 작품 생활을 하기를 원한다는 내용의 답장을 받았다는 이야기를 해 주었다. 그래서 내가,
"좋은 기회라고 생각되네요. 일본에 가서 작품생활을 하면 여러 모로 좋을 텐데요."
하고 말했더니 그는 고집스런 미소를 얼굴에 머금으며 대답했다.
"일본 만화계의 문을 두들겨 봤을 뿐이야. 내가 가려는 곳은 만화의 본산지인 미국이야. 미국에 가서 일류작가가 되어야 세계 최고의 작가로 인정받을 수 있어."

이건 누군가에게서 들은 이야기이다.
어느 해의 여름, 함께 일하는 동료들과 함께 피서차 인천의 작약도에 놀러 갔던 그는 눈부신 햇살 아래 펼쳐진 바다를 보며 이렇게 말했다고 한다.

"나는 기어이 미국에 가서 성공할 것이고, 언젠가 내가 탄 나의 요트가 한국의 항구를 향해 들어오게 될 것이다! 그리고 그 배의 하얀 돛에는 'SH'라는 내 이니셜이 커다랗게 박혀 있을 거야."
 당시의 그는 주위 친구들에게 미국 만화계로의 진출에 대해 이야기하곤 했으며, 그의 그림과 스토리들은 미국 만화의 냄새를 많이 풍기고 있었다. 때문에 그의 작품 <콜로라도의 달>을 보면서 당시의 서부만화를 다시 생각하게 되었고, 아즈테카를 정복했던 스페인의 원정 대장 코르테스와 아즈테카의 무테수마의 전투 이야기가 소개되는 <전설>을 보면서 생소한 남미 쪽의 별난 역사와 전쟁의 특성 등에 관심을 갖게 되기도 했다.

 스페인 원정대는 치열한 전투 끝에 아즈테카의 왕 무테스마를 생포한다. 그리고 설마하면서 방에 가득 찰 만큼의 황금을 가지고 오면 왕을 놓아주겠다고 아즈테카 인들에게 말한다. 이때 아즈테카 인들이 방에 가득 찰 만큼의 황금을 가져오리라고는 스페인 원정대도 예상하지 않았다. 한데 그들이 그 같은 요구를 들어주자 스페인 원정대는 거기에서 그치지 않고 더욱 큰 욕심을 냈다. 그만큼의 황금을 다시 한 번 가져와야만 무테스마를 석방하겠다고 말한 것이다. 아즈테카 인들은 결국 크게 노하고 말았다. 그들은 결국 결사대를 조직하여 한밤중에 스페인 원정대를 공격하여 그들을 잡았으며, 황금 쇠사슬로 그들을 묶어 티티카카 호수에 빠뜨려 수장시키고 말았다고 한다. 때문에 지금도 티티카카 호수에는 여름 휴가철이 올 때마다 당시에 스페인 군을 묶었던 황금 쇠사슬을 찾으려는 모험가들이 세계 각국에서 모여든다고 했다.

하지만 그런 행동은 종종 남의 이야기하기를 좋아하는 사람들의 입에 오르게 되었다.
"그 친구 완전히 미국병에 걸렸어."
"미국이 아무나 갈 수 있는 곳인 줄 아나? 그리고 거기에 가봤자 맥이나 출 수 있을 것 같아? 날고 기는 실력을 가진 만화가들이 강가의 조약돌들처럼 셀 수도 없을 만큼 즐비할 텐데…"
"그러게 말이야, 간이 부어도 단단히 부었어. 라이파이가 히트를 친 것은 사실이고, 그림 실력이 있는 것도 사실이지만 한참 잘못 생각하고 있는 것 같아."
그런 이야기들에 대해 산호 씨는 이렇게 말했다.
"미국에 가서 생활하려면 그쪽의 흐름에 맞춰 그림을 발전시키는 것이 당연하다고 생각하네. 그리고 나는 분수를 모르는 허영심에 빠져 미국에 가려는 게 아니야. 나 자신은 더없이 겸손한 생각을 가지고 있네. 미국에 가면 '닐 애덤스(1960년대에 배트맨을 그린 만화가)'나 '조 쿠버트(털보 중사가 주인공인 전투만화를 그린 작가)'를 찾아가 무릎을 꿇고 부탁할 생각이야. '먼 동양에서 만화를 배우러 왔습니다. 줄을 치는 일부터 시작하겠으니 모시며 배우게 해 주십시오'라고 말할 각오를 하고 있어. 물론 그런데도 들어주지 않는다면 가난한 유학생들처럼 접시닦이라도 하며 기회를 기다려야겠지."
하지만 나는 그것은 이해가 될 것 같으면서도 이해가 되지 않는 이야기라고 생각했다. 20대 초반에 이미 국내 정상의 자리를 차지하여 거의 확실한 미래가 보장되어 있는데, 무엇 때문에 미래가 불확실한 미지의 세계로 떠나려는 것일까? 아무리 그것이 그의 야심찬 꿈이라고는 하지만…그것은 어쩌면 고

난과 가시밭길의 시작일지도 모르는데.
 하지만 그의 결심은 이미 굳게 서 있는 것 같았다. 그는 결국 떠나야 할 사람이었다. 거래처인 <부엉이 시리즈>의 오학운 사장에게 부탁하여 특별히 모조지로 찍은 만화책 <흑검무?>를 미국에 샘플로 보내기도 하면서 떠날 준비를 착착 진행했다.

* 인생을 사는 최상의 방법

 거짓말 같은 이야기지만 그는 일단 원고에 매달리면 그 원고가 탈고될 때까지 조금도 쉬지 않는 놀라운 정신력(체력)을 가진 사람이었다. 어느 날 이른 아침에 그는 느닷없이 엉뚱한 이야기를 꺼냈다.
 전날 밤, 미8군의 AfKN TV에서 방송하는 영화를 보았는데 다음과 같은 내용이었다고 말했다.

 '어떤 돈 많은 늙은 사업가가 며칠째 계속해서 몸이 아파 의사를 찾아갔더니, 진찰을 끝낸 의사가 그는 암에 걸려 있으며 3개월밖에 살지 못한다는 충격적인 선고를 내렸다. 때문에 사업가는 크게 번민하게 되었다. 결국 3개월밖에 남지 않은 인생을 최선을 다해 열심히, 그리고 값지게 사는 것만이 최상의 방법이라고 결론짓게 되었으며 마음의 안정을 얻게 되었다.'

 산호 선생은 그 이야기에 자기의 생각을 덧붙여 말했다.
 "나는 그 사업가처럼 늙지 않은 젊은이이며 암에 걸리지도 않았다. 더욱이 남에게 뒤떨어지지 않는 두뇌와 재능도 가지고 있다고 생각한다. 그러한 내가 3개월의 시간밖에 남아있지 않은 그 사람과 같은 마음자세로 최선을 다해 열심히 노력한 다면 나의 소망은 이루어지지 않을까? 그것이 너무나 크고 이루기 힘든 일이라고 할지라도."
 물론 나는 그의 생각에 동감의 뜻을 표했다. 그것은 정말로 놀라운 이야기였다. 산호 씨다운 아주 멋진 이야기였다.

*. 묘한 사람

 산호 선생은 만화책 속의 등장인물처럼 묘한 면이 많은 사람이었다. 어쨌든 생각나는 대로 소개하면 다음과 같은 인간이다.
 그는 자기가 그린 만화책들을 열심히 뒤적거리며 재미있다고 감탄하는 묘한 사람이었다. 그 당시 산호 프로덕션에는 다른 만화가들의 작품은 한 권도 없고 오직 산호 선생의 작품들만 책꽂이에 꽂혀 있었다. 그는 자기가 그린 만화책을 읽으면서 큭큭 웃으며 재미있다고 말하기도 했다. 나는 그런 사람을 다른 곳에서는 보지 못했다.

 그리고 나는 그가 장기나 바둑을 두는 것을 보지 못했다. 아마 장기나 바둑 두는 법을 배우지 않아서였을 것이다(?).
 하지만 그는 가끔 함께 일하는 동료들과 함께 이색적인 게임을 즐기곤 했다. 그 게임의 이름은 <함대작전>이었다. 그것은 원래 지도 위에서 항공기들이 싸우게 하는 파일럿들의 놀이를 그가 변형시켜 바다를 무대로 하여 함대가 싸우게 만든 게임이라는데, 장기나 바둑처럼 둘이 마주앉아 실력을 겨루는 게임이 아니다.

 게임을 운영하려면 기본적으로 3인이 있어야 한다. 2명의 대전자와 1명의 심판, 서로 등을 보이며 앉은 2명의 대전자들이 자기 나름대로 만들어진 암호를 이용하여 전함들을 이동시키면 심판은 똑같은 상황으로 배치된 상황판의 배들을 이동시키기 시작한다. 그러다가 같은 바다에서 양쪽의 전함들이 만나게 되면 심판은 '접전'이라고 말해 주며(레이더에 포착된 상황이다), 양측의 대전자들은 그 배가 그곳까지 가게 된 암호(명령)를 해독하여 배가 떠난 항구와 그 암호가 가리키는 방향을 알아낸다. 이어서 함포사격을 가해 상대방의 전함들을 격침시키게 되는데, 전함들의 종류와 항속거리, 사거리, 보유한 함포의 숫자, 그리고 항해를 하는데 있어서의 특징들은 각각 틀리다. 따라서 머리가 너무 나쁘면(?) 상대편 전함들의 위치도 파악하지 못한 채 바다에서 헤매기만 하다가 결국 함대가 박살이 나게 된다. 아울러 한 게임을 치르려면 짧지 않은 시간을 필요로 하게 되는데 여기서 내가 말하고자 하는 것은 게임에 대한 설명이 아니라 전체적인 게임을 치르기 위해 소요되는 시간이다.

 그 시간은 보통 빠르면 하루, 길어지면 이틀까지도 걸리게 된다. 화실 내의 모든 사람들이 최후의 승자가 결정될 때까지 토너먼트식의 대결을 계속해야 하기 때문이다. 그 게임이 시작되면 만화 원고 제작은 당연히 중지된다. 놀 때는 모든 것을 잊고 노는 데만 정신을 쏟아야 하니까.

 그는 꽤나 심술궂은 면도 가지고 있는 사람이었다.
 이건 본인에게 직접 들은 이야기인데 그는 어느 날 동대문 야구장에 가게 되었다. 그날 시합을 하는 모교의 팀을 응원하기 위해서였다.

 한데 모교의 팀은 중반전에 들어설 때까지 고전을 면치 못하고 있었다. 때문에 예민한 그의 신경은 곤두서기 시작했는데 바로 그때 엉뚱한 작자가 불난 집에 부채질을 했다. 그의 뒷자리에 앉아 상대 팀을 응원하던 곱슬머리의 청년이었는데 우산 끝으로 산호 선생의 등을 쿡쿡 찌르고 있었다. 돌아다보니 입에 담배를 물고 있었다. 담뱃불을 빌려달라는 이야기였다.
 '빌어먹을 녀석 같으니…손은 어디다 두고 우산으로, 어쨌든 너 잘 걸렸다.'
 산호 선생은 그 곱슬머리에게 엉뚱한 화풀이를 하기로 했다. 그는 당시에 흔치 않았던 가스라이터를 사용하고 있었는데 가스를 내보내는 밸브를 살짝 푼 뒤에 그에게 내민 것이다. 때마침 가느다란 비가 내리고 있었고 바람도 약간 불고 있었다. 때문에 곱슬머리는 한 손으로 바람을 막으며 얼굴을 가까이 대면서 라이터를 켰다. 다음 순간 "으앗-"하는 비명 소리와 함께 그의 얼굴이 뒤로 젖혀졌다. 표창처럼 생긴 불줄기가 그의 얼굴로 치솟았기 때문이다. 그러자 산호 씨는 "어?"하고 놀라는 표정을 지으며 마음속으로 중얼거렸다.
 '쌤통이다! 통닭처럼 익지는 않았겠지만 눈썹이나 앞쪽의 곱슬머리 몇 가닥은 확실하게 타버렸을 거다. 자업자득이다, 녀석아! 히히히!'

 그리고 이런 일도 있었다고 들었다. 굳이 이름을 붙이자면 <과자 보따리 사건>이다.
 산호 씨가 라이파이로 미증유(未曾有)의 히트를 치자, 원고를 들고 찾아갔을 때는 거저 줘도 찍지 않을 것처럼 냉대를 하던 J출판사의 L사장께서 찾아오셨다. 뭔가를 싼 보따리 하나를 옆구리에 끼고서.

 그가 찾아온 목적은 들어 볼 것도 없이 원고 거래를 하자는 간절한 부탁을 하기 위해서였다. 하지만 그것은 들어 줄 수 없는 부탁이었다. 때문에 산호 선생은 먼 훗날을 기약하며 듣기 좋게 거절했다. L사장께서는 바퀴벌레를 씹어 먹은 얼굴이 되어 돌아가지 않을 수 없었다. 들고 온 보따리를 산호 씨의 방에 남겨놓은 채.

 산호 선생은 그 안에 든 것이 맛있는 케이크일 것이라고 멋대로 생각하고 있었다. 때문에 L사장을 배웅하고 안으로 들어가자마자 작업실에서 일하고 있는 동료들을 불렀다. 함께 먹기 위해서였다. 한데, 보자기를 풀던 산호 선생은 깜짝 놀라지 않을 수 없었다. 보따리의 내용물이 고액권 다발들이기 때문이었다. 말하자면 그것은 억지로 떠맡긴 계약금이었다.

 물론 산호 선생은 그 돈 보따리를 다시 L사장에게 돌려주었다. 그리고 일부러 소문을 내지 않았는데도 그와 거래하는 출판사 '부엉이 시리즈'의 오 사장이 그 사실을 알게 되었다. 그러니 오 사장이 산호 선생을 어떻게 생각하겠는가? 요즘처럼 법적인 계약을 하고 거래를 한 것도 아닌 '황금알을 낳는 오리'가 유혹에 넘어가지 않고 의리를 지켰으니(산호 선생이 원고를 들고 돌아다녔을 때 업자들은 한결 같이 당시의 인기작품이었던 <장희빈>이나 <엄마 찾아 삼만 리> 같은 비극적인 내용의 원고를 원했다고 한다).

 그 때부터 오 사장은 산호 선생의 말이라면 콩을 팥이라고 해도 믿을 정도로 그를 신뢰하게 되었다. 아울러 그에 대한 산호 선생의 신뢰도 변하지 않았다. 그는 한국에서 만화가 생활을 하면서 오직 한 군데의 출판사와 거래한(시작부터 끝까지) 세 작가들 중의 한 사람이 되었다. 나머지 두 사람은 <칠

성이>, <의사 까불이> 등을 그린 김경언 선생과 <삼천계단>, <열두 대문>을 그린 이성룡 선생인 것으로 나는 알고 있다.

* 사마의에게 당하다

 산호 선생의 화실에서는 당시 여러 명의 만화가들이 기거하며 일하고 있었는데 L 선생과 J 선생은 지금은 원로 만화가들로 소개되고 있는 원로 작가들이며, B 선생은 얼마 전에 세상을 떠났다. 그들은 흔히 말하는 산호 선생의 제자들은 아니고 당시의 개인 형편상 한동안 남의 일을 해주고 있는 협력자들이었다.

 B 선생도 당시 그곳에서 일하고 있었다.

 B 선생은 그분 나름대로 뛰어난 실력을 가지고 있어서 산호 선생에게 많은 도움이 되었다. 한데 그는 가지고 있는 재주만큼이나 지나치게 술을 많이 마시는 분이셨다. 더욱이 술에 취하기만 하면 조용히 주무시지를 않고 주위 사람들을 피곤하게 만들었다.

 예를 들자면 술 냄새를 풍기며 들어와 열심히 일하고 있는 사람에게 주정을 하여 작업에 지장을 주고, 말대꾸라도 하게 되면 했던 소리가 되풀이되는 설교가 시작된다. 때문에 작업실의 모든 사람들은 그때마다 그의 머리를 한 대 쥐어박으면 좋겠다는 생각이 굴뚝처럼 치솟았지만 차마 그럴 수는 없었다. 그는 그곳에서 최고의 선배이며 연장자였기 때문이다.

 한데 어느 날 밤이었다. B 선생께서는 그날도 술을 한 잔 드시고 들어오셨는데 그날 밤의 타깃은 작업실의 만화가들이 아니라 자기 방에서 일하고 있는 그 집의 대장 산호 선생이었다.
 때문에 모든 사람들은 흥미진진해하며 결과를 지켜보게 되었다. 그럴 수밖에 없는 것이 산호 선생은 그 날 밤 철야작업을 하고 있었다. 산호 선생은 리더다운 좋은 성격을 가지고 있었지만, 일단 원고 제작에 열중하게 되면 신경질적으로 날카로워지는 사람이어서 그러한 상태의 그에게 술주정을 하게 되면 결국 좋지 않은 결과가 생겨날 것이 뻔했다. 그래서 작업실의 사람들은,
 "산호 선생은 아마 큰 소리를 지르며 화를 낼 거야."
 "이제 곧 뭔가 깨지는 소리가 나겠군. 하지만 산호 선생이 B 선생과 다투게 되면 능력 있는 일손을 잃게 될 텐데…"
 하고 한 마디씩 하며 산호 선생의 방이 있는 창문 쪽으로 시선을 던졌다. 때문에 나도 역시 그 결과에 대해 큰 관심을 가졌는데, 그 이유는 당시에 산호 선생이 제갈공명까지는 못 되더라도 사마의 정도로는 평가해줘야 하는 젊은 인재라는 소리

를 누군가에게서 들었기 때문이다. 사실 그림을 잘 그리는 만화가들은 많지만 그림 외의 사교성, 인간경영의 능력까지를 고루 갖춘 사람은 당시나 지금이나 많지 않기 때문이다. 따라서 나는 '산호 선생의 신경은 지금 무척 날카로울 것이다. B 선생의 치근덕거리는 술주정이 계속되면 결국 화를 내게 될 것이고, 서로 충돌하게 되면 B 선생이라는 능력자를 잃게 될 것이다. 하지만 산호 선생은 그 방법이 어떤 것인지는 모르겠지만 B 선생과 충돌하지 않게 행동할 것이고, 그를 잃지도 않을 것이다.'라는 막연한 생각을 하게 되었다. 한데 그러한 나의 생각은 다행스럽게도 맞았다. 10분이 지나고, 30분이 지나

도 산호 선생의 방에서는 아무런 소리도 들려오지 않았다.

그리고 30분에서 다시 30분 정도가 지났을 때 우리는 피로에 지친 B 선생이 비척거리며 작업실에 들어와 쓰러지듯이 자기

침대에 누워 잠에 빠져드는 것을 보았다. 따라서 나는 '다행히 내 추측이 맞았구나!' 하고 생각했지만 '산호 선생의 방에서 무슨 일이 있었을까?' 라는 문제에 대해서는 도저히 감을 잡을 수가 없었다. 작업실의 다른 사람들 역시 이해할 수 없다는 표정을 지으며 서로의 얼굴들만 바라볼 뿐이었다.

다음 날 아침, 나는 산호 선생에게서 술에 취한 B 선생을 고요히 잠들게 만든 비법에 대해서 들었다. 그는 개구쟁이 소년처럼 웃으며 다음과 같이 말했다.

"아무래도 언젠가 한 번은 B 선생에게 술주정을 받을 거라고 생각했기에 대책을 강구해 두었지. 술 취한 사람에게 '당신은 취했으니 가서 주무시지요' 하고 말하면 본능적인 반감을 일으킬 뿐이야. 때문에 나는 정반대가 되는 방법을 사용했지. 즉, B 선생에게 심각한 표정을 지으며 '마침 잘 오셨습니다. 실은 요즈음 고민거리가 하나 생겼는데, B 선생은 나보다 인생의 선배이시니 충고를 좀 해 주십시오.' 하고 말하는 거야. 그렇게 되면 술에 취한 사람은 자기를 믿고 도움을 청하는 상대자에게 술주정을 해야겠다는 생각 같은 것은 까맣게 잊은 채 '그래요? 그 고민이 도대체 뭐요?' 하고 진지하게 반문하게 되는 거지. 그러면 이야기는 이미 끝난 거야. 적당한 숙제를 하나 만들어 던져 주면 되니까. 예를 들어 '어떤 여자를 우연히 알게 되어 깊은 관계까지 맺었는데 알고 보니 그 여자에게는 남편이 있고, 그는 우리들의 관계를 알고 있는 것 같아요. 이럴 때는 어떻게 해야 하지요?' 하고 고민스러워하는 표정을 지으며 물으면 그는 온 정신을 집중시킨 뒤 그 문제에 대한 최상의 답을 생각해 내기 위해 혼자 끙끙대며 고심하게 되지. 아주 조용히…그러면 나는 모른 체 하며 일을 계속하면 되는 거야. 때때로 그가 뭔가 자기의 생각을 말하면 '글쎄요, 그런 정도의 대책은 나도 당연히 생각했지요. 좀 더 좋은 방법을 찾는 겁니다', 라거나 그것과 비슷한 대답을 해주면 되는 거야. 아무튼 B 선생 말이야, 한참 동안을 혼자서 끙끙거리더니 하품을 하면서 '산호 선생, 아무래도 안 되겠소. 술기운 때문에 그럴 듯한 생각이 떠오르지 않아. 미안하지만 오늘은 이만 가서 쉬고 내일 다시 생각해 보기로 하겠소. 미안하오.'하며 눈을 비비면서 나가더군."

만일 독자 여러분 주위에도 술주정이 심한 친구 분이 계시다면 이 이야기에서 소개한 방법으로 잠재워 보시기 바란다.

*. 멤버 체인지

어느 날부터 이O동 씨라는 사람이 산호 프로덕션에서 함께 일을 하게 되었다. 항상 걸쭉한 농담을 하여 사람들을 웃기는 재주를 가지고 있는 사람이었는데 며칠 후, 우연히 토니 장 선생 집에서 함께 일하던 김O명이라는 친구 이야기를 하게 되었다.

"그 친구 실력이 꽤 있지요. 토니 장 선생이 얼마 전에 '율리시스'라는 작품을 그렸는데 그 작품의 펜 터치를 했어요. 만화를 그리기 시작한 지 얼마 되지도 않는데…그분의 까다로운 그림을…"

"그래?"

산호 선생은 그 친구를 한 번 보기를 원했고 그는 산호 선생의 집으로 놀러왔다. 그리고 자연스럽게 일터를 산호 선생 집으로 옮겼다. 김O명 씨보다 못한 대우를 받게 된 이O동 씨는 입장이 야릇해져 산호 선생의 집에서 떠나게 되었다. 너무나 자연스럽게 멤버 체인지가 이루어진 것이다.

 예향(禮鄕) 진주가 고향인 김O명 씨는 영화배우를 해도 좋을 정도로 얼굴이 멀끔하게 생기고 컬러 그림도 다룰 줄 아는 사람이었다. 산호 씨와는 달리 화려한 색을 주로 사용했다. 때문에 산호 선생은 그때부터 자기 작품의 만화 표지를 그리는 일을 그에게 맡기게 되었다.

 그런데 김O명 씨와 나 사이에 작은 문제가 생기게 되었다. 뭐냐 하면 내가 그를 싫어하게 되었다는 것이다(하지만 후에 나는 그와, 그리고 그의 형님과 어머니와도 가족처럼 지내는 친한 사이가 되었다). 뚜렷한 이유도 없이, 말하자면 얼굴이 소녀처럼 하얗다거나 옷차림이 부티 나게 보인다거나 하는 말도 안 되는 이유에서였다. 때문에 그에게 공연히 짜증을 내는 반응을 은연중에 보였다.

 결국 어느 날 산호 선생이 나를 부르더니 말했다.
 "너 왜 그러냐? 나도 O명이에게는 가끔 못마땅한 일이 생긴다. 하지만 그런 내색을 할 필요가 없잖아. O명이도 좋은 면이 많은 사람이니 좋은 점만 배워서 너의 것으로 만들도록 해. 나쁜 내색을 할 필요가 없잖아.."
 나는 그 말을 들으면서 나도 모르게 얼굴이 뜨거워지는 것을 느꼈다.

* 라이파이가 다음 편에서 어떻게 되지요?

 어느 날 산호 선생이 불쑥 이상한 이야기를 꺼냈다. 그 유명한 라이파이가 갑자기 만화계에서 사라진 이유였다.
 그 당시 라이파이 4부작 <십자성의 신비와 라이파이>에는

'인민해방군'이라는 악당들의 무리가 등장하는데 공교롭게도 이들의 국기가 북한의 국기와 닮았다. 때문에 당시의 중앙정보부에서 문제로 삼게 되었다.

물론 산호 선생의 사상을 의심할 여지는 없었지만 중앙정보부에서는 나이어린 산호 선생이 어떤 나쁜 세력의 조종을 받는 것이 아닌가 의심했던 것이다. 하지만 산호 선생의 작은형님은 당시 팬텀기 조종사였다. 때문에 사건은 '라이파이'를 중단하는 것으로 조용히 끝나게 되었는데 그 과정에 진짜로 만화 같은 이야기가 있었다.

중앙정보부의 한 직원이 산호 선생에 대한 조사를 하기 위해 '라이파이 시리즈'를 전부 읽었다. 그런데 그는 얼마나 재미있게 라이파이를 읽었는지 조사를 받기 위해 불려온 산호 선생이 의자에 앉자마자 이렇게 물었다고 한다.

"산호 선생, 다음 편에서 라이파이가 어떻게 되지요?"

*. 이갑호

산호 선생에 대해서 이야기하자면 이갑호 씨에 대한 이야기를 빼놓을 수 없다. 산호 선생의 선배이며 라이파이를 위시한 그의 대다수 작품의 스토리 작업에 참여한 그의 공은 매우 크다고 말하지 않을 수 없다.

때문에 '라이파이 시리즈'가 미완성으로 끝을 맺고 이갑호 씨가 군대에 가면서 산호 선생은 긴 침체 상태에 빠지게 되었다고 나는 생각한다. 라이파이 부부의 아들 '피터링' 이야기를 시작하기도 했지만 그것은 소기의 목적을 이루지 못했다.

그러던 중 이갑호 씨가 제대를 하고 다시 돈암동 팀에 합류

하면서 산호 스튜디오는 활기를 띠기 시작했다. 제일 먼저 착수한 것이 '라이파이'를 다시 진행시키는 일(라이파이는 후에 다시 신작이 제작되었다)이었다. 하지만 라이파이는 옛날의 영광을 되찾지 못했다. 독자들의 취향이 바뀌었기 때문인지, 산호 선생 그림의 특징인 이국적인 신비스러움이 사라졌기 때문인지 독자들은 라이파이를 외면했으며 시중에는 이상한 헛소문까지 나돌았다.

'산호는 죽었다. 지금 라이파이를 그리는 산호는 가짜다.'

그럴 만도 했다. 산호 선생의 그림은 정식으로 미술 공부를 하면서 데생이나 구도를 잡는 솜씨가 체계적으로 많이 발전했지만 일반 독자들의 눈에는 그러한 변화가 매우 낯설게 보였을 것이라고 생각된다.

하지만 산호 선생은 실망하지 않고 '광풍도시'라는 무술 만화를 성공시킨다. 무도인 정일심을 주인공으로 한 이 만화는 큰 인기를 얻었으며, 산호 선생은 아예 일심도 시리즈를 만들어 무려 100여 권에 가까운 작품을 발표하는 기염을 토하게 된다.

물론 이 같은 결과는 이갑호 씨의 헌신적인 협조로 이루어졌다고 생각한다.

산호 선생의 친구인 이덕송 선생은 이갑호 씨에 대해서 이렇게 말한 적이 있다.

"그 친구의 스토리 짜는 솜씨는 정말 대단해. 한 번은 공교롭게 몇 사람의 일거리가 같은 시기에 떨어졌는데 글쎄, 하루에 4권의 줄거리를 모두 짜서 내놓더라니까."

초한지에 등장하는 유방의 명신 장량(張良)과 소하(蕭何)가 생각나게 만드는 사람이다. 두 사람이 없었다면 유방(劉邦)은 과연 그 길고 험난한 항우와의 싸움을 계속할 수 있었을까? 그리고 산호 선생은 한국 만화계 최정상의 자리를 오랫동안

지킬 수 있었을까?

*. 넓은 무대를 향해

  1967년(?) 초가을이었던가?
  산호 선생은 드디어 그토록이나 갈망하던 미국 땅을 향해 떠났다. 산호라는 필명과 팀의 관리를 이갑호 씨에게 넘기고 떠난 것이다.
  한데 그즈음에 나쁜 일이 생겼다. 당시 산호 선생은 집안의 생활을 이끌어가는 가장 역할을 하고 있었는데 그것은 돈에 관한 문제였다고 들었다. 그 문제를 해결하기 위해서 산호 선생이 한국을 떠날 수 없는 사정이 갑작스럽게 생긴 것이다.
  한데, 뛰어난 인물의 뒤에는 뛰어난 어머니가 있다는 말은 역시 맞는 말인 것 같다. 산호 선생의 어머니는 아들이 어렵게 잡은 기회를 놓치는 것을 원하지 않았다. 때문에 그녀는 번민하는 아들에게 이렇게 말했다고 한다.
  "가라! 시달리는 것은 여기에 남아 있는 사람들의 몫이다. 가서 네 꿈을 펼쳐라."

  이십 여 년 전에 나와 동년배였던 어떤 잡지사(좋은 만남)의 편집주간 임 선생이 산호 선생에 대한 비하인드 스토리를 써달라고 부탁하기에 이 이야기를 써서 보낸 적이 있다. 그 글에서 나는 산호 선생은 야구 선수 박찬호 보다 훨씬 먼저 미국에 가서 이름을 떨친 한국인이라는 이야기를 썼던 기억이 난다. 나처럼 산호 선생에 대해 관심이 있는 사람이 있다는 사실에 놀라고 반가워하면서.

덧붙이는 글

중국의 전설에 의하면 닭과 독수리의 조상은 친형제였다. 그들은 아름다운 날개를 가지고 태어났으며 어미의 품을 떠나기 위해 날기 연습을 했다. 그러던 어느 날 닭의 조상은 과연 내가 날 필요가 있을까 하는 의구심이 들었다. 굳이 날지 않아도 땅 위에 맛있는 음식이 많았기 때문이었다. 닭은 차츰 나는 연습을 게을리 했고 점차 나는 기능을 잃어버리고 말았다. 하지만 독수리는 나는 것을 멈추지 않았다. 그는 가까운 땅 위의 음식에 만족하지 않고 아주 멀리까지 날아가 맛있는 먹잇감을 사냥했다. 한 순간의 판단이 둘의 운명을 가른 것이다.

모든 사람들은 태어날 때 천리마와 같은 잠재력을 지니고 있다. 하지만 성장하는 과정에서 천리마의 능력은 다양하게 변모된다. 가난한 집에서 태어났다고 원망하지 말고, 많이 배우지 못했다고 원망하지 말라. 천리마의 재능을 썩힌 사람은 다름 아닌 바로 당신이다. 기회가 오지 않는다고 원망하지 말라. 기회를 놓친 사람은 바로 당신이다.

제1장
내가 만나고 들은 만화가들 이야기

김용환

*. 코주부

한국만화의 선구자적 위치의 김용환은 '코주부' 캐릭터를 창조한 시사만화가로 잘 알려져 있다. 하지만 그의 활동영역은 단순히 만화에 국한된 것이 아니라 출판미술 전반에 걸친 분야였고, 그 모든 분야에서 출중한 재능을 발휘하였다. 특히 그는 이순신 장군에 대해 각별한 애정과 관심을 품고 충무공을 소재로 한 다양한 작품들을 생산하였다.

김용환은 1912년 경남 진영에서 태어났다. 부산 동래고등보통학교에 입학할 때는 입학시험 문제지에 모르는 답안 대신 심산 노수현이 그린 만화 <멍텅구리와 윤바람>을 그려 넣었는데, 그의 미술적 재능을 발견한 한 교사의 배려로 합격했다는 일화가 있다.

1931년에 일본에 건너가 데이고쿠[帝國] 미술학교를 다니던 그는 우연한 기회에 <일본소년>이라는 잡지에 삽화를 그리게 되면서 본격적인 상업미술의 길로 들어서게 되었다. 그가 당시에 '기타 코지'라는 필명으로 발표한 펜화는 곧바로 일본에서도 최고로 인정받으며 그 분야에서 두각을 나타내기 시작했다.

1937년 윤석중이 조선일보사에서 <소년> 지를 발간하며 그에게 그림을 청탁하면서 고국에서 처음으로 그의 그림을 선보이기도 했다. 광복 직전 귀국한 김용환은 1945년 9월 6일 창간된 영자신문 <서울 타임즈>에 '코'주부'를 연재하며 본격적인 만화가로서의 활동을 시작했다.

1948년에서 1949년 사이 최초의 만화잡지, 만화신문을 발행하기도 했던 김용환은 그 이듬해에 일어난 한국전쟁으로 말미암아 모진 고초를 겪었다. 전쟁 초기에 서울에 남아있었던 그는 인민군 치하에서 인민군 미술대 활동을 하게 되고 이 때문에 수복 후에 부역혐의로 복역하게 된다.
　수형생활을 마치니 이번에는 또 국군에서 그의 재능을 필요로 했다. 육군본부 작전국 안에 설치된 심리전과의 2급 문관으로 임명된 것이다. 하긴 참혹하고 황량하기 그지없던 영어 안에서마저도 그의 재능은 쓰임새가 있어서 간수의 요청으로 춘화를 그려주고 두 차례 곱절의 배식을 받았었다니 바깥세상에서야 오죽 할 일이 많았으랴. 이런 비극적인 동시에 희극적인, 어떤 면으로는 만화와 같은 시대상황이 그를 더 이상 재기발랄한 아동만화가, 촌철살인의 시사만화가로 온전히 놓아두지 않았다.
　휴전 이후에 그는 다시 만화들을 발표했지만 그의 활동영역은 조금씩 역사화나 풍속화 기록화 쪽으로, 국내에서 해외로 이동하기 시작했다. 1959년부터 1972년까지 일본 동경에 있던 미국극동사령부 심리 작전국에 적을 두고 그곳에서 발간하던 미국 공보지인 <자유의 벗> 속의 주옥같은 표지화들과 펜화들을 그렸던 것이다. 당시 그러한 수준 높은 김용환의 그림들은 아직까지도 많은 이들에게 기억되고 회자된다. 이후 일본에 계속 머물면서 한국을 오가며 작품 활동을 하다가 1995년에는 미국으로 이민하여 1998년 86세의 수를 다하고 영면에 들었다.
　1980년에 그가 그린 <명량해전도>는 가로 159센티미터 세로 109.5 센티미터의 유화로 현재 진해의 해군사관학교 박물관에 전시되어 있다.

* 코주부의 충무공에 대한 열정

김용환의 자전적 수필집 <코주부 표량기>에서 보면, 그가 1949년 <만화뉴스>를 발행하면서 김포 공군기지를 만화 르포로 취재한 특집 기사의 반응이 좋아 다음으로 해군을 취재하려고 하였다. 때마침 진헤의 해군사령부에서 그를 포함해 작가 안수길, 조각가 윤효중과 사학자 김도태, 신석호 등과 진단학회 소속 사학자들 등 서울의 역사학자와 문화인, 미술가, 언론인들을 해군기지 탐방과 한산도를 중심으로 한 충무공의 전적지 탐사에 초청하였다고 한다. 이 탐사 중에 김용환은 청전 이상봉이 그린 충무공 영정을 참배하면서 뜨거운 사모의 정이 울컥 치밀어 오름을 느꼈다고 술회했다. 어쩌면 그 순간이 그의 평생에 걸친 이순신 장군에 대한 열정이 발아하는 시범이었을지도 모를 일이다.

훗날 일본에 체류하며 <동양경제일보>에 '이순신 제독'을 집필하기도 했는데, '이순신 제독을 집필함에 있어서' 라는 글에서는 슬라이드 그림을 그리던 때를 회고하면서 가능한 한 정확한 고증으로 그리려 했지만 옛 시대의 도구, 의상 등은 창작이나 상상으로 적당히 그렸던 부분도 있는데, 그 후 다른 사람들이 이순신 관련 출판물이나 그림을 그릴 때 자신이 창작한 고증이나 틀린 부분까지도 그대로 인용하는 것을 알고 어떻게 해야 할지 곤란해 했던 적이 있었다. 또한 얼마나 고증이 중요한지 알게 되었다고 속내를 털어놓았다.

그는 고증을 위해 노력하던 중 한국에서 구할 수 없었던 귀중한 자료를 일본에서 얻기도 했다는데, 2차 대전 전에 동향 신사 안에 있는 해군관에 당시 거북선을 중심으로 하는 조선과 일본의 전선을 2폭으로 그린 오오타 텐오우라는 화가의 쇼와시대 그림이 있었던 것을 기억해내고는 행방을 찾아 소장가에게 선물을 들고 가서 여러 차례 부탁하여 빌려와서 사진을 찍었다고 한다. 그의 이런 진지한 연구와 자료 수집은 일본의 <군사연구>라는 월간지에 이순신 장군과 당시 해전 전술에 대한 글을 3년여 간 연재하는 수준에 다다랐고, 그 글들을 모아서 <귀갑선 해전기(1978, 성갑서방 간)>라는 저작을 내기에 이른다.

일제강점기에 일본에서 미술 공부를 하고 생의 오랜 기간을 일본에서 지낸 그는 루스 베네딕트(Ruth Fulton Benedict)가 <국화와 칼>에서 설명하듯 칼을 숭배하며 무사에게 최고의 영예를 돌리는 일본 문화의 영향을 받았고, 한편으로는 일본을 극복하고자 하는 민족적 자존심이 평생에 걸쳐 이순신 장군을 그리게 된 발로가 된 것이 아닐까 생각해본다.
　　　-김학민의 <블루 캔버스>에서 인용-

* 먼 옛날의 기억

1969년 나는 군에 입대하여 강원도에서 근무했다. 그 다음 해에 '자유의 벗'에서 김용환 선생이 그린 그림들로 만들어진 캘린더를 대량 제작하여 군대에 보급했다. 거북선, 봉화대, 말에 탄 장군 등이 그려진 훌륭한 내용의 캘린더였는데 그 그림들이 너무나 마음에 들어서 10부 정도를 만화 그리는 친구들에게 보내 주었고 후에 고맙다는 인사를 받았다.

그런데 그로부터 50년이 지난 지금까지 그 캘린더를 보관하고 있는 사람들은 하나도 없는 것 같다. 아니, 딱 한 사람이 있는 것 같다. 조규덕 씨이다. 오명천 선생 밑에서 그림 수업을 한 그는 추동식 선생의 '쿼바디스'와 박광현 선생의 원고도 몇 장 가지고 있다고 내게 말한 적이 있다. 대단한 만화 수집광이다.

최상권(문철)

* 귀신

군대에서 제대한 후 우연히 한동안 원로작가 최 선생의 작품 스토리를 쓴 적이 있는데, 어느 날 갑자기 이런 말씀을 하셨다.
 "여보게, 여름이 다가오니 이번에는 으스스한 귀신 이야기를 하나 써 보는 게 어떤가? 아무래도 더운 여름에는 귀신 이야기가 어울리니까."
 "그러지요 뭐. 한데 말입니다, 선생님께서는 세상에 정말로 귀신이 존재한다고 생각하십니까?"
 내가 반문했더니 최 선생께서는 정색을 하며 말씀하셨다.
 "아니, 이 사람아, 있다고 생각하십니까가 뭐야? 귀신은 엄연히 존재하지. 귀신들은 특히 일본에 많아. 그들의 성격상 자살하는 사람들이 많아서이지."
 "예? 그럼 선생님은 귀신을 직접 보신 적이 있나요?"
 이야기는 갑자기 이상한 상황으로 빠져들고 말았다.
 "당연하지. 내가 본 귀신 이야기를 하나 해 줄까?"
 "…"
 내가 뭐라고 반응을 보이기도 전에 최 선생은 매우 이상한 이야기를 꺼냈다.
 "나는 젊었을 때 일본에 유학하여 그림 공부를 했지. 그때 어떤 일본인의 집에서 하숙을 하게 되었어. 그런데 어느 날 학교에서 돌아와 이층에 있는 내 방으로 들어가니 웬 아가씨가 내 책상 앞에 앉아 책을 뒤적이고 있는 거야. 그래서 나는

화를 내며 물었지. '아니, 아가씨는 도대체 누구요? 도대체 누군데 허락도 받지 않고 남의 방에 들어와 있는 거요?'"
"그, 그랬더니요?"
최 선생은 억양 없는 목소리로 대답했다.
"그랬더니 아무런 대꾸도 하지 않고 조용히 일어나 나를 바라보다가 스윽 일어서더니 창문턱을 넘어 밖으로 스르르 사라지는 거야."
"예?"
"그런데 그 아가씨가 사라진 뒤에 문득 생각해보니 상황이 이상해. 한참 이상해. 내 방은 방금 이야기한 것처럼 이층이었기 때문이야. 그 아가씨가 정원으로 뛰어내렸다면 땅에 떨어지는 소리가 들렸을 텐데, 나는 아무런 소리도 듣지 못한 거야."
"그, 그래요?"

내가 만나고 들은 만화가들 이야기 45

최 선생은 잽싸게 창가로 다가서서 아래를 내려다보았다고 했다. 하지만 그 아가씨의 모습은 보이지 않았고, 때는 마침 가을밤이어서 풀벌레들이 울어대는 소리만 요란하게 들려오고 있었다. 생각해보니 그것도 이해할 수 없는 일이었다. 그 아가씨가 땅에 떨어지는 소리를 냈다면 풀벌레들도 놀라 일제히 울음을 그쳤을 텐데 귀뚜라미들은 아무런 일도 없었다는 듯이 계속해서 요란하게 합창을 계속하고 있었다. 뭔가에 홀린 것 같은 기분이 된 기분이 된 최 선생은 결국 아래층으로 내려가 그 집의 안주인에게 그 아가씨에 대해서 묻게 되었다. 그랬더니 그 여인은 두 손을 모으며 낮은 목소리로 중얼거렸다.
"아, 우리 딸아이가 찾아 왔었군요."
"예?"
"학생이 사용하시는 방은 원래 딸아이가 쓰던 방이랍니다. 그 아이는 작년에 대학교 입학시험에 실패한 것을 비관하다가 어느 날 스스로 목숨을 끊었어요. 어쨌든 그런 사실을 미리 알려드리지 않았던 것에 대해서는 진심으로 죄송하게 생각합니다. 그리고 기분이 나빠 다른 곳으로 하숙집을 옮기시겠다면 학생에게서 받은 두 달 치 하숙비는 돌려드리겠습니다."

내가 문득 최 선생과 귀신 이야기를 언급하는 이유는 그분이 귀신의 존재를 인정하는 분이었기에 <만리장성>이나 <청룡백호> 같은 신비한 내용의 작품 분야를 갖게 되시지 않았나 생각되었기 때문이다.

몇 번째인가 최 선생 댁을 방문했을 때 마침 한 걸인이 동냥을 하러 왔는데, 찬밥 한 술을 주는데 그치고 않고 가정부에게 시켜 제대로 된 밥상을 차려 주게 하는 것을 목격했다. 그때는 단순히 '정말 인정이 많은 분이시구나' 하고 생각했는데 후에 생각하니 그것 역시 그분의 특이한 사고방식에 따른 이상할 것 없는 행위였던 것 같다.

 말하자면 귀신의 존재를 믿는 분이었다면 당연히 불교의 윤회설을 믿으셨을 것이고, 그로 인해 자기 집에 구걸하러 왔던 걸인을 죽은 뒤에 귀한 사람으로 환생할지도 모를 미지의 영혼으로 대접했던 것이 아닐까 하고 생각한다는 이야기다.

이성룡

*. "누가 의사를 불렀어?"

"나는 핫 커피로!"
 그분을 생각할 때마다 반사적으로 떠오르는 특이한 옛날의 명 앵커 봉두완 씨가 생각나게 만드는 아주 특별한 목소리다. 다방에 그분과 마주앉아 그 분이 차 주문을 하는 소리를 듣는 사람들은 마치 미국의 어느 오래 된 도시에서 살던 옛 시대의 사람을 만나는 것 같다는 야릇한 기분을 느끼게 된다.

"우우우…내 마음대로 할 수만 있다면 모두 연병장에 세워 놓고 기관총으로 '드르르륵' 하고…"
 위의 대사는 원고 진행이 뜻대로 되지 않을 때마다 이 선생이 입에 거품을 물며 내뱉던 말씀이다. 한때는 '부엉이 시리즈'에서 작품을 발표하던 인기 작가였던 이성룡 선생, 그런데 무슨 이유에선가 어느 날부터 인기가 하락되자 그의 팀은 서서히 흩어지고 말았는데, 그렇다고 해서 그대로 쓰러질 수는 없었다.
 그는 재기하여 지난날의 영광을 되찾아야 했다. <열두 대문>, <삼천 계단> 등을 그리던 때의 히트작가로,
 하지만 히트작을 만들기 위해서는 실력 있는 팀이 있어야 했고, 그런 팀을 만들기 위해서는 당연히 많은 돈을 투자해야 했다. 하지만 그에게는 그런 돈이 없었다. 아니, 그런 방법을 시도하려고 하지 않았다. 결국 그는 차선책을 택하게 되었다.
 이 선생은 자신의 작품이 어느덧 구식이 되었다는 사실을 스

스로 인정하고 있었지만 기발한 스토리를 창출해내는 자신의 두뇌까지 녹슬었다고는 생각하지 않았다. 따라서 그림 수준이 약간 떨어지더라도 자기의 스토리를 소화할 수 있는 만화가들만 거느릴 수 있다면, 히트작을 만드는 것은 충분히 가능한 일이라고 확신하고 있었다.

때문에 적은 돈을 주고도 일을 시킬 수 있는 사람들을 구하게 되었는데, 그런 사람들이란 아무래도 실력이 부족하거나, 실력은 어느 정도 있지만 문제점이 있는 사람들이었다.

그러니 원고가 그가 생각했던 것처럼 순조롭게 끝날 수가 없었다. 데생이 쓸 만하게 나오면 펜 터치를 하는 친구가 그림을 망쳐 놓고, 쓸 만한 펜 터치를 구해 호흡을 맞추게 하면 데생을 하는 친구가 술병이 나서 제대로 일을 못 하고, 그러면서도 금전적인 요구 사항은 많고, 그러다 보니 툭하면 나오게 되는 것이 앞에 소개한 대사다.

그러던 중 우리 화실에서 유화를 그리는 J라는 친구가 우연히 이 선생의 일을 돕게 되었는데 그는 만화를 그리는 실력도 있고 성실한 친구여서 이 선생은 기대를 걸며 흡족해했다.

원고 작업은 비로소 순조롭게 진행되기 시작했다. 우리 화실에서.

한데 첫 번째 원고 탈고를 눈앞에 둔 상황에서 일이 또 이상하게 꼬였다. 그와 함께 밤을 새우며 작업을 도와줄 친구가 고향집에 급한 일이 생겼다는 연락을 받고 부랴부랴 귀향열차를 타게 된 것이다.

물론 이 선생은 그런 일이 있었는지도 모르고 다음 날 아침에 원고를 인수하러 우리 화실로 나왔다. 그런데 원고가 또 탈이 났으니…

이 선생은 의자에 앉지도 않고 버티고 선 채, "으휴—" 하고

한숨을 내쉬었다. 이어서 얼굴이 창백해지며 입술을 씰룩거렸다. 때문에 나는 속으로,

'저 분, 또 그 대사를 내뱉고 싶은 기분이시겠군,'하고 생각했다. 한데 결과는 그것보다 훨씬 더 나빴다.

이 선생의 무릎이 갑자기 맥없이 꺾인다 싶더니 그의 몸은 허물어지듯이 쓰러졌으며 갑자기 숨이 끊어진 듯이 움직이지 않았다.

"어?"

"크, 큰일 났다!"

화실에 있던 사람들은 소스라치게 놀라며 웅성거렸다. 급히 누군가가 병원으로 뛰어가고 잠시 후 의사가 달려왔다. 진찰을 한 의사는 이 선생이 충격을 받아 졸도를 한 거라고 설명하며 응급조치를 해 주었다.

의사가 돌아간 지 얼마 지나지 않아 이 선생은 낮잠을 자다가 깨어나는 것처럼 부스스 눈을 떴다.

"아, 정신이 드셨군요."

"괜찮으시지요?"

우리는 마치 합창이라도 하듯이 떠들어댔다. 한데 이 선생은 자신의 손목에 남아 있는 주사바늘 자국을 힐끗 보더니 낮은 소리로 물었다.

"의사를 불렀었나?"

"네!"

나는 우리들이 모아서 지불한 의사의 왕진비를 주시려나보다 하고 생각하며 재빨리 대답했다. 한데 이 선생은 이맛살을 잔뜩 찌푸리며 이렇게 말했다.

"도대체 누가 그런 쓸데없는 짓을 했어? 나는 졸도하는 버릇이 있어. 가만 놔두면 저절로 깨어난단 말이야."

"네?"
"앞으로는 내가 졸도하더라도 의사를 부르지 마!"
"그, 그러지요."
'젠장, 그런 이상한 버릇이 있었다면 미리 귀띔이라도 해 주셨어야지. 별 이상한 버릇도 다 있으시군.'

나는 그렇게 투덜거리고 싶은 것을 애써 참으며 머리를 끄덕였다. 동시에 가슴속으로부터 피어오르는 어쩔 수 없는 연민(憐憫)의 정 비슷한 것을 느끼지 않을 수 없었다.

'하긴, 졸도하는 버릇이 생겨날 수도 있겠지. 속상하는 일들이 많으실 테니…'

그날 이후부터 이 선생은 동행인과 함께 우리 화실에 나타나셨다. 동행인은 간호사 출신이라는 그의 부인이었는데 그녀는 항상 작은 가방을 들고 있었다(그 안에는 만약의 경우에 필요

한 주사기와 약이 들어 있었다고 한다). 한데 적어도 우리 화실에서만은 이 선생이 다시 졸도하는 사태가 벌어지지 않았다.

어쨌든 이 선생은 곁에서 보기에 안쓰러울 정도로 재기를 위해 혼신의 힘을 다해서 노력했다. 하지만 신은 매몰차게 그를 버린 것 같았다. 그의 소망은 쉽게 이루어지지 않았고 이 선생은 결국 스스로 막을 내리고 말았다.

소문도 없이 만화가로서의 인생에 종지부를 찍은 그는 어느 날 갑자기 캐나다 행 비행기에 몸을 실었다. 그의 가족들과 함께…

최상록

*. 머리가 나빠서

원로작가인 최상록 선생이 거주하고 있는 동네에 어린 손자와 함께 살고 있는 할머니가 계셨다.
어느 날 할머니가 손자를 데리고 최 선생에게 와서 말했다.
"오늘부터 애를 좀 맡아 주슈. 공부도 안 하고 머리가 나빠서 아무래도 만화 그리는 거나 가르쳐야겠어요."
최 선생은 너무나 어이가 없어서 대답할 말을 찾지 못했다고 한다.

언젠가 본 개그맨 김형곤의 웃음 강의에서 본 내용 하나가 문득 생각난다.
김형곤이 학생들에게 헤밍웨이의 '노인과 바다"를 읽은 감상을 묻는다.
"여러분 독후감을 말해 보겠어요?"
한 학생이 대답하려고 하자 김형곤이 먼저 말한다.
"이건 뭐 들을 것도 없지요. 노인이 혼자서 바다에 나가면 위험하다는 이야기 아니겠어요!"

김기율

*. 초창기 만화계의 괴짜들

초창기의 한국 만화계에는 김용환을 위시한 <한국만화가 협회>와 김성환을 위시한 <현대만화가 협회>가 있었다.

김용환은 동경 우에노 미술학교를 나온 사람으로 그때 벌써 일본 소년잡지 <니혼쇼낸:일본소년(日本少年)> 등에 기타 코지라는 필명으로 삽화를 그리던 유명인이었다. 해방 후 코주부라는 만화주인공으로 널리 알려졌다.

김성환은 너무나 유명한 고바우 영감이다. 그는 많은 제자들을 키워냈다.

필자는 이들 만화가들 중에서 특히 괴짜(?)들만 골라 소개하고자 한다.

1950년대는 혼돈의 시대로 특히 6.25동란으로 우리 사회는 그저 먹고사는 일이 전부였다. 문화다 뭐다 하는 것들은 그저 사치로만 여겼을 때였다. 그런 북새통 속에서도 만화계만은 그 명맥을 유지하고 있었다. 춥고 배고플 때였으니 웃음을 던지는 만화가 고달픈 서민들 생활에 큰 위로가 되었을 것이다.

그런 때에 어느 보따리 출판사가 만화책을 냈는데, 그 내용 중에 지옥에 간 스탈린 밑에 이순신 장군이 그의 부하로 등장하는 맹랑한 내용의 책이 나와서 문교부에서 크게 떠든 일이 있었다. 가뜩이나 아동 만화가 수준 미달이다 뭐다 해서 작품 활동이 위축되던 때라 우리 만화가들 몇 사람이 문교부를 찾아갔다.

"아니 20세기 과학시대에 손오공 같은 허무맹랑한 만화가 횡행하니……"
하며 혀를 차는 그런 인식 부족의 판국이니 우리들이 설 땅은 정말 좁기만 하였다(그 후 아동만화자율회를 만들고 초대 심위부장을 본인이 맡았다).

그 무렵이었다. 박기당(극화 인기작가)이 <새싹>이라는 어린이 종합지를 만들려고 본인과 함께 문교부를 찾아가 허가 신청을 하고 돌아왔는데, 다음 날 우리 편집실에 웬 거한들이 두 사람 불쑥 찾아왔다.

새싹은 모 어린이 모임의 이름이니 그 이름을 바꾸라고 그들은 말했다. 그 사람들이 새싹이라는 낱말은 자기네만 소유할 수 있는 전매품인 줄 알았던 모양이다. 지금 생각해보니 키가 장대 같았던 그 사람들은 소위 요즘 말하는 해결사라는 사람들이었다.

하지만 그들이 그렇다 해서 굴할 만만한 박기당이 아니었다. 그들은 얼마 후 제풀에 물러갔다. 문교부의 출판과장도 여러 곳에서 압력이 들어왔는데도 끄떡도 않고 우리를 밀어주어서 <새싹>이 탄생할 수 있었다.

이 <새싹>은 만화 위주가 아니라 아동문학가들의 참여로 종전에 볼 수 없었던 알찬 내용을 갖춘 어린이 종합지였다. 그때의 집필진이 아동 작가인 이원수, 김영일, 장수철, 박홍민 등 제씨였다.

그날 밤 <새싹> 탄생 자축연에 위의 네 분을 모셨다. 이분들은 그때 현역 인기 작가로서만 아니라 모주로도 유명한 사람들이었다. 그러니까 다시 말하자면 역전의 용사들이 한자리에 모인 것이다. '어제의 용사들이 다시 모였다'라는 노래 가시가 생각난다.

그때만 해도 술은 소주 일변도였고 맥주 따위는 아직 탄생도 하지 않았다. 막걸리가 있었으나 그것은 술 구실을 못했다. 그네 사람은 우리보다 연배가 높아서 우리는 주인 입장에서뿐만 아니라 선배로서 깍듯이 모신 것이다.

그런데 주연이 벌어진 지 얼마 지나지 않았는데 내 옆에서 갑자기 "쿵-쾅-"하는 소리와 함께 접시가 날아가고 난장판이 벌어졌다. 돌아보니 박기당과 박홍민이 서로 붙어 싸우고 있었는데 박홍민의 이마에서는 피가 흐르고 있었다.

'아이쿠, 갔구나. 창간호도 보지 못하고 이 모양이 됐으니, 앞으로 어떻게 원고를 얻어내지…'

나는 그만 맥이 풀리고 말았다.

박기당의 성미가 괴팍해서 일을 시작도 하기 전에 난리를 쳐 놨으니 이 일을 어찌해야 좋을지 앞이 캄캄하였다.

다음 날 아침 우리 편집실은 초상집이 되었다. 편집실 직원들은 우리 눈치만 살피고 있었다. 겨우 밥줄이라고 잡은 직장인데……

기당이와 다방에 내려온 내가

"박형, 큰일났소, 왜 그랬소? 창간호도 내보지 못하고 이게 무슨 꼴이요?"

그랬더니 말없이 한참 있던 기당이 입을 여는 데 들어보니 이랬다.

기당과 홍민이 자리를 같이했는데 처음에는 서로 칭찬을 주고받으며 잘 나갔다고 한다. 기당은 홍민의 유머소설이 매우 재미있다고 칭찬도 하며 기분을 돋우어 주었는데, 술이 거나해지자 그가 갑자기 기당의 작품을 내리깎으며 내용이 어떻고 그림이 어떻고 하니 도저히 참을 수가 없었다고 투덜거렸다.

"내 옆에 있던 이원수 선생이 잘 봤을거요."

그날 하오, 나는 박기당을 데리고 광화문에 있는 방송국을 찾아갔다. 그곳에 지난밤에 같이 있었던 작가들 네 사람, 아니 세 사람이 있었다. 빅홍민은 작취미성(昨醉未醒)으로 자리에 없었다. 우리가 사과하려고 했더니 이원수 선생이 먼저 말을 꺼냈다.

"정말 미안했소. 원래 홍민이 주사가 심해서……어쩝니까? 같이 술을 마시는 처지이니……용서하시오"

어쩨 일이 거꾸로 돌아갔다.

비장한 각오를 하고 사과를 하러 갔던 우리가 거꾸로 사과를 받은 것이다.

그곳에서 나오자 기당은 올 때와 달리 신명이 났다.

"보시오. 내가 주사는 있지만 어젯밤 일은 잘 끝나지 않았소?"

최악의 경우 집필 거부를 염려했었는데 이렇게 일이 잘 풀렸으니 그냥 있을 수가 없었다. 우리는 마치 무슨 급한 일이라도 생긴 것처럼 화원시장의 꼬방 단골집으로 뻔질나게, 마치 경보나 하는 것처럼 달려갔다. 그때는 한창 나이 때였다. 술은 두주(斗酒)요 밑 빠진 항아리였다.

그 무렵의 일이다. 우리들은 3박4일의 연주(연주라니 콧노래 연주가 아니고 밤낮없이 연서푸 마시는 술을 말한다)를 했다. 그날 김일소(피난 시절 부산 국제신보 주필, 만화 <허풍선>의 작가)와 기당이 나 세 사람이, 아니 유세종(극화 작가)도 있었다. 우리들 네 사람이 저녁때도 안 됐는데 신촌에 있는 단골집에 들어가 있었다.

우리 중에서 주량이 약한 사람이 유 씨이다. 나이도 우리보다 아래로 술집에 같이 가도 우리가 하는 짓에 그저 웃느라고 허리를 잡고 있었을 뿐 우리처럼 험한 장난은 하지 않았다. 우리는 술상을 앞에 놓으면 일어설 줄 몰랐다.

밤이 깊어지자 세종은 여느 때처럼 먼저 가고 우리 셋만 남았다.

그 집에는 의령에서 올라온 장순자라는 용모도 고왔지만 마음씨 착한 색시가 있었는데 그는 우리만 나타나면 꾸어다 놓은 보릿자루가 되어 그저 술 붓는 일만 하고 있었다. 그는 우리가 아무리 노래를 잘 불러도 칭찬하는 법이 없었다. 그러다 보니 자연히 꾸어다 놓은 보릿자루가 된 것이다. 색시들이 우리가 오면 부대끼지 않아서 좋기는 한데 자기네끼리만 놀고 있으니 재미가 없다는 것이었다. 그래서 "좋다, 너희들끼리 한 번 놀아봐라" 해도 그들은 잘 놀려고 하지 않았다.

어쩌다 뭐 하나 부르면 "그래, 겨우 그~ 때 묻은 치맛자락이냐~ (이런 유행가가 있었다) 하며 핀잔을 주니 재미없다는 것이었다. 그래서 우리가 오면 아예 노래나 이야기를 할 생각은 하지 않았다. 결국 우리가 색시가 되어 오히려 그들을 위로하는 처지가 된 것이다.

그건 그렇고 이야기를 계속해야겠다.

이 삼총사는 자정이 넘었는데도 이야기가 끝나지 않았다. 순자는 꾸벅꾸벅 졸면서도 자리를 지키느라 고생을 계속했다.

닭이 홰를 칠 무렵에야 그 자리에 고꾸라졌지만 자는지 안 자는지 모르겠더라고 후일 색시들이 말했다고 한다.

아침에 유세종이 자전거를 타고 와서 들렀다(세종의 집이 그 근처에 있었다) 지난밤에 그토록 퍼 먹었으니 집에 갔을 리가 없다고 여겼던 모양이다.

"아, 세종 형, 어서 들어와요."

그들은 벌써 해장술을 먹고 있었다고 한다. '한다'라고 객관적으로 쓴 것은 우리들은 원래 해장술을 하지 않는다. 그 집 색시들이 속이 쓰리니까 술상을 차렸던 모양이다. (그러면 어떻고 저러면 어떠할 것인가.)

유세종은 여느 때처럼 인사만 하고 갔다.

그날 밤이다. 세종이 혹시나 하고 그 집에 가 보았다. 그랬더니 그 악동들이 그날 밤에는 이야기가 아니라 잡탕을 내뱉고 있었다.

그 잡탕이라는 것은 그들의 단골노래 메뉴인데 김일소는 김정구의 <두만강>이고 일본이 태생인 박기당은 ~다비유케바-스루가노~라는 <나나와부시>이다. 필자는 <황성 옛터>다. 물론 그 세 가지 레퍼터리만 갖고는 1박 2일은 고사하고 한 시간도 견뎌내지 못한다.

레퍼터리는 계속된다.

<카르멘>, <콰이강의 다리>, <다뉴브강의 잔 물결>로 시작해서 <합창교향곡>, <숲의 대장간>, <뻐꾸기 왈츠>, 러시아의 것으로는 살리이핀의 <볼가강의 뱃노래>로부터 시작해서 <연가>, <벼루기의 노래> 등등 심지어는 <만추리> 등 최근의 것만 아니라 바이올린 협주곡으로 들어가면 이건 좀 문제이다.

멘델스존으로부터 시작해서 차이코프스키 등등 게다가 우리나라 가요를 꼽으면 이미자의 <황포돛대>는 나중으로 돌리고, <학도가>로부터 시작해서 <사의 찬미>, 이 풍진 세상을 만났으니 너의 희망이 무엇이냐~ 하는 <희망가>, 원래 채규협이 불렀는데 후에 고복수도 불렀다. 이어 영화배우 김연실이 불렀던 유명한 , 즉, ~지나간 그 옛날에 푸른 잔디에~와, <사막의 한>의—자고나도 사막의 길~의 고복수, 젊은이의

<방랑자의 노래>, <타향살이>에, 먼동이 터 온다. 닻 감어라, 그리고 ~강남제비 돌아와서~의 신 카나리아, 원래는 강석연이 불렀다.

그 외에 <요 핑계 조 핑계>, <애수의 소야곡>, <짝사랑>, ~언제까지나의 해운대 엘리지>…….

물론 그 유명한 <목포의 눈물>이 빠질 리 없다. 여기엔 밉다고 기타 반주까지 덧붙였다.

여기까지 쓰니 문득 생각나는 것이 있다. 그것은 <목포의 눈물>을 작곡한 손목인 이야기이다. 그분을 우리는 잘 알고 있었지만 그분이 우리를 알 턱은 없다. 벌써 30년은 더 지난 것 같다.

그 무렵은 통금이 있을 때라 모르는 집에서 밤샘 술을 먹을 수는 없었다. 그래서 가장 기다려지는 것이 크리스마스 이브였다. 그날 밤은 주당들의 천국으로 명동은 불야성으로 변해 밤새 술꾼들로 붐볐다.

우리들은 명동의 어느 주점에 박현석(만화 <바람돌이>의 작가)과 역시 만화가인 신동우와 그의 친구들 몇몇과 같이 있었다. 그게 아마 두어 시 쯤 되었을 것이다. 그들은 모두 너는 테너, 바리톤은 누구다 하며 합창을 하고 있었다. 징글벨은 물론 동서 명곡들을 신나게 부르고 있는데 웬 중년신사가 우리 좌석으르찾아왔다.

"……나도 한 몫 낍시다."

하는데 보니 손목인 그분이 아닌가. 나는 술도 거나하게 취한 데다가 얼마나 반가운지 몰랐다.

그런데 그날 같이 있었던 친구들은 다 나보다 젊은 사람들이었는데 그렇게 반가워하는 것 같지 않았다. 세대차란 그런 것인가 했지만 좀 씁쓸했다.

이야기를 다시 계속해야지.

우리들이 부른 노래에서 일본가요를 들면 이것도 현기증이 날 정도다. ~고코와 초센 호쿠단노의 <오-료코-부시>로부터 시작해서 <도쿄-온도>, 사바쿠니히와 오치데~의 <사막의 노래> 등등, 아 이제 그만 두자.

사흘째 되는 날 아침 세종이 왔다가 아무 소리 안 하고 갔다. 아마 그날 밤도 거기서 밤샘할 줄은 꿈에도 몰랐을 것이다. 우리 자신이 며칠 밤을 샜는지 모를 정도이니 남이 어찌 알겠는가. 나흘째 되던 날 아침, 세종이 그 앞을 지나가다가 설마 하고 그 집에 들러봤다. 가만히 들어보니 방에서 무슨 말소리가 두런두런 들리기에 다른 손님이 온 줄 알고 나가려는데 "유형, 왜 왔다가 그냥 가오? 이리 들어와요."하는 소리가 들려 유세종은 기겁을 하며 도망갔다고 한다

"호랑이 이야기로부터 시작해서 코끼리 이야기로 이어지면서 나중에는 쥐새끼까지 나오는데……"
갈비씨 이상호의 말이라고 했다.
이때는 정말 매일 주가에서 살았다. 그런데 아무리 바빠도 짚고 넘어가야 할 일이 있다.
술집을 <주가(酒家)>라고 하는 것은 나도 모르는 잠재의식의 낫인 것 같다.
옛날에 우리 사형이 형수에게 담배를 사오라는 말을 "여보, 다이와이꼬"라 했다. 담배 심부름을 너무 시켜서 미안하니 차마 다바코(옛날에는 담배를 다바코라했다.)라는 말을 못했던 모양이다.
나도 아마 그래서 모르는 사이에 술집을 주가라고 했던 모양

이다. 기왕에 터진 일이니 지금부터는 술집이라고 하겠다.
 그렇게 매일같이 주가에서 아니 또 주가가 나왔네. 매일 그렇게 술에 젖어있으면서 용케도 작품 활동을 했구나 싶다.

*. 큰 길가의 술집

 그 무렵의 일이다. 기당이가 같이 가자고 해서 따라갔는데, 그 날은 우리가 가던 단골집이 아니고 큰길가에 있는 이층집이었다. 처음으로 가 본 집이다. 단골집으로 가면 자연히 판이 길어지니까 아마 그 집을 택했던 모양이다(그 날 왜 그랬는지 모르겠다. 모르는 집에는 가지 않았는데).
 그 집 2층 방에 앉아있으려니까 30세 쯤 되어 보이는 흰옷을 입은 색시가 들어왔다. 보니까 그 색시의 행동이 좀 이상하게 보였다. 어딘가 좀 촌스럽다 할까.
 "색시 고향이 어디요?"하니 "어머, 아즈바이 이북이네" 하며 반가워하는 것인지 계면쩍어하는 것인지 안절부절하는 것 같았다.
 1.4후퇴 때 흥남에서 나왔다고 했다. 나는 약간 당황했다. 이런 술집에서는 이북 색시를 보기가 힘들어서 그런 것 같았다.
 그래서였는지 그날은 술맛이 별로 없었다. 기당은 아랑곳하지 않고 그 색시의 손금을 보면서 노닥거리고 있었는데 그때 우리들이 늘 하던 관상쟁이 시늉을 하고 있었다. 기당이 손금을 보는 것이 잘 맞아서 그런지 가끔 색시가 "어머, 맞았어요!"하면서 놀라곤 했다.
 "에, 그러니까 금년 8월 보름날에 동산에 올라가 달이 뜰 때 속옷을 불에 태우고 달을 향해 절을 네 번 하면 내년에는 꼭

소원성취하시네."

 기당은 그럴 듯한 소리를 했는데 나는 속으로 '절은 세 번이면 세번 하는 거지 네 번은 또 뭐야' 하면서도 겉으로는 같이 거들어주었다.

 그런데 그로부터 1년인가 2년이 지난 어느 날 기당이가 자기와 어디를 좀 가자고 했다. 무슨 일이냐고 했더니 아무 말 말고 따라오라는 것이다. 골목길 안으로 들어서서 얼마쯤 가니 입구자(入口字) 모양의 큰 기와집이 나타났다. 안마당에 들어서니 흰 치마저고리를 입은 30전후의 웬 여인이 우리를 반기는 것이었다. 방 안에 들어서니 큰 교자상에 음식들이 차려져 있었다.

 그리고 안에서 전에 내가 잘 알던 술집 색시가 나오는 것이 아닌가. 알고 보니 그 색시가 지금은 이 집 주인 마담이라고 했다.

 아주 큰 집이었다. 그런데 아까 그 흰옷을 입은 색시가 내 옆에 앉아 서서 많이 드시라고 권하는 것이다. 내가 어리둥절하자 기당이 웃으며 말했다.

 "김형, 아직도 모르시겠소? 전에 우리가 길가의 이층집에서 술을 마신 적이 있지요? 그 아주머니가 그때의 그 아주머니요."

 "예?"

 나는 그 때서야 비로소 생각이 났다. 저 1.4후퇴 때 흥남에서 나왔다는 그 여인이었다.

 "정말이에요. 나는 박 선생님이 그렇게 용한 분이신지 몰랐어요. 처음에는 좀 미심쩍었는데(나를 보면서) 선생님이 하신 말씀이 예사로 들리지 않았어요. 그래서 그 해 8월 보름날에 박 선생님이 시킨 대로 했더니 글쎄……"

그로부터 얼마 후 영등포의 어느 철공소 사장과 인연을 맺게 되었는데, 지금은 큰집 마님으로 팔자를 고쳤다는 것이었다.

그 무렵에는 여름 해수욕장이라면 대천해수욕장밖에 없었다. 우리 만화가들은 주로 신태양사의 기자들과 함께 잘 갔다. 그 중에는 홍 기자(나중에 작가가 된 홍성유)도 있었고, 우리 만화가들로는 박기당, 신동헌 신동우 형제와 이재화, 김경언, 이상호 등이 있었다. 그때 같이 갔던 정연희 작가는 당시에는 여대생이었는데 후에 홍성유와 결혼했다. 그런 오래 된 시절의 이야기이다.

우리들은 밤에는 방갈로에서 나와 썰물로 바다가 멀리 밀려 나간 모래사장에 앉아 소주병을 기울이며 잡담을 나누었다. 달이 휘영청 떠 있는 밤이니 무척이나 낭만적으로 생각되겠지만 사실은 그렇지 않았다. 바닷물이 빠져나간 자리는 무섭도록 어둡고 황량해서 달밤에는 더욱 물가에 나가기 싫었다. 그런데 그날 낮에 이화여중 1학년생이 상급반 언니들을 따라왔다가 익사한 사건이 있었다. 우리들은 그런 것도 모르고 방갈로에서 쉬고 있었는데 밖에서 와자지껄하는 소리가 들려 모두 나가 보았더니 저 아래 미국 사람들의 별장이 있는 곳에서 많은 사람들이 웅성거리고 있었다. 자세히 보니 흰 잠수복을 입은 해녀가 둘 바다로 들어가는데 그 뒤를 구경꾼들이 우르르 뒤따르고 있었다. 물에 빠진 여학생을 찾으려고 해녀를 불렀던 모양이다.

그때가 오후 4시경이었다. 그 여학생이 물에 빠진 것이 낮 1시쯤이라 하니 벌써 3시간이나 지났다. 우리 방갈로 앞에서 그런 일이 벌어졌다는데 우리는 까맣게 모르고 있었다. 거리가 백 미터도 안 된다. 우리는 해녀가 시체 찾는 것을 보려고 바닷물에 발을 적시며 지켜보고 있었다. 그런데 갑자기 "으악

―"하는 외마디 소리에 놀라서 보니 김경언이 얼굴이 새파랗게 질려 바로 코 앞을 가리키며 "저, 저, 저기……" 하면서 더듬거렸다. 바로 우리 눈앞에 머리를 푼 그 여학생의 시체가 파도에 밀려서 떠 있는데 물에 잠길 때는 풀린 머리카락이 쫙 펴졌다가 몸이 물에 뜨면 둥근 머리가 쑥 올려 미는데 몸이 오싹했다. 경언은 원래 겁이 많은 사람이다. 전에 청라 저수지로 낚시를 하러 갔을 때, 밤에 그가 혼자 좌대에 앉았다. 밤이 깊어서 갑자기 하늘이 컴컴해지면서 비바람이 몰아쳤다. 큰 저수지라 파도가 제법 일었다. 경언이가 체면 불구하고 대성통곡을 한 것이 그날 밤의 일이다. 그 겁 많은 사람이 죽은 여학생의 머리를 푼 시체를 본 것이다.

여기서 잠시 해야 할 이야기가 있다.

사람들이 그 여아의 시체를 건졌더니 그곳 대천 별장에 와 있던 세브란스 병원의 미국인 의사들이 죽은 지 4시간이 넘은 애를 살리려고 밤이 어둡도록 외등까지 켜놓고 인공호흡을 계속하던 일이다. 그들의 인명 존중 정신에 나는 큰 감명을 받았고 그때부터 나는 그들을 보는 눈이 달라졌다.

이야기를 계속해야지.

그런데 그날 밤에 우리들이 그 바닷가에 앉아서 이런 이야기 저런 이야기를 하다가 기당이가 불쑥 경언이에게 물었다.

"김형, 오늘 여기 해수욕장에 온 사람들이 대충 얼미나 되겠소?"

경언이 낮의 그 일을 생각하면서 멍하니 기당을 바라보는데 기당이 다시 말했다.

"김형, 이상하지 않소? 이것은 뭔가 인연이 있는 거요. 하고많은 사람들 중에 하필이면 김 형이 그 시체를 발견했다는 것은, 그것은 분명히 전생에 무슨……"
 나는 종잇장처럼 하얘지는 경언의 얼굴을 처음으로 보았다. 그는 오만상을 찌푸리며 이상한 신음소리를 내더니 울음을 터트리고 말았다.
 "박형, 너, 너무하오. 나, 나는 가겠소."
 그는 그날 밤으로 서울로 가버렸다.
 그날 그 후부터 경언은 다시는 우리와 주석(酒席)을 함께 하지 않았다.

 그 후 우리 멤버에는 한성철(만화 <로이드 진>의 작가)이 들어왔고, 이어서 김정파(순정물 작가)가 들어왔다. 이들 두 사람 모두 중학교에서 교편을 잡던 사람인데 한성철은 함북 무산 사람이요, 김정파는 개성사람이다.
 두 사람 다 모주로 우리들은 만나기만 하면 의기투합하여 매일같이 술에 젖었다. 성철은 걸걸한 성격으로 남성적인데 반해 정파는 그 호(靜波: 잔잔한 파도)의 의미 그대로 조용하고 얌전한 사람이었다. 정파가 그렇게 취해도 한 번 비틀거리는 것을 보지 못했다.
 그런데 한성철이 유명하게 된 것은 이런 일이 있어서였다.
 원래 성철은 폭음형이었지만 정파는 홀짝홀짝형이었는데 항간에 어디서 그런 소문이 퍼지게 되었는지 몰라도 성철의 그것만큼은 존경의 대상이라는 것이었다.
 일본 말에 이런 것이 있다. <사이께이레이>, 즉 우리의 큰절을 말하는데 일인들은 그것을 일본 왕에게 절할 때만 썼다. 그런데 성철의 그것에 대해서는 모두 무조건 사이께이레이(最敬禮)였다.
 하지만 말만 풍성했지 직접 본 사람은 없었다.

그러던 어느 날 우리 세 사람이 매우 거나하게 마시고 청운동에 있는 우리 집에 가게 되었다. 그리고 2차로 더 먹었기에 모두 곤드레가 되어 우리 집 좁은 방에서 모두 자게 되었다. 얼굴을 서로 파묻고 돼지냄새(함경도에서는 술냄새를 돼지냄새라고 한다)를 피우며 자고 있었는데 새벽녘이었다. 바로 내 옆에서 성철이가 자고 그 저쪽에 정파가 누웠는데 둘이 잠이 깼는지 뭐라고 수군대고 있었다. 그러다가 정파가 킬킬거리며 꿈틀거리더니 갑자기 벌떡 일어나며 술이 덜 깬 성철이를 보고 소리치는 것이었다.

"키, 키미와 에라이!"

키미와 에라이는 우리말로 '너는 훌륭하다'는 뜻을 가지고 있었다.

새벽에 성철이가 자기 옆에 누워 있는 정파의 손을 끌어다가 자기의 남성을 쥐게 한 것이다. 그런 장난을 처음으로 당한 정파가 "처음에 나는 성철이의 팔목인 줄 알았지. 마치 아령을 쥔 팔목 같아서 이상하다 했는데 글쎄…" 손가락이 없더라는 것이다.

그 무렵 만화계뿐만 아니라 아동문학계, 출판계에도 널리 알려졌던 일이다.
그 후부터 성철의 닉네임은 아령으로 통했다.

그런데 여기서 또 한 사람의 용맹담을 소개하지 않을 수 없다. 서부의 시나이 존 웨인을 닮았다고 해서 그렇게 불렀는데 이 사람이 박 아무개이다. 그 무렵 극화의 원조라 해도 과언이 아닐 만큼 그의 그림 그리는 솜씨는 좋았다.
그때는 일이 밀려서 밤샘을 하는 일이 자주 있었다.
그날도 그 사나이는 밤을 새고 눈을 비비며 집에 돌아왔다. 옷을 갈아입히려고 마누라가 들어왔다. 박이 아래의 메리야스를 벗는데 뭔가 연분홍 색깔의 헝겊 조각이 그 내의와 함께 아래로 떨어졌다. 박이 얼른 발로 그것을 덮었다. 다행스럽게도 마누라는 그것을 보지 못한 모양이었다.
"뭘 하고 있어요? 어서 모두 벗어요."
박은 식은땀을 흘리며 그 헝겊조각을 책상 밑으로 밀어 넣는 데 성공했다. 그런데 마누라는 아무것도 모르고 혼잣말을 했다.
"안 되겠네. 식은땀을 저렇게 흘리니 무슨 약을 쓰든가 해야지."
박은 너무 바빠서 목욕탕에 갔다가 나간다며 밖으로 뛰어나갔다.
그로부터 며칠이 지난 후의 일이다.
그날 아침에 있었던 일을 까맣게 잊고 있었던 존 웨인이 아침을 먹고 있는데 그 집의 식모아이가 웬 연분홍색의 손바닥만한 나일론 삼각팬티를 들고 와서 "아주머니 이게 뉘 거요?" 하고 물었다. 그 때만 해도 그런 야한 물건은 볼 수 없을 때였고, 더욱이 일반 여염집에는 그런 것이 있을 턱이 없었다.
"뉘 거냐니……, 우리 집엔 그런 것 없다 옆집에 가서 물어봐라."
 마당이 하나밖에 없는 여러 집들이 따닥따닥 붙어 있는 그런 집들이다. 남의 빨래가 묻어온 줄 알고 식모가 온종일 찾아다녀도 임자가 나올 턱이 없었다.
 그 야한 옷의 임자가 누구인지 아는 사람은 한 사람밖에 없다.

 우스운 이야기가 하나 더 있다. 우리 선배 한 분이 어느 해에 돌아가셔서 그의 집에서 밤샘을 하고 이른 새벽에 여럿이서 해장국집에 갔다. 그 자리에는 김종래(한때 낙양의 지가를 올린 인기 극화작가)도 있었다. 그 중에서 그의 몸이 제일 약골이었다. 존 웨인이 종래가 들으라고 "다음에는 누가 가는지 나는 안다이."라고 말했다. 종래가 그 말이 머리에 남아서 주위에 아무도 없을 때 아첨(?) 섞인 웃음을 지으며 존 웨인에게 물었다.
 "박 형, 아까 말한 다음이라는 게 누구를 말하는 거지요?"
그러자 존 웨인은 "아, 그거 있지 않소, 김 형, 모르겠소?" 하고 얼버무렸다.
 종래도 답답하지. 존 웨인이 무슨 염라대왕인가. 그렇게 말했지만 그기 먼저 갔잖아.
 그 후 이 말이 요원의 불길처럼 번져 나갔다.
 지금도 우리 친구들은 가끔 이 말을 쓰면서 웃는다.

 그 무렵 우리 만화가들이 모이는 곳은 주로 명동이었다.
 그곳은 소위 문화인들의 집합장소로 시인 공초 선생을 위시

해서 여러 사람들(문인, 영화인 등)이 모였다. 우리 만화인들은 <휘가로> 다방에 모였는데 그곳에 영화인들도 자주 왔고, 나애심 양도 그 모습을 보이곤 했다. 그리고 연극배우였던 지계순 자매도 그 아래에 있는 <창> 다방을 경영하고 있었다. 가끔 ~고향이 그리워도 못 가는 신세~ 를 부르던 송달협과 염매리도 보였다. 동방문화회관 쪽의 문인들이 밤섬에서 카니발을 하다가 배가 전복한 사건도 그 무렵에 있었던 일이다.

그건 그렇고 그 후 주당들의 주벽은 여전히 건재(?)했다(훌륭한 건재다).

일본 속담에 이런 것이 있다.

"노무, 우쓰, 가우" 즉, <음주, 도박 , 산다> 인데 이 산다는 여자를 말한다). 사람이 이 세 가지를 모두 하게 되면 인간 중의 말자라는 것이다. 말자고 뭐고 그런 사람이 어디에 있겠는가 이를테면 그렇다는 말일 것이다(진짜 도박꾼은 술을 못 먹고, 진짜 오입쟁이도 술을 못 먹는다).

*. 낚시에 대한 기억

그런데 우리도 한 가지 재간이 늘었으니 그것은 낚시였다.

그 원조가 김경언(초창기 <낚시춘추>의 주간)이다. 낚시 바람이 요원의 불길처럼 번졌으니 그것이 30여년 전의 일이다.

그런데 사실 이 낚시는 <노무, 우쓰 ,가우>와 다르다고 할 수 있으나 그 농도는 더하면 더했지 뒤지지 않는다. 다만 이걸로 패가망신하는 일은 없었다. 오히려 좋은 고사들이 많다. 강태공을 꺼낼 것도 없다. 좋은 공기 속에서 머리를 식히는 게임은 이것을 따를 것이 없다.

그때 우리 낚시 그룹의 구성원은 김경언, 박기당, 이재화, 이상호 등이었다. 후에 고우영 등 후속 타자들이 있었으니 이때는 없었다.

 우리들의 훈련장은 대천의 천라 저수지였다. 서울뿐만 아니라 전국 어디서도 여기를 아는 사람이 없었다. 왜냐하면 그때 소문에 천라는 동꼬만 있지 붕어는 없는 이상한 낚시터로만 알려져 있어서 아무도 관심이 없었다. 더욱이 그때는 낚시인구도 없는데다 그곳이 밤낚시만 되는 줄은 알 턱이 없었다.

 우리들은 남 몰래 여기서 약 2년 동안 솜씨를 익혔다. 하룻밤에 나 같은 풋내기도 일곱 여덟 치 붕어 한 두 관은 너끈히 올렸으니 말해서 무엇하랴. 이 낚시터를 발견한 <이>라는 도사는 여덟 관을 낚은 일도 있었다. 앞으로 그런 기록은 다시 볼 수 없을 것이다.

 물 반 고기가 반이라는 말은 이 천라 저수지를 두고 한 말이다.

 그러던 저수지가 서울 사람들이 알게 되자 하룻밤에 낚시버스가 백여 대씩 몰리더니 삼 년도 못 가서 깨끗하게 황폐화가 되고 말았다. 천라고기치고 가락지(붕어 입 끝의 뼈)가 빠지지 않는 고기가 없었고 네 치를 넘는 고기가 없었다. 붕어 입이 이 빠진 할머니의 입처럼 오므라진 기괴한 잔치를 누가 탐내겠는가?

 그때 낚시광으로 유명한 모 출판사 사장이 야밤에 그 무서운 좌대를 옮기려다(쪽배를 타고) 물에 빠졌다. 그래서 얼른 뱃전을 잡으려다 어깨뼈가 빠졌다. 그래서 한 달 동안이나 낚시를 못했는데, 이거 하루 이틀도 아니고 도저히 참을 수가 없었다. 남들은 월척이다 준척이다 하는데 이렇게 허송세월만 보내다니(무슨 고등고시라도 보는 것 같다). 그래서 궁리 끝에 묘안을 생각해냈다.

　나이도 많고 회복이 꽤 오래 걸릴 줄 알았는데, 그날 이 영감이 처남한테 그 무거운 류색을 지우고 씩씩거리며 나타났다. 그런데 아주 희색이 만면했다.

　"아니, 괜찮으십니까?"

　"예. 이제 다 나았습니다."

　처남이 낚시를 던지고 미깝도 달고 일체의 준비를 다 하니 영감은 앉아서 찌가 오르기를 기다렸다. 그러다 찌가 오르니까 다친 손이 아닌 왼쪽 손으로 탁 낚아채니 영낙없이 씨알 좋은 붕어가 몸부림치며 걸려 올라왔다.

　"어떻소, 괜찮지요?"

　"아, 정말 대단하십니다."

　우리는 말은 그렇게 하면서도 내심으로 나이도 많은데 좀 극성이구나 싶었다.

　그날 밤이 이슥해서였다. 갑자기 "아이쿠, 나 죽는다!" 하는 비명 소리가 들려 우리들이 낚싯대를 던지고 뛰어갔더니 그 영감이 어깨를 감싸안고 뱅뱅 돌아가는 것이 아닌가. 찌가 올라가는 삼매경에 도취되어 왼쪽 손으로 챘다는 것이 그만 아픈 쪽 손으로 챘던 것이다.

　밤낚시를 즐기는 이유는 그 찌의 솟구침에 있다. 한 자가 넘는 긴 야광찌가 물을 아롱지게 하며 떠오르는 장관, 이것은 삼매경을 넘어선 환상 그 자체이다.

　팔뿐이겠는가, 몸도 던질 판인데……

　어느 땐가 김경언이 낚시를 하러 가다가 자동차 사고를 당해 머리가 깨졌다. 병원에 가서 몇 바늘 꿰매고 집에 가서 쉴 줄 알았는데 그는 계속 낚시를 했다. 그날 찍은 사진을 봤더니 붕대를 칭칭 감은 경언이가 마치 6.25전쟁 때의 부상병 그대로였고, 기당은 물에 빠졌는지 아랫바지는 벗어서 없는데 몸에 딱 붙은 내의가 마치 나폴레옹의 모습 같았다. 몸집이 작은 기당의 뽈록한 배가 더욱 그래서 영낙없는 나폴레옹이었다.
 이러던 낚시 친구들은 지금은 내 옆에 없다. 지금 살아있는 사람은 미국에 간 경언이와 이재화뿐이다. 그때의 아동작가들도 유명을 달리 한 사람들이 많다. 사람은 조만간 다 가는 것이니 새로운 일은 아니지만.

 *. 노루잡이

 30년도 더 되는 옛날의 이야기다.
 박기당의 여름 별장, 이름은 근사하지만 방 둘에 부엌이 딸린 오막살이였다. 남해의 가덕섬 동남쪽 가파른 계곡에 자리잡고 있었다.
 그해 여름 박기당과 이재화, 김정파와 나 넷이 놀러갔다. 갯바위 낚시를 하는데 감생이(감성돔) 예닐곱 치 되는 것이 잘 물었고 배를 타면 볼락이 잘 낚였다. 그래서 밥반찬은 자급자족이 되었다. 그런데 그 해 여름에는 특별무장을 하고 간 것이다.
 그 별장이 있는 가파른 계곡을 올라가면 나무가 무성한 곳에 노루집이 있다고 섬 아이들이 여러 번 볶아댔기에 엽총은 물론 양주(노루고기를 안주로 한다고)까지 가져간 것이다. 어느 명포수의 글에 '이것은 정도(正道)가 아니지만 노루잡이는 밤에 되는데 밤에 노루집 근처에 가서 대나무 노루피리를 불면……' 십중팔구 어미노루가 나온다는 것이었다.

그 피리소리가 영낙없는 어미를 잃은 새끼노루의 울음소리라 했다. 귀신이 듣는 데서 떡 소리 말라고 그날 낮에 그 집 마루에 앉아서 책의 그림대로 노루피리를 만들었다. 치약통 껍데기를 잘라서 리드로 대용했다. 새끼노루의 울음소리가 어떤 것인지 몰라도.

"됐어, 됐어. 그럴듯 한데."

"……좀 더 슬프게 안 될까?"

나는 그들이 제일 가련하게 들린다는 그 울음소리를 연습했다. 어미를 잃은 새끼노루의 심정으로 아주 슬프게 몇 번이고 연습을 했다.

그날 밤이 이슥해지자 이재화와 정파에게 솥에 물을 끓이라고 이르고는 그 계곡을 탔다. 기당은 엽총을, 나는 노루피리와 손전등을 들고 가능한 소리를 죽이고 노루집을 향해 올라갔다.

드디어 낮에 지목했던 노루집 근처까지 왔다. 나는 아주 슬프게 어미 잃은 새끼노루의 울음소리를 냈다.

기당이가 모기처럼 작은 소리로 말했다.

"……어째 아까보다 못한데……좀 더 슬프게……"

나는 더욱 어미 잃은 새끼노루가 된 심정으로 아주 슬프게 피리를 불었다.

"부엥……부엥……"(부엉인가?)

기당이가 감탄하는 것 같아서 나는 더욱 감정을 실어서 불었다.

"부엥…부엥…"

그런데 바로 그때 "또가닥" 하고 자갈을 밟는 소리가 들렸다.

'으아, 왔구나!'

기당이와 나는 긴장했다.

거짓말 같았다. 이렇게 적중할 줄을 짐작이나 했을까?

그런데 발굽 소리는 그것 한 번만 나고 더는 나지 않았다. 죽은 듯이 앉아 있던 나는 기당에게 시선을 보냈다. 기당이는 한 번 더 불라고 눈짓을 했다. 내가 한 번 더 불려고 입을 가져가는데 그때 저쪽에서 또 한 번 "또가닥-"하고 발굽 소리가 들린 것이다.

'이크 나타났다!'

나는 천재일우(千載一遇)의 기회가 왔나고 생각하며 소리가 난 쪽으로 손전등을 싹 비쳤다. 하지만 손전등의 불빛이 이렇게 희미한 줄은 그때까지 모르고 있었다. 목을 길게 빼고 눈에는 시퍼런 불을 켜고 이쪽을 바라보고 있어야 할 노루의 그림자는 고사하고 노루의 <노>자도 보이지 않았다.

내가 만나고 들은 만화가들 이야기

분명히 발굽 소리가 들렸는데……그래서 이왕 버린 몸이니 하고 이리저리 막 비춰보았지만 손전등의 불이 원체 흐리니 갑갑하기 짝이 없었다. 설사 노루의 기척을 알았다 해도 그 위치를 알아내는 것은 무리였다. 더욱이 코 앞밖에 비출 수 없는 손전등으로는 턱도 없는 일이었다.
'아, 지금쯤 솥의 물이 펄펄 끓고 있을텐데…

"이상하다. 총 소리가 없는데…"
"잡기는 뭘 잡아. 웃기는 친구들이야!"
정파와 이재화가 비아냥거리는 소리가 들려왔다.
손전등이 자동차의 헤드라이트 정도로 밝아야 한다는 사실은 훨씬 후에 알았다.

-김기율 저 <잃어버린 동산: 1994년 로고스 기획 발간>에서 인용-

박기당

* 원숭이 한 마리로 평생 먹고 사는 방법

그는 일본에서 출생하여 오사카의 상공미술학교에서 서양화를 수학했다. 1946년 한국으로 와 부산에서 미군 초상화가로 지냈으며, 이어서 부산 시민관의 간판화가로 일하다가 한국전쟁 후에는 서울로 옮겨 국도극장의 간판을 그렸다. 1955년 만화가로 데뷔한 후 주옥같은 작품들을 발표하여 우리 만화계의 거장으로 큰 족적을 남겼다. 대표작은 <만리종(1959)>, <묘구 공길이>, <전설 동백섬(1960)>, <파고다의 비밀(1961)>, <유성인 가우스(1961)> 등이 있는데 <바다의 독수리> 이외에도 1973년에 발표한 <성웅 이순신>은 고증에 힘쓴 노작으로 지금까지 많은 이들이 기억하는 그의 대표작이다.

1953년에는 부산에서 시 주관으로 임진왜란에서의 이순신 장군의 활약상을 담은 역사화를 유화로 제작하여 전시한 바 있다. 지금도 남해 충렬사에는 그가 그린 <노량 해전도>와 <충무공 독전도>가 전시되어 있다. 이런 사실로 미루어보아 그가 이순신 장군과 바다에 대해 각별한 관심과 애정이 있었음을 알 수 있다.

공주가 자기의 얼굴을 거울에 비춰 보고 있었다. 곁에서 그 모습을 지켜보던 시녀가 슬쩍 아부하는 말을 던졌다.
"아, 공주님은 마치 클레오파트라처럼 생기셨어요."
한데 공주는 자신이 추녀라는 사실을 너무나 잘 알고 있는 여자이다. 때문에 시녀를 돌아보며 이렇게 대꾸한다.
"그래? 클레오파트라가 누군지 모르겠지만 꽤나 못생긴 여자인가 보구나?"

위의 대화는 아주 오래 전에 작고하신 원로작가 박기당 선생이 옛날에 그렸던 어느 만화에 나오는 내용인데 지금 새삼스럽게 음미해 보아도 뛰어난 재치가 놀랍다. 먹고 살기에 급급했던 당시에는 유머라는 말의 개념 자체가 생소했을 텐데….
 나는 그분을 직접 뵌 적은 없지만 그분의 작품들을 거의 다 읽으며 자랐다.
 누군가에게 들은 바에 의하면 박 선생은 술집에서 동료나 후배들과 함께 어울리게 될 때 기발한 창작이라고밖에 생각할 수 없는 엉뚱한 이야기보따리를 풀고는 했는데, 이야기가 너무도 재미있어 옆자리에서 술을 마시던 다른 손님들까지도 귀를 기울이며 들었다고 한다.
 문득 기억나는 이야기가 있어 한 가지 소개한다. 이야기의 제목은 '원숭이 한 마리로 평생 동안 먹고 사는 방법'이다.
 내용은 대충 이렇다.
 홍콩이나 대만 등지에서는 '원숭이의 골'이 최고의 맛있는 요리로 통하는데, 그것의 값은 매우 비싸며 조리 방법도 특이하다. 좀 더 자세히 설명하자면 원숭이의 머리를 쇠로 만들어진 둥근 틀에 끼워 고정시켜 놓고 거기에 숯불을 놓는다는 것이다. 당연히 원숭이는 눈알이 튀어나올 것 같은 고통에 몸부림치며 죽어가고 골은 빠르게 익어가기 시작한다. 그리하여 골이 다 익으면 숯불을 치우고 끌로 원숭이의 머리 윗부분을 둥글게 쪼아낸다. 그러면 사이좋게 둘러앉아 숟가락으로 떠먹는 순서만 남게 된다.

한가지
배울능력 있으면
두가지도 배울수
있지 않을까…?

때문에 어떤 장사꾼이 그러한 사실에 착안하여 확실히 돈을 벌수 있는 비상한 사업계획을 세웠다. 즉 영리하게 생긴 원숭이 한 마리를 사다가 특수훈련을 시켰는데 그 훈련의 내용이 약간 별나다.

원숭이는 그의 교육지침에 따라 낯선 사람이 자기를 식탁 앞으로 끌고 가면 무조건 잽싸게 무릎을 꿇은 뒤 두 손바닥을 싹싹 비비며 눈물을 뚝뚝 흘리는 반사동작을 몸에 익히게 된다.

그리하여 교육을 끝낸 원숭이는 주인과 함께 시장으로 가게 되고, 잠시 후에 어떤 사람에게 팔리게 된다. 원숭이를 산 사람은 어떤 부잣집의 아들이라고 가정하자. 그는 그날 초대한 손님들에게 귀한 음식을 대접하고자 했다.

아름다운 꽃들이 만발한 정원에 놓인 식탁 위의 풍로(風爐)에 숯불이 빨갛게 피워지고 원숭이는 드디어 사형 집행 직전의 상황에 놓이게 되었다. 이윽고 깨끗한 하얀 옷을 입은 요리사가 나타나더니 한쪽에서 바들바들 떨고 있는 원숭이를 아

내가 만나고 들은 만화가들 이야기 79

니, 원숭이의 목걸이와 연결되어 있는 쇠줄을 세차게 당겼다. 원숭이는 어쩔 수 없이 질질 끌려갔다. 한데 숯불이 있는 식탁 앞에 다다른 순간 원숭이는 갑자기 무릎을 꿇고 공손히 꿇어앉으며 두 손바닥을 싹싹 비비기 시작했다.
"어? 저게 갑자기 왜 저러는 거지?"
"으응?"
"어럽쇼, 울고 있잖아. 눈물까지 흘리면서…"
입맛을 다시며 기다라고 있던 미식가들은 원숭이 쪽으로 시선을 돌리며 중얼거렸다.
"거참, 뭐 저런 이상한 놈이 다 있지?"
"그, 글쎄 말이야."
그들 중에서 "어서 요리를 시작하라"고 재촉하는 사람은 아무도 없었다. 원숭이의 모습이 눈물을 흘리면서 살려달라고 필사적으로 애원하는 것 같았기 때문이다. 하지만 지켜보던 한 친구가 주인에게 물었다.
"이봐, 어떻게 할 거야?"
그러자 초대자는 바퀴벌레를 씹은 얼굴이 되며 대답했다.
"젠장, 원숭이 한 마리 값을 손해 보는 게 낫지, 저걸 어떻게 먹냐. 재수에 옴 붙기 전에 갖다버려야지."
그렇게 되어 원숭이는 석방되었고, 그가 돌아갈 곳은 말할 것도 없이 그날까지 그에게 먹을 것을 주고 재워준 사람의 집이었다.
주인이었던 남자는 반가워하며 원숭이에게 먹을 것을 주며 편히 쉬도록 했다.
다음 날이 되자 그 사나이는 다시 시장으로 원숭이를 끌고 나가 다른 사람에게 팔았고, 원숭이는 그날 밤이 지나기 전에 다시 그의 집으로 돌아왔다. 그 같은 일은 아마도 그의 인생이 끝나는 날까지 계속될 것이다.

 박 선생은 이야기를 끝낸 뒤 후배들에게 이렇게 덧붙였다고 한다.

 "인기작가가 못 되면 홍콩에 가서 원숭이 장사나 하라고, 알았어?"

김원빈

*. 성(成)과 화(華)

  왕년의 인기 배우인 최무룡과 이대엽 씨가 출연한 영화를 상영하는 극장 앞, 매표소 앞에는 많은 사람들이 줄을 이루며 서 있다.
  그 때, 그 옆으로 지나가던 사람 하나가 함께 가던 친구 쪽으로 얼굴을 돌리며 중얼거렸다.
  "으음, 관객들이 많군! 한국영화는 역시 최성룡과 이대엽화가 출연해야 흥행이 돼."
  "…?"
  "…?"
  줄을 서 있다가 그 소리를 들은 사람들은 일단 몸을 돌려 그의 얼굴을 보지 않을 수 없다.
  '도대체 어떤 분이 저토록 무식한 말씀을 하시는 거지?'
라고들 생각하며.
  한데 그들은 곧 헷갈리게 된다. 그 사람이 무식과는 너무나 거리가 먼 준수한 용모를 가지고 있기 때문이다. 밝게 빛나는 눈빛을 보면 정신이 이상한 사람 같아 보이지도 않는다.
  그러나 일부러 나서서 뭐라고 물어보기도 뭣하다. 그러는 사이에 그는 행인들이 오가는 인파 속으로 서서히 묻혀 버린다, 그의 장난은 소기의 목적을 달성했으니까.

  이해가 제대로 되지 않는 분은 두 사람의 이름 최무룡(崔茂龍)과 이대엽(李大燁)의 '成(성)'과 '華(화)'라는 한자의 모양에

유의하시기 바란다.

　김 선생님은 돌아가시기 얼마 전까지도 모 월간지에 작품을 연재하셨는데 한 마디로 소개하면 괴짜였던 것으로 전해지며 <검은 댕기>, <주먹대장>, <별소년(소년 조선일보)>이 그의 대표작이다. 일본 애니메이션계에서는 그를 한국 최고의 만화가로 평가했다고 한다. 일본에서는 그림의 선이 고운 그림을 높이 평가하기 때문에.

* 가족

　그는 다음과 같은 재미있는 일화를 가지고 있다.
　그에게는 아늑한 보금자리인 집과 가족이 있었는데도 불구하고 긴 세월 동안 여관에 머물며 작품 생활을 했다. 오랜 시간 동안 여관생활을 했다는 말만 듣고도 그가 괴짜라는 사실을 인정한다고 말하는 사람들도 그 기간이 한 여관에서만 8년이나 생활했다면 비로소 크게 놀라실 것이다.
　한데, 그야말로 웃지 못 할 진짜로 놀라운 사건이 벌어졌다.
　지금부터 오십여 년 전의 만화계는 요즘처럼 좋은 시절이 아니었다. 출판업체들이 많지 않았기에, 말하자면 실력이 좋은 작가도 원고 청탁을 받지 못해 본의 아니게 담배만 작살내며 시간을 죽여야 하는 날들이 많았다는 이야기다.
　더없이 사존심 상하는 일이있지만 김 신생도 석 달 동안이나 원고 청탁을 받지 못하고 있었다. 당연히 석 달 동안의 여관비가 밀리게 되었고, 김 선생은 차츰 여관 주인의 눈치를 보며 생활하게 되었다. 한데 결벽증에 가까운 깔끔한 성격의 소유자인 그에게 있어 여관 주인의 눈치를 살피며 살아가는 하루하루는 어느 날인가부터 서서히 목을 조이는 고문처럼 느껴지게 되었다.

물론 여관 주인은 오랜 세월 동안의 단골손님인 김 선생에게 여관비 독촉 따위를 하지 않았고 마음을 상하게 만드는 다른 반응도 보이지 않았다고 한다.

하지만 스스로가 만들어 낸 정신적인 압박감에 시달리던 김 선생은 어느 날 오후, 여관 주인이 출타한 틈을 타서 꼭 필요한 참고도서 몇 권만을 챙겨들고 슬며시 그곳에서 빠져나갔다. 탈출을 감행한 것이다.

그러자 며칠이 지나서야 그러한 상황의 내막을 알게 된 여관 주인은 딱하다는 듯이 혀를 차며 이렇게 말했다고 한다.

"원, 싱거운 사람 같으니…8년 동안이나 한 집에서 살았으면 한 가족이나 다름없는데 새삼스럽게 무슨 놈의 도망이야? 도망은…"

내가 김 선생님을 처음으로 만난 것은 모래내의 큰 음식점 '놀부네 집'에서였고 그날 신촌으로 나와 미녀가 마술을 하는 재미있는 카페에서 술을 한잔 더 마셨다. 그리고 2002년, 영등포의 어느 사무실에서 다시 만났다. 방기훈 선생을 만나러 갔었는데 그곳은 이O제 후보의 대선 선거 운동을 하는 사무실이었고, 그곳에 나처럼 방 선생을 만나러 온 김 선생이 앉아 계셨다.

우리는 그날 저녁 때 선거 운동원들과 함께 근처의 생맥주집에서 술을 마셨는데, 거의 모두들 김 선생을 만난 것을 반갑게 여기며 "어렸을 때 독자였습니다. 집의 가보로 삼겠으니 주먹대장을 한 장 그려주십시오."라고 청했다. 때문에 김 선생은 주먹대장을 그리느라고 제대로 술을 드시지도 못했다. 주먹대장이 다른 캐릭터들처럼 적당히, 빨리 그릴 수 있는 캐릭터가 아니었기 때문이다.

김경언과 정파

* 뛰어난 만화가

화장실 이야기

　김경언 선생을 이 난에 소개하는 이유는 그가 김원빈 선생처럼 여관에서 일하기를 좋아하는 분이기 때문이다. 내가 그분을 처음으로 알았을 때는 이성룡 선생과 함께 창신동의 '용호여관'에서 머물며 일하시고 있었다. 좋은 집과 서재를 놔두고 구석진 여관방에서 일하며 신문 연재만화 '의사 까불이' 등을 그린 이유를 아직까지도 모르고 있었는데 며칠 전에 우연히 그 답을 얻게 되었다.

　김 선생은 집에서 일을 할 때 스토리가 막히면 화장실에 들어가 1시간 가까이 끙끙거리며 앉아 있고는 했다. 그러니 가족들은 하나밖에 없는 화장실 때문에 항상 고난을 당해야 했다. 때문에 김 선생 전용의 화장실을 만들게 되었으며, 작업 장소도 여관방으로 바꾸어지게 되었다. 이성룡 선생과 함께 쓰는 여관방이 제1의 작업실이 된 것이다.

　김 선생은 그 당시 최고의 다작을 했던 히트작가로서, 그를 아는 사람들은 그의 목소리가 정일권 씨를 딱 닮았다고들 말한다. 그는 당시에 다방에서 사람을 기다리는 동안에도 검은색 잉크를 넣은 만년필로 만화 원고를 그려 항상 한 달의 예정량을 채워 엄청난 원고료(국내에서 최고)를 받아가셨다고 한다.

　그는 문하생들에게 공급해 주는 여러 가지 스토리를 쓸 때,

글을 쓰는 속도를 줄이기 위해 특이한 방법을 이용했다고 한다. 예를 들자면 '걸어가는 주인공 앞에 자동차가 갑자기 나타난다' 라는 그림의 설명을 한다면 '주- 자'라고 암호처럼 간단한 글을 써서 글을 쓰는 시간을 절약하는 식이다. 그리고 문하생들이 임의로 표지를 그려 오면 그 표지에 맞는 제목과 스토리를 써 주는 별난 원고 제작 방식(반대 순서)을 썼다고 하니 실로 대단한 천재적인 능력을 가진 분이라고 말하지 않을 수 없다.

* 칠성이 대통령과 깨막이 수상

김경언 선생은 한때 '용가리 씨리즈'와 칠성이가 일병부터 대장이 되기까지의 매우 특이한 장편 만화를 제작한 적이 있다. 용가리는 원래 당시에 영화화된 '용가리'의 홍보용으로 만들었던 것인데 인기가 좋아 그대로 닭가리, 개가리 등의 순서로 연작 시리즈로 만든 것이다 그리고 '칠성이 대통령과 깨막이 수상'이라는 만화도 그렸던 것으로 알고 있다.

깨막이는 정파 선생의 만화 주인공인데, 말하자면 당시에 인기가 떨어진 정파 선생의 인기를 위해 김경언 선생이 친구로서의 우정을 보여준 합작만화였다. 하지만 의도와는 달리 이 만화책은 판매에 크게 성공하지 못한 것으로 알고 있다.

후에 김경언 선생은 미국으로 갔고, 정파 선생은 1980년 초까지 오명천 선생의 삼양문화사에서 자주 뵈었는데 얼마 후에 돌아가셨다는 소식을 들었다.

성영식

*. 성 선생의 조카 사랑

 TV조선은 7월 23일(2023년) 오후 7시 50분 '스타 다큐 마이웨이'를 방송했다.
 1세대 록밴드인 '키보이스'로 데뷔한 윤항기는 '정든 배, 등 노래로 큰 사랑을 받았다.
 김수희는 무명 시절 윤항기가 만들어 선물한 노래 '너무합니다'로 큰 사랑을 받았다. 이 날 그는 노래 '애모'의 가수 김수희를 만났다.
 김수희는 무명 시절 윤항기가 만들어 선물한 노래 '너무합니다'로 큰 인기를 얻었다. 그는 "선배님이 계셔서 저도 그 길을 따라갈 수 있는 거다. 지금 그 모습 그대로 건강하게 계셨으면 좋겠다"라고 말했다.
 윤항기는 이 날 폐결핵 말기 판정을 받았을 때를 회상한다. 아내와 가족들 덕분에 약 1년 만에 건강을 되찾았다고 한다. 아내에 대한 미안함으로, 아내만을 위해 사는 그의 삶이 방송에서 공개되었다.
 이날 윤항기의 동생인 가수 윤복희도 출연해 둘의 우애를 보여주었다. 어린 나이에 부모를 잃고 함께 의지하며 자랐다고 한다. 윤복희는 "어린 시절 부모님이 돌아가신 뒤 삼촌 댁에서 오빠와 잠깐 지내던 기억을 잊을 수가 없다"고 말했다.
 조선일보에 실린 위의 글을 내가 참고한 이유는 맨 뒤의 글 '어린 시절 부모님이 돌아가신 뒤 삼촌 댁에서 오빠와 잠깐 지내던 일을 잊을 수가 없다'라는 내용을 그대로 지나칠 수 없었기 때문이다.

만일 나의 추측이 틀리지 않는다면 위의 글에서 말하는 삼촌은 1975년 즈음에 신촌 세브란스병원 치과 병동 뒷골목 쪽에 있던 골목집에서 살던 성영식 선생일 것이다.

그가 "박기당이가… 송칠성이가…" 하고 말한 것으로 보아 그분과 비슷한 고참 작가라고 생각되는데 자기 이름으로 낸 작품을 보지는 못했다. 그는 주로 남의 일(데생이나 펜 터치) 위주로 일을 하고 있었는데, 어떻게 그를 만나게 되었는지는 정확히 생각나지 않는다. 내가 남산 입구에 <영 화실>이라는 작업실을 가지고 있을 때 만나게 되었는데, 그림 실력은 꽤 좋았다고 기억된다. 때문에 나는 그를 김동명 씨에게 소개하여 그가 전집물 원고를 그리는 작업을 하게 만들기도 했다.

어쨌든 그는 나이는 많았지만 순진한 소년 같은 순박한 면을 가지고 있었다. 그러는 중에 누군가가 "이보쇼, 성 선생, 조카들도 이젠 세계적으로 성공한 가수가 되었는데 자주 찾아오기는 하오?" 하고 물었고, 그가 "헤헤, 아이들이 너무 바빠서" 하고 대답하는 소리를 들은 적이 있다.

그저 그것뿐이다. 그는 조카들을 사랑했고 조카들도 삼촌을 사랑했을 것이다. 하지만 성공했지만 너무 바빠서 삼촌을 찾아오지 못했을 것이다. 그걸로 끝이다.

더 이상 할 얘기가 없지 않은가.

어느 해인가 그분이 원고를 끝내오셨기에 원고료를 드렸는데 화실 아래인 명동에 가셔서 커다란 케잌을 하나 사서 돌아와 화실 사람들에게 주며 "메리 크리스마스" 하고 큰 소리로 말했던 생각이 난다.

그분의 장례식 때 연락을 받지 못해 가지 못했다. 채 선생은 "성 선생에게 꾼 돈이 조금 있는데 그 돈을 갚기도 전에 돌아가셨어" 하고 말했다.

신동우

*. 평가 방법

먼 옛날, 곽씨 성을 가진 사람이 대시인인 소동파에게 찾아와 자신이 지은 시를 읽어보이고는 비평해달라고 부탁했다. 그러자 소동파는 짧게 대답했다.
"100점!"
곽이란 사람은 너무나 기뻐서 어쩔 줄 몰라 하며 다시 청했다.
"이왕이면 좀 더 자세히 평을 해주시지요."
그러자 소동파는 다시 대답해 주었다.

"자네의 목소리가 70점, 시가 30점, 합해서 100점이야!"
 대시인 소동파라는 이름에 어울리는 채점 방식이라고 생각하지 않을 수 없다. 우리 만화계의 원로작가인 신동우 선생을 존경하는 어떤 만화가 지망생이 찾아와 자기가 그린 그림을 내보이며 비평해 달라고 청했다. 그러자 신동우 선생은 짧게 대답했다.
 "좋군, 아주 좋아!"
 "네? 그, 그렇습니까?"
 만화가 지망생은 뛸 듯이 기뻐하며 반문했다.
 그러자 신 선생은 "흐음" 하고 헛기침을 하며 대꾸했다.
 "자네가 사용한 먹의 빛깔 말이야! 그 먹 어디서 샀나?"
 참고 사항으로 덧붙이자면 60년대 중반까지는 원고를 벼루에 간 먹물로 그렸다.

* 이해할 수 없는 차이

 신동우 선생이 머리를 깎으러 이발관에 갔더니 이발사가 그를 알아보고 말을 걸었다.
 "저어 손님, 가끔 텔레비전에 나오는 만화가 신동우 선생님 맞지요?"
 "네, 그렇습니다."
 이발사는 정색을 하며 다시 물었다.
 "한데, 그거 그려 가지고 탈 없이 먹고 살기는 하나요?"
 신 선생은 그 당시에 이미 최고로 유명한 인사들만 출연하는 'MBC 스타 24'의 고정 손님인 고소득자였지만 만화에 대해서 너무나 모르는 이발사를 실망시키지 않으려고 이렇게 대답했다고 한다.

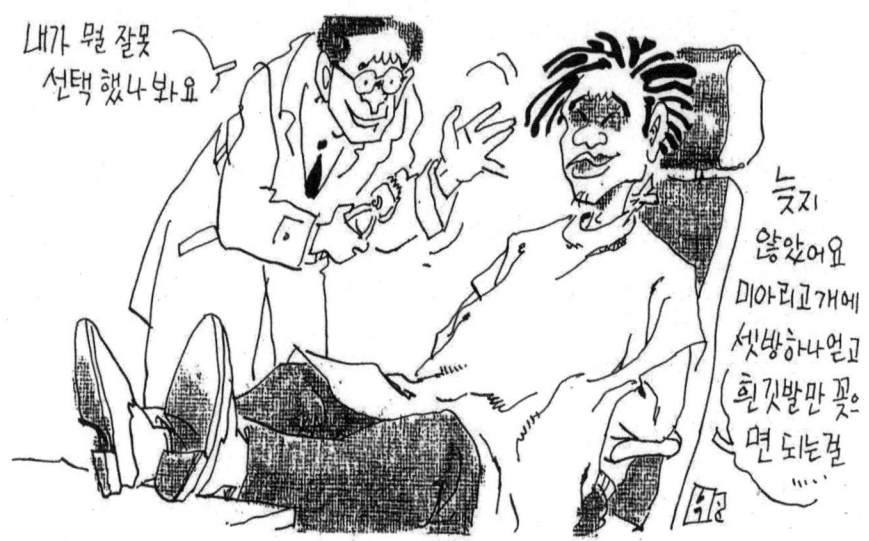

"그럭저럭 먹고 살 수 있는 수입은 되지요."
그러자 이발사는 고개를 끄덕이며 이렇게 말했다고 한다.
"기술자들의 수입이라는 게 다 그렇지요."
그 이야기를 들으면서 문득 생각나는 것이 칙영의 만화 블론디이다.
그 만화에 등장하는 이발사는 의자에 앉아 머리를 깎는 대그우드에게 이렇게 투덜거린다.
"나는 아무래도 이해할 수가 없어요. 정신과의사는 머리의 안 부분을, 이발사는 머리의 바깥 부분을 다루는데 사람들은 어째서 두 분야의 직업에 그토록이나 큰 편견을 가지고 있는 거지요?"

* 속도

신동우 선생에 대해서 이야기하자면 무엇보다도 먼저 그림을 그리는 속도에 대해 이야기하지 않을 수 없다, 예를 들자면

 항상 그러는 것은 아니겠지만, 잡지사에서 원고 때문에 독촉 전화가 오면 신 선생은 원고를 가지러 오라고 말한다고 한다. 원고가 끝나기는커녕 시작도 하지 않았으면서.
 그리고 원고를 그리기 시작하는데 그림을 그리는 속도가 앞 페이지의 원고지에 칠한 먹물이 채 마르기도 전에 다음 페이지가 끝난다는 것이다. 따라서 잡지사의 여직원이 도착했을 때쯤이면 이미 끝나 있는 원고를 내주기만 하면 되었다고 했다.
 그와 가까운 사이인 이윤경(채윤남) 선생은 언젠가 이런 이야기를 했다.
 "아, 신동우 씨의 그림 그리는 속도는 정말 빨라. 한 번은 사무실 사람들 몇이서 야외에 놀러갔다가 돌아와 서울역에 내렸지. 그런데 경비는 다 떨어졌는데 술을 더 마시고 싶은 거야. 그러자 신동우 씨가 문구점에 들어가 먹물과 도화지를 사더니 다방에 들어가 원고를 순식간에 그리는 거야. 마침 근처에 거래하는 출판사가 있었던 거지. 어쨌든 잠시 후에 받아 온 원고료로 한잔 더 잘 마셨지."

그리고 '바람돌이'의 작가인 박현석 선생은 언젠가 만났을 때 이런 이야기를 했다.

"시내의 한 다방에서 지인을 만났는데 문득 생각해보니 내가 거래하는 잡지사 근처더군. 그래서 '마침 잡지사에 새 편집장도 오셨다니 들러서 인사나 하고 가야겠다' 하고 생각하며 찾아갔지. 그런데 사무실 문을 열고 안으로 들어가니 직원들은 하나도 없고 처음 보는 급사 아이 하나가 사무실을 지키고 있는 거야. 그래서 소파에 앉으면서 물었지. '얘야, 모두들 외근 중이신가 보구나. 그런데 넌 이름이 뭐냐?' 그랬더니 그 아이가 뭐라고 대답했는지 아나?"

"그, 글쎄요."

"또랑또랑한 목소리로 이렇게 말하더군. '신동우요. 어제부터 편집장으로 일하고 있어요.'"

함경북도 회령이 고향인 신동우 선생은 한국 최초의 장편 애니메이션 영화 홍길동을 그렸고 '호피와 차돌바위'도 그렸다. 풍속화와 세계의 풍속화도 그렸으며 그림을 빨리 그리기로 유명했다.

송칠성

* 물오리 사냥

　박기당 선생의 절친한 후배인 송칠성 씨도 선배의 영향을 받아서인지 엉뚱한 이야기를 잘하는 재주를 가지고 있었다.
　송 선생의 이야기를 소개하자면 무엇보다도 '물오리 사냥'이라는 것을 소개하지 않을 수 없다.
　그 분의 설명에 의하면 겨울철에 우리나라에 와서 활동을 하는 후조(候鳥)인 물오리들은 엄격한 지휘 체제 아래서 집단생활을 하는데, 그것은 인간들의 병영생활과 크게 다를 것이 없다고 한다.
　때문에 그는 그것에 착안하여 '물오리 생포 작전'을 세웠고, 그 작전을 성공리에 끝냈다고 한다.
　그의 고향은 강원도의 어느 해안 마을이었는데 해마다 가을이 되면 북쪽에서 날아온 물오리 떼들이 바닷가에서 집단으로 묵어갔다. 어느 날 초저녁에 이상한 작전은 개시되었다.
　송 선생은 해가 서산으로 넘어가기 전에 강가의 갈대밭으로 가서 큰 양동이(동이와 같이 물을 담는, 함석으로 만든 그릇)를 뒤집어쓰고 잠복근무를 시작했다. 서서히 날이 어두워지기 시작하자 물오리들이 강변으로 날아오더니 야영을 했다. 한 마리를 불침번으로 세워 놓고 잠들이 든 것이다.
　물오리들이 깊이 잠들었다고 생각될 무렵, 송 선생은 양동이를 안에서 손으로 두들겨 큰 소리가 나게 했다. 그러자 불침번을 서던 물오리는 놀라서 꽥꽥거리며 적의 침입을 알렸.
　곤히 잠들었던 물오리들은 모두 깨어나며 침입자를 찾았다.

하지만 양동이를 치는 소리는 뚝 그쳤지만 그 안에 엎드려 있는 송 선생은 그들에게 보이지 않았다. 잠시 후 화난 얼굴이 된 물오리들의 시선은 일제히 불침번을 서고 있던 물오리에게 향했다.
"뭐야, 아무도 없잖아!"
"너, 졸면서 불침번을 서다가 헛것을 본 거지?"
"바보 녀석, 너 때문에 단잠을 깼잖아."
그렇게 말하는 것 같았던 물오리들은 우르르 몰려가 불침번 기러기를 두들겨 패기 시작했다. 앞에서 잠시 소개한 바 있지만 물오리들의 규율은 의외로 엄하다고 한다. 불침번은 지독한 린치를 견디다 못해 기절하며 뻗어버린다.
물오리들은 새로운 불침번을 세워 놓고 다시 취침에 들어간다.
그러면 양동이 속의 송 선생은 잠시 후에 다시 소리를 내고 똑같은 장면은 다시 연출된다.
'어휴, 오늘 밤의 불침번들은 왜 이렇게 멍청하지?'
'아예 죽어버려라! 가뜩이나 잠이 모자라 미칠 지경인데.'
엉망진창이 되도록 얻어맞은 보초가 다시 기절하며 나자빠지고, 그 다음 불침번이 또 주둥이까지 부러지면서 까무러치고… 어쨌든 그런 상황이 서너 번 되풀이되고 날이 밝아 물오리들이 떼를 지어 날아가 버리면 송 선생은 양동이 안에서 나와 나자빠져 있는 물오리들을 양동이에 주워 담는 것으로 사냥을 끝냈다고 하는데, 그것이 진짜로 가능한 일인지 확인해 보지는 못했다.

파고다 공원이나 동묘 같은 곳에 모여 있는 까마귀들을 관찰

해 보면 이 이야기는 사실이라고 생각된다. 까마귀들이 몰려와 모이를 먹을 때 반드시 한 마리는 지붕에서 가장 높은 곳에 앉아 사방을 경계한다. 그리고 "까악-"하고 짧게 우는 소리를 내면 까마귀들은 일제히 동작을 멈추고 어딘가를 향해 떼를 지어 사라져 버린다.

고우영(추동성)

* 만화는 곧 당의정

'만화가 고우영 선생은 '만화는 곧 당의정'이라는 말을 자주 했다. 만화는 '진리'라는 쓴 가루약을 먹기 좋게 당분으로 덮은 알약과 같다는 얘기다. 만화가 일반 대중에게 내용을 재미있으면서도 쉽게 전달할 수 있는 매체라는 사실을 누구보다도 잘 아는 고 선생만이 할 수 있는 비유다.

그래서일까, 그의 만화에는 기지가 넘치는 해학, 면도날처럼 날카로운 풍자, 그리고 유쾌한 웃음과 아기자기한 재미가 듬뿍 들어있다. 가끔은 당분이 너무 많이 들어가 너무 원색적이라는 비판이나 교육상 지장이 있다는 항의를 들을 때도 있다. 하지만 아동들의 전유물로 생각해오던 만화를 점잖은 어른들도 웃고 즐길 수 있는 것으로 인식을 전환시킨 공로를 감안하면 비판의 목소리는 한 풀 꺾인다.'

위의 내용은 1994년 8월 13일자 세계일보 '저자와 함께'란에 게재되었던 내용을 발췌한 것인데 유감스럽게도 나는 고우영 선생을 만나 본 적이 없다. 그리고 그가 <일간 스포츠>에 연재한 인기 만화 '임꺽정'보다 별다른 인기가 없던 무명(?) 만화가 시절에 발표한 <아짱에>를 더 좋아한다. 아라공, 짱느, 에찌루가 펼치는 아름답고 슬픈 이야기는 '임꺽정'과 비교하면 인기나 그림 수준에서 떨어지는 이야기였을지 모르지만 감히 고우영 씨가 그린 최고의 만화라고 생각한다.

* 짱구박사

"뎅그르르차"하고 외치며 몸을 뒹구는 짱구박사가 등장하는 만화의 한 장면이 문득 생각난다. 착한 일을 한 가지 할 때마다 그의 발바닥에 금이 생긴다. 엉덩이를 삐죽 내밀고 옆으로 걷는 축지법을 쓰는 사나이 대종도 생각난다. <도술 삼형제>에 등장했던가.

아, 뜨거운 햇빛은 쏟아지고 장사는 되지 않고, 하지만 돈은 벌어야 하는데 소리칠 기운도 없다. 한 사람은 미꾸라지 장수고, 한 사람은 번데기 장수다. 한데 골목 입구를 향해 양쪽에서 걸어가던 둘은 미처 피하지 못하며 서로 부딪혔다. "과잉-" 미꾸라지들이 담긴 물통과 번데기들이 담긴 솥도 엎어지며 내용물이 서로 뒤섞이고 말았다. 아아…답답한 날에 복장 터지는 일이 벌어졌다. 멱살을 잡으면서 싸움부터 해야 하나? 미꾸라지와 번데기부터 주워 담아야 하나?

고우영 씨의 만화를 보면 미국의 유명한 만화잡지 매드(MAD) 귀퉁이에 소개된 '셀지오 아라고네스'의 한 컷짜리 만화들이 생각난다.

몇 가지 예를 들면 이런 것들이다.

ㅇ, 많은 사람들이 지켜보는 가운데 어떤 죄수가 킬로틴(단두대)에 목을 넣고 사형을 당하게 된다. 한데 칼의 측면에 유명한 면도날 회사의 상표가 그려져 있다. 말하자면 매체를 가리지 않는 광고인 것이다.

ㅇ, 철창 안으로 긴 감옥 생활에 지친 죄수가 보인다. 그의 뒤에는 달력이 있고 그가 복역을 끝낸 날짜들 위에는 X 표시가 되어 있다. 한데 자세히 살펴보면 그 달력은 '일'과 '월'을 알려 주는 보통 달력이 아니다. X자가 그려진 달력에는 1990년, 1991년, 1992년이라는 글자들이 씌어져 있다. 그는 엄청나게도 많은 형기를 치러야 하는 죄수인 것이다.

ㅇ, 먹고 살기에 지친 한 인간이 자살을 했다. 커다란 쇠뭉치가 달린 쇠사슬을 발목에 감고 깊은 바다 속으로 뛰어들었다. 한데 그의 눈에 환한 빛을 발하며 보이기 시작한 것은… 그것은 침몰한 보물선의 잔해였다. 배 옆에는 보물들이 삐져나와 있지만 그의 발목에는 무거운 쇠뭉치가 달린 쇠사슬이 단단히 감겨있으니.

ㅇ, 한 사람이 과일 나무 가지에 목을 매어 자살했는데 어떤 사람이 그의 다리를 당겨 몸을 흔든다. 그렇게 하여 가지 끝에 한 개 남아 있는 과일을 떨어뜨리려는 것이다.

방영진

* 약동이

아마도 한국 만화사에서 추리 만화로 대성공을 거둔 작가는 오직 방영진 씨 한 사람뿐일 것이다.

하지만 나는 서울에 올라와 하숙생활을 하는 학생들을 다룬 <약동이와 영팔이>를 더 재미있게 보았던 것으로 기억한다.

한데, 방영진 씨는 류머티즘을 앓고 있었다고 한다. 나는 그분을 직접 본 적은 없지만 증세가 매우 심해 많은 고통을 받았으며, 결국에는 병으로 인해 작품 활동까지 중단했다고 한다.

그는 괴로움을 잊기 위해 기타를 손에 들었다. 그는 학창시절에 밴드부에 속해 있었으며 음악에 소질이 있었다.
 음악을 통해 조금씩 삶의 활기를 찾아가면서 그는 방송국에 곡을 내기도 했고, 창작 동요에 당선되기도 했다.
 그렇게 밝은 마음으로 노래하던 그는 주옥같은 작품들을 더는 만들지 못한 채 1997년 마침내 세상을 떠났다.

 너무나도 유명했던 <약동이와 영팔이>의 재미있었던 장면 하나가 생각난다.
 약동이와 그의 친구들이 고무줄 밴드를 이용하여 콩나물의 무게를 재는 장면이다. 콩나물의 양이 많으면 콩나물은 아래로 많이 늘어지게 된다. 그들은 주인공인 약동이와 함께 서울에 유학 와서 자취생활을 하는 시골 출신의 학생들이다. 그들이 교대로 콩나물을 사러 가는 골목길의 구멍가게에 예쁜 여학생이 살고 있는데 그들은 제각기 그녀가 자기를 제일 좋아

내가 만나고 들은 만화가들 이야기

한다고 생각하고 있으며, 그 척도를 그들이 갈 때마다 조금씩 틀릴 수밖에 없는 양으로 받아 오는 콩나물의 무게로 가늠질 하고 있다.

 말하자면 그들은 그녀가 가장 호감을 가지고 있는 아이에게 제일 많은 양의 콩나물을 주었을 거라고 생각하고 있었다, 때문에 그들은 콩나물을 사올 때마다 방문 기둥에 박아놓은 못에 걸린 고무줄 밴드를 이용해 그것의 무게를 달아 보곤한다.

 가수 송창식의 노래 <담배 가게 아가씨>가 생각나게 되는 재미있는 장면이다. <약동이와 거미단(?)> 등 여러 히트작품을 가지고 있는 방영진 선생은 만화가 지망생들 중 많은 사람들이 한 시대 최고의 작가로 평가하고 있는데, 너무나 일찍 세상을 떠나셨다.

#. 약동이 탐정이 소개하는 추리퍼즐
멘사 추리 퍼즐(데이브 채턴 지음)

문제, 지니의 속임수

 왕은 자신의 딸과 사랑에 빠진 알라딘을 쫓아내기 위해 고심 중이었다. 왕은 램프의 요정 지니에게 부탁했고, 지니는 주인인 왕을 위해 알라딘을 쫓아낼 묘안을 생각해냈다.
 지니는 알라딘에게 두 개의 봉투를 내밀며, 한 개의 봉투에는 '결혼'이라고 적혀 있고, 다른 봉투에는 '추방'이라고 적혀 있다고 말했다. 알라딘은 두 봉투 중 한 개를 선택해야 하며, 그 봉투에 적힌 단어에 따라 공주와 결혼할 수도 추방당할 수도 있었다. 하지만 두 개의 봉투에는 모두 '추방'이라는 단어가 적혀 있었다.

　알라딘은 어떻게 하면 왕과 지니의 속임수를 피할 수 있을까?

해답,

　먼저 한 개의 봉투를 선택한 뒤 그것을 열어보지 말고 조각조각 찢어버린다. 그리고 나서 왕에게 그가 선택하지 않았던 나머지 남은 봉투의 내용이 무엇안지 읽어보라고 한다. 남은 봉투에는 '추방'이라는 단어가 적혀있을 테고, 결과적으로 알라딘이 선택하여 찢어버린 봉투에는 '결혼'이라고 적혀 있었던 것이 된다.

박경신

"재수가 좋았어!"

채 일병 선생의 사무실에 놀러가 잡담을 나누고 있는데 유격 훈련장의 조교처럼 빨간 모자를 쓰고 다니는 박경신 선생께서 들어오셨다. 한데 그의 목에는 이상하게도 하얀 붕대가 감겨져 있었다.
"아니, 형님. 그 붕대는 도대체 뭐요?"
"목에 종기라도 생겼나요?"
놀란 채 선생과 내가 거의 동시에 묻자 박 선생은 의자를 하나 끌어다 앉더니 너무나 놀라운 사연을 털어놓았다.
"한 보름 전에 친구와 함께 사무실 근처의 음식점에서 식사를 하고 있는데 거기서 술을 마시고 있던 젊은 애들끼리 말다툼이 벌어졌어. 그러니 신경이 쓰여서 제대로 밥을 먹을 수가 있어야지. 우리는 공교롭게도 녀석들이 다투고 있는 입구 쪽의 식탁을 차지하고 있었지. 그래서 내가 나이 먹은 값을 하느라고 자리에서 일어나며 호통을 쳤지. '이 녀석들, 여러 사람이 식사를 하는 음식점에서 시끄럽게 웬 싸움질이야? 싸우려면 밖으로 나가서 해, 어서!' 하고 말이야. 그랬더니 한 녀석이 스윽 얼굴을 돌려 나를 바라보더니 술 궤짝에서 술병 하나를 꺼내 벽에다 탁 쳐서 깨더군. 그리고 빈 병으로 느닷없이 내 목을 찌르는 거야."
"네?"
"그, 그래서요? 음식점 주인이 경찰에 신고하지 않았나요?"
"했지. 하지만 하면 뭘 해. 경찰과 방범대원들이 달려왔을 때는 녀석들이 모두 도망치고 없었어. 그런데 병원으로 실려가 응급치료를 받은 내게 경찰 하나가 재미있는 말을 하더군."
"네? 뭐라고요?"
"재수가 좋았다고."
"네…?"
"재수가 좋아서 그 정도로 끝났다는 거야. 내 목을 찌른 녀석이 심사가 고약한 녀석이어서 일단 찌른 술병을 한쪽으로 비틀기라도 했다면 핏줄들이 모두 끊어졌을 거라더군."
"아니, 뭐라고요?"
채 선생과 나는 너무나 끔찍스러운 이야기에 어이없어하며 서로의 얼굴을 바라보았다. 그러자 박 선생은 한 손으로 목을 어루만지며 얼굴을 찡그리더니 좀 더 말을 이었다.
"그래서 그 녀석에게 감사하는 마음을 한 시도 잊지 않으며 병원에 다니고 있는 중이야. 암! 그 경찰관의 말대로 나는 재수가 좋았어. 만일 목의 핏줄들이 끊어졌다면 지금쯤 무덤 속에 누워 있을 테니, 이렇게 자네 사무실에 놀러와 너스레를 떨 수도 없을 것 아니겠나."

오명천

* 지독한 애연가

　담배가 몸에 해롭다는 것은 이미 잘 알려진 사실이다.
　미국인들 세 명이, 사십여 년 전, <필립, 모리스> 등의 담배 회사와 광고 회사를 상대로 10억 달러의 손해보상 청구소송을 제기하며 애연가들이 비상한 관심을 보인 적이 있었다. 그들은 담뱃갑에 인쇄된 문장이 좀 더 강했어야 했는데도 막연히 건강을 해칠 수도 있다는 가능성에 대해서만 경고했기에 폐암에 걸렸다고 주장했던 것이다.
　이런 이야기를 들을 때마다 담배 노이로제가 되는 사람도 있겠지만 소개하고 싶은 이야기가 있다.
　태국의 방콕에서 사는 '차오 분초'라는 사람은 스스로 세계 제1의 헤비 스모커(1984년 당시)라고 주장하고 있다는데 열다섯 살 때부터 계속해서 하루에 120개비씩의 담배를 피웠다는 것이다.
　그런 소문이 퍼지자 더 막강한 사람이 나타났다. 태국의 배우인 '소오 아스타틴다' 라는 사람인데 그는 하루에 200개비 이상씩의 담배를 열다섯 살 때부터 계속 피우고 있다는 것이다. 한데 그의 건강상태는 매우 양호한 편이라니 놀라운 일이다.
　한데 그처럼 놀라운 분은 한국 만화계에도 계시다. 뛰어난 그림 실력을 가진 원로급의 작가 오명천 선생을 하필이면 담배 이야기를 하다가 끌어들이는 것은 매우 송구스러운 이야기지만 사실은 어디까지나 사실이다. 오 선생은 더욱이 독한 담배를 즐기시는 분으로 유명하다.

내가 한동안 삼양문화사에서 함께 일할 때만 해도 오 선생은 항상 <새마을> 담배를 입에 물고 계셨는데, 새마을 담배가 나오지 않게 되자 <환희> 담배로 바꾸셨다.

그분은 사무실 여직원에게 담배 심부름을 시킬 때 "한 갑만 사다 주겠니?"라고 말하지 않고 "한 보루만 사다 주겠니?"하고 말했는데, 그래 봤자 그것은 삼일이나 사흘 사이에 모두 없어졌다. 담배는 아무 곳에서나 손에 쥐고 피우기 좋도록 창문턱이나 소파 앞의 탁자 위에도 놓여 있었고, 누군가가 고급 담배를 선물하면 그것은 내 차지가 되었다. (오 선생이 피우지 않으시니까).

하지만 그분의 경우에는 다량의 독한 담배 때문에 '산디만' '창' 등 기념비적인 작품들이 탄생했고, 출판사도 왕성하게 발전하는 것 같으니 내가 나서서 이러쿵저러쿵 할 필요는 없는 일인 것 같다.

* 호랑이의 앞니는 몇 개?

요즈음 문민정부라는 말을 들을 때마다 생각나는 웃지 못 할 이야기가 있다.
 역시 오 선생의 출판사에서 일하던 1980년이었데, 그는 당시 보안부대로부터 보안 문제를 소재로 한 만화원고를 청탁받아 그리곤 했었다.
 한데 어느 날 오 선생이 불쑥 물었다.
 "이봐요, 김 부장. 혹시 호랑이의 앞니가 몇 개인지 알아요?"
 "네? 호랑이의 앞니요? 글쎄요, 한데 그런 걸 왜 물으시지요?"
 "아, 그거, 보안부대에서 호랑이를 한 마리 그려달라는군. 그 부대를 상징하는 동물이 호랑이인가 봐. 한데 앞니가 몇 개인지 확실히 알아야 호랑이가 입을 벌리고 포효하는 모습을 그려 주지."
 "그렇겠군요. 그러면 동물원 사람들에게 물어보는 수밖에 없겠네요."
 "그렇겠군."
 나는 전화번호부를 뒤적거려 당시에는 '창경원'이라고 부르던 창경궁 안의 동물원 번호를 찾아 전화를 걸었다. 그리고 전화를 받은 직원에게 물었다.
 "저어, 문의할 것이 있는데요. 호랑이의 앞니는 모두 몇 개지요?"
 "뭐라고요?"
 상대방은 그렇게 대꾸하더니 이렇다 저렇다는 말도 없이 그대로 전화를 끊어버렸다.
 "거참, 상대도 해주지 않네요. 아마 할 일 없는 사람이 장난전화를 한 걸로 생각하는 것 같습니다."
 내가 머쓱해하며 말하자 오 선생 '허허' 하고 웃었다.
 "그렇겠군. 그럼 다시 전화를 걸어 보안부대의 일 때문에 그러니 협조해주면 고맙겠다고 부탁해 봐요."

그렇게 되어 다시 전화를 걸게 되었는데, 전화를 받은 사람의 퉁명스러운 목소리는 보안부대라는 말이 나오자마자 갑자기 공손해졌다. 뿐만 아니라 "잠깐만 기다리시라"는 목소리에 이어 새로운 사람의 목소리가 흘러나왔다.

"아, 이거 우리 직원이 아무것도 모르고 실수를 했나봅니다. 저는 김O만이라고 합니다. 아마 텔레비전을 통해서 한 번쯤 보셨을 겁니다."

더없이 공손한 그 목소리를 듣는 순간 나는 텔레비전의 동물들이 다루어지는 프로에 정기적으로 출연해 내레이터 역할을 하는 그의 모습이 반사적으로 머리에 떠올랐다. 서로의 모습이 보이지는 않지만 굽실거리며 이야기하는 것 같은 그의 목소리는 약간 겁먹은 느낌을 주며 빠르게 이어졌다.

"한데 이거 죄송해서 어쩌지요? 실은 갑자기 물으시니 저희들도 호랑이의 앞니가 몇 개인지 헷갈립니다. 그러니 확인할 수 있도록 조금만 시간을 주시지요. 수고스러우시겠지만 20분 뒤에 한 번만 더 전화를 걸어 주십시오. 확실한 숫자를 알려 드리겠습니다."

"네, 그러지요."

그로부터 정확히 20분이 지나, 내가 다시 전화를 걸자 기다리고 있었다는 듯이 그가 전화를 받았다. 그리고 보고하는 것처럼 분명한 목소리로 말했다.

"하하, 정확히 몇 개인지 알았습니다. 토끼를 던져 주어 먹게 하면서 세어 보았더니 앞쪽의 아래위에 각각 여섯(?) 개씩 나 있었습니다. 확실하게 세어 보았습니다."

"선생님 감사합니다. 한데 공연한 수고를 하시게 만들었으니 죄송해서 어쩌지요?"

내가 거듭해서 감사의 뜻을 표하자 그는 당치도 않다는 듯이 열띤 목소리로 말했다.
"아닙니다. 무슨 말씀을, 덕분에 우리도 호랑이의 앞니가 몇 개인지 다시 한 번 확인하게 되었습니다. 고맙다는 말씀은 오히려 우리가 드려야지요."

 통화는 대충 그런 식으로 끝났고, 나는 너무나 어이가 없어 혼자서 피식 웃었다. 하지만 겁먹은 것 같았던 김○만 씨의 목소리에 대한 기억은 아직까지도 생생하게 남아 있다.
 당시의 특수기관 보안부대는 말을 못하는 동물들을 보살피며 살아가던 사람들에게도 본능적인 두려움을 불러일으키게 만드는 무서운 집단이 틀림없었던 것 같다.
 오 선생이 끌려가 수난을 당하게 된 사연만 해도 그렇다.
 오 선생은 출판사를 시작하기 몇 년 전에 그렸던 성인만화에서 남자가 여자에게 "저 남산 타워가 부러지는 일이 있어도 너에 대한 내 사랑은 변하지 않을 거야"라고 사랑의 고백을 했는데, 남산 타워가 부러진다는 내용이 문제가 되어 보안부대에 끌려가 심한 고초를 당했다는 것이다. 정말로 말도 되지 않는 이야기이다.

유세종

* 코끼리를 냉장고에 넣는 법

 당신은, '코끼리를 냉장고에 넣는 법'이라는 이야기를 들어본 적이 있는가.
 1, 냉장고의 문을 연다.
 2. 코끼리를 냉장고에 넣는다.
 3. 냉장고의 문을 닫는다.
 방법과 순서에 있어서는 조금도 하자가 없는 이야기인 것 같다. 그리고 그 결과의 가능성에 대해 이러쿵저러쿵 시비를 걸 사람도 없다. 위와 같은 이야기는 사람들을 웃기기 위해 악의 없이 만들어 낸 우스갯소리일 테니까.
 하지만 만화에서, 그것도 장편 극화에 위와 같은 스토리가 삽입되었다면 그것은 엉터리라고밖에 말할 수 없다.
 출판사가 그런 이치에 맞지 않는 내용의 원고를 책으로 만들지도 않을 테고, 설사 발간된다고 해도 똑똑한 독자들이 거들떠보지도 않을 것이다.

 원로 작가인 유 선생의 작품들 중에 주인공이 오토바이를 타고 달리며 악당들을 무찌르는 내용의 만화가 있었다.
 물론 소년 시절의 나는 그 만화의 독자였으며 하루라도 빨리 다음편이 나오기를 기다렸다.
 한데, 한 번은 다음과 같은 장면에서 그 편의 이야기가 다음 편으로 넘어간 적이 있었다. 악당을 추격하던 주인공이 그들의 속임수에 걸려 까마득하게 높은 절벽에서 오토바이와 함께 아래로 떨어진 것이다.

 당연히 다음 편으로 이어지는 이야기의 내용이 궁금했다. 절벽 아래가 물이 있는 곳이라면 모르겠지만 그렇지 않다면 주인공과 오토바이는 박살이 날 것이 뻔했기 때문이었다.

 얼마 후에 속편이 나왔기에 빌려보았더니 스토리는 다음과 같이 이어졌다.

 주인공이 먼저 몸을 회전하며 가볍게 땅에 내려섰다. 이어서 떨어지는 오토바이를 손으로 잡아 휘익 돌리며 땅바닥에 놓았다. 그리고는 그 위에 올라타더니 악당들을 뒤쫓아 가기 시작했다.

 정말로 너무나 어이없는 엉터리 스토리였다. 물론 그 시절에는 그런 만화도 통했다. 그만큼 볼거리가 없었으니까. 그러나 그분의 작가적인 수명은 역시 길지 못했다.

이윤경(채윤남)

* 재주가 많은 사나이

 동관왕묘(東關王廟: 중국 촉나라의 장군 관우를 제사하는 묘. 서울 동대문 밖에 있음) 앞에 자리 잡고 있는 구제시장은 항상 많은 사람들이 찾아오며 벅적거리는 장소다. 일반 시장에서는 볼 수 없는 낡은 물건들이 많이 있고 그 값도 매우 싸다. 그야말로 운이 좋으면 보물에 가까운 물건을 싼 값에 구할 수도 있다.
 어느 날 이윤경 선생께서 구제시장에 나타나 여기저기 기웃거리며 지나가는데 흔치 않은 물건이 그의 눈에 들어왔다. '푸시 업 바(팔굽혀펴기를 할 때 땅에 놓고 손을 짚는 기구)'를 잔뜩 쌓아놓은 상인이 길 가에 있었고 그 물건 위에 '팔굽혀펴기 30개를 하는 사람은 한 세트(2개)를 가져가도 좋음'이라고 쓴 광고문이 얹어져 있었다.
 '흐음, 그래? 저걸 한 세트 가지고 가자.'
 이윤경 씨는 두 눈을 반짝이며 주인에게 물었다.
 "팔굽혀펴기 30개를 하면 정말로 저걸 가져가도 되는 거지요?"
 "그렇소."
 주인이 시들한 목소리로 대답하자 이윤경 씨는 즉시 땅바닥에 엎드리며 푸시 업 바 얻기에 도전했다.
 내가 이 글을 쓰는 이유는 팔 굽혀펴기 30회를 하는 것이 누구에게나 힘든 일은 아니지만 운동구점에서 사면 비싸지도 않게 구입할 수 있는 푸시업 바 2개를 얻기 위해 많은 행인들이

북적거리는 시장바닥에 엎드려 땀을 흘리며 팔굽혀펴기 30번을 하는 것이 나이 80이 넘은 노인에게 쉬운 일이 아니었을 것이라는 생각이 들어서이다.
 내 주위에도 비슷한 짓을 하는 이상한 친구가 하나 있었다.
 좀 먼 옛날, 매표구에서 표를 사서 전철을 타던 시절에 있었던 거짓말 같은 이야기인데 그는 어느 날 차표를 살 돈조차 없는 아주 기막힌 상황에 처하고 말았다. 때문에 잠시 궁리를 하던 그는 결국 사무실 저금통의 동전을 털어 전철 차표 판매 창구에 들이밀며 표를 달라고 했다. 하지만 매표원은 귀찮아 하며 10원짜리 동전도 섞여 있는 그 돈을 받지 않으려고 했다. 그러자 그 친구는 "이봐, 아가씨, 대한민국에서 만든 돈을 대한민국 전철에서 받지 않으면 날더러 어쩌라는 거지?" 하고 호통을 쳤다고 한다.
 이윤경 씨는 다부진 체격을 가진 만화, 삽화, 수채화 등 많은 분야의 그림에 두루 통달한 재주가 많은 사람이다. 그런데 그와 이야기를 나누다 보면 "나는 경기고등학교 출신이야. 내가 학교에 다닐 때는"하고 으스대는 소리를 몇 번이나 듣게 된다. 하지만 나는 그것은 매우 잘못된 일이라고 생각한다. 이덕송 선생이 언젠가 내게 말했던 것처럼 "만화가들은 누구나 다 이 세상에서 가장 우수한 뛰어난 인재들 중의 인재들이 택하는 고급 직업이다."라고 평가해야 된다고 생각한다.
 신동우 선생과도 친분 관계가 있는 이윤경 씨는 중국에 나가서 사업을 하다가 사기꾼을 만나 다 털어먹고 수 년 전에 귀국하여 다시 사업을 한다고 돌아다니고 있는데 아직까지 뜻대로 일이 풀리지 않는 것 같다.
 어학(語學: 영어)과 컴퓨터를 다루는데도 남다른 실력을 가지고 있으니 머지않아 좋은 결과가 있으리라고 생각한다.

이상열(호세)

* 장기 시합

 이상열(호세) 선생은 스스로 고수라고 말하는 장기 실력을 가지고 있었다. 그의 작품들이 한창 인기를 끌고 있던 시절이었다. 인기가 있는 작가이니 당연히 문하생이 되고 싶다는 지망생들이 모여들게 되었는데, 문하생이라는 것은 지망자 쪽이 원한다고 되는 것이 아니다. 그보다 먼저 지망자의 실력이 작가를 만족시켜야 하는 것이다.
 그런데 그날 이상열 선생에게 찾아온 지망생은 그의 뒤를 이어 만화가로서 성공할 수 있는 조건을 두루 갖추고 있었다. 타고 난 그림 실력도 있었고 교만하지 않은 좋은 성격도 가지고 있었다. 이상열 선생은 그가 들고 온 그림들을 잠깐 보더니 밝은 미소를 지었다. 그리고 다정한 목소리로 물었다.
 "자네, 장기 둘 줄 아나?"
 "네?"
 "장기 말이야. 장기…"
 "아, 네. 조금은…"
 "그럼 한 번 두어 볼까?"
 "네? 네…"
 그리하여 느닷없이 장기 시합이 벌어지게 되었다. 그리고 문하생 지원자는 그것도 테스트의 한 부분이겠거니 하고 생각하며 있는 머리, 없는 머리 다 짜내어 대결에 임했다. 그리하여 자칭 고수라는 이상열 선생을 이기는 데 성공했다.
 "호오, 제법이군. 다시 한 판 둘까?"

이상열 선생이 여유 있게 미소 지으며 말하자 지망생은 "후우-"하고 안도의 한숨을 내쉬며 다시 대결에 임했다.

한데 그는 두 번째 판에서도 또 이겼다.

"허허, 내가 또 졌잖아!"

이상열 선생은 약간 머쓱해하며 웃더니 옆방에서 일하고 있는 문하생 하나를 불렀다. 그리고 약간 힘이 들어간 목소리로 말했다.

"너 나가서 생과자 좀 사와야겠다. 맛있는 걸로…"

"네."

짧게 대답한 문하생은 바람처럼 달려 나가더니 한 봉지의 생과자를 사가지고 왔다. 문하생은 그 모습을 지켜보며 편한 쪽으로 생각했다.

'이건 잘된 일이야. 내 장기 실력에 호감을 갖게 된 이상열 선생님이 생과자까지 대접하며 좀 더 철저하게 내 머리를 테스트하시려는 거야.'

한데 그는 곧 자기의 생각이 크게 잘못되었다는 것을 깨달았다.

세 번째 장기시합이 다시 시작되었는데, 그는 자기 옆에 놓인 봉지 속의 생과자를 혼자서만 꺼내 먹고 있었던 것이다. '오도독 오도독'하고 소리를 내면서. 그리고 그의 얼굴은 어딘가 좀 굳어져가고 있었다.

문하생 지망자는 그제야 이상한 일이라고 생각했다. '아마도 장기에 져서 화가 나셨나 보다'라고 생각했다. 하지만 일부러 져주는 것도 속 들여다보이는 짓 같아서 그는 다시 최선을 다해 싸웠고 그 판에서도 이겼다.

그러자 이상열 선생은 생과자를 씹으며 그의 얼굴을 핥듯이 바라보았다. 그리고 장기를 시작했을 때처럼 불쑥 말했다.

"이제 그만 가 봐!"
"네?"
"장기 다 뒀으니 가보라니까."

"아, 네…"
문하생 지망자는 더 이상 말을 붙이지 못하고 그 방에서 나오지 않을 수 없었다. 그리고 그로부터 얼마 후, 누군가에게서 우연히 이상열 선생의 문하생이 되기 위한 방법에 대해서 들었다.
이상열 선생은 문하생 후보자가 된 지망생들에게 항상 장기 시합을 청했다고 한다. 그리고 시합에서 진 후보자만을 문하생으로 최종 결정했다고 한다. 굳이 그렇게 하는 이유는 장기 시합을 이용해 스승으로서의 우월성을 못박아두고 싶었기 때문이었던 것이라고 생각되는데 그것은 아무리 생각해도 잘못

된 방법이라고 생각한다.
 스승에게 지는 문하생보다 스승을 이기는 머리를 가진 문하생을 키우는 것이 제대로 된 방법이 아닐까?

* 기대가 크면

 위에서 소개한 이상열 선생은 괴팍스러운 면이 많은 분이셨다. 때문에 주위 사람들은 느닷없이 그가 만든 엉뚱한 상황에 휘말려 곤혹스러워하곤 했다.
 어느 날 이상열 선생에게 좋은 일이 생겼다.
 예측하지 못했던 일은 아니었지만 그의 작품들의 판매 부수가 확실하게 높아져 출판사 측에서 원고료를 인상시킨 것이다.
 괴팍한 사람 아니라 괴팍한 사람의 할아버지라도 원고료가 인상되면 좋아하지 않을 수 없다. 이상열 선생은 당연히 기뻐하는 빛을 감추지 못했고, 잔뜩 힘이 들어간 목소리로 문하생들에게 말했다.
 "저녁 때 모두 함께 가서 한잔 하자. 7시까지 하던 일들을 대충 마무리해."
 때문에 문하생들은 마음속으로 환호성을 지르며 커다란 기대를 하게 되었다. 그들의 스승께서 원고료가 인상된 것을 자축하는 뜻으로 근사한 곳에서 한잔 산다는 뜻으로 해석한 것이다. 그리고 그곳은 당시 서울의 명소이던 '라데방스' 같은 극장식 술집일 거라고 멋대로 생각했다.
 따라서 문하생들은 모처럼 거금을 지출하시려는 스승의 얼굴에 먹칠을 하지 않기 위해 스스로 알아서 치장을 했다. 잡초처럼 자란 수염도 깎고, 세탁소에 맡겼던 양복도 찾아다 입고, 어떤 친구는 모처럼 이발소에 다녀오기까지 했다.

그러는 중에 어느덧 7시가 되었고 이상열 선생이 그들을 부르는 소리가 났다.

"자, 그럼 출발해 볼까."

이상열 선생이 말하자 문하생들은 합창하듯이 입을 모아 대답했다.

"네!"

이어서 그들은 먼 길을 떠나는 사람들처럼 "그럼 다녀오겠습니다"라고 이상열 선생의 부인에게 인사말을 남겼다. 그리고 씩씩한 걸음걸이로 대문 밖으로 몰려나갔다.

그리고는 누가 먼저랄 것도 없이 지나가는 빈 택시를 잡으려고 행길을 두리번거렸다. 그들의 스승께서 가시려는 술집이 어딘지는 모르겠지만 거기까지 걸어가지는 않을 테니까.

한데 이상열 선생이 그때 매우 이상한 말씀을 하셨다.

"택시 잡을 것 없어."

"…?"

문하생들은 일제히 동작을 멈추며 이상열 선생 쪽으로 눈길을 돌렸다. 그러자 이상열 선생은 뭐라고 대답하는 대신 길 건너편 연탄가게 옆에 있는 선술집 쪽으로 스적스적 걸어갔다. 이어서 낡아빠진 문을 스윽 열며 문하생들에게 말했다.

"어서들 들어와라."

"네?"

"어서 들어오라니까."

"네… 하지만"

문하생들의 목은 갑자기 축 늘어졌다. 잠시 서로의 얼굴들을

보며 한숨을 내쉬던 그들은 모두 체념한 모습이 되며 선술집 안으로 들어섰다. 도살장으로 끌려들어가는 소들처럼.

이미 한쪽에 자리를 잡고 앉은 이상열 선생은 환하게 미소 지으며 그 집의 자랑거리 안주인 돼지갈비를 주문하고 있었다. 그의 얼굴은 얄미운 배신자의 얼굴 바로 그것이었다.

하지만 문하생들 중에 누구도 그런 말의 냄새조차 피울 수 없었다. 그들은 단체로 이상열 선생의 장난에 놀아난 꼴이 되었던 것이다.

이상열 선생이 뱉은 말에는 조금의 하자도 없었다. 그의 원고료 인상건과 연결 지어 근사한 술집에 가서 한잔 할 것이라고 멋대로 생각하고 수선을 피운 것은 자기들 스스로의 판단에 따라 한 짓이었으니까.

*. 경고동작

이상열 선생께서 어느 날 밤, 친구를 만나러 외출하셨는데 어이없게도 볼따구니에 커다란 혹을 달고 귀가하셨다. 그에게는 그림 실력만큼의 주먹실력이 있었는데도 불구하고.

사건의 전말은 이렇다. 이상열 선생은 그날 밤, 친구 만화가인 전상균 선생과 오랜만에 만났다. 때문에 신촌 근처에 있는 술집에 들어가 한잔 술을 나누게 되었고 그동안 못했던 많은 이야기들을 나누게 되었다.

당연히 시간이 흐르면서 그들은 제법 취하게 되었는데 둘의 이야기는 쉽사리 끝나지 않았다. 이상열 선생이 말을 끝내자 전상균 선생이 손짓까지 해대며 화제를 바꾸었는데, 그 이야기가 꽤 재미있었는지 이상열 선생은 큰 소리로 웃어대며 오른손 주먹으로 왼쪽 손바닥을 '탁'하고 쳤다. 아마도 동감이라는 뜻을 표하는 동작이었을 것이다.

바로 그 순간 전혀 예기치 않았던 일이 벌어졌다. 이야기를 계속하던 전상균 선생이 갑자기 벌떡 일어서며 느닷없이 한 발을 들어 이상열 선생의 얼굴을 강타한 것이다. 영화 '용쟁호투'의 주인공 이소룡 같은 폼으로.

"빠악-"

느닷없이 공격을 당한 이상열 씨는 옆으로 비척거리며 나자빠졌지만 이내 오뚜기처럼 발딱 일어섰다. 이어서 유명한 복서 '자라테' 같은 폼을 잡으며 반격을 가했다.

"빠악- 빡-"

얼굴과 가슴에 공격을 허용한 전상균 선생은 한 순간 흔들리며 휘청거렸지만 애써 중심을 잡으며 재공격을 감행했다, 이상열 선생도 역시 마찬가지로.

주위에서 술을 마시던 손님들이 웅성거리기 시작했다.

"아니, 저 사람들 왜 저러지?"

"글쎄 말이야. 조금 전까지도 사이좋게 술을 마시는 것 같았는데…"

"그거 참 이상한 일도 다 있군."

한데 이상하다고 생각한 것은 그들보다 싸우고 있는 당사자들이었다. 특히 이상열 선생은 전상균 선생이 느닷없이 공격하는 바람에 맞붙어 싸우고는 있었지만 전상균 선생이 갑자기 공격하는 이유를 알 수 없었다. 물론 전상균 선생의 경우도 비슷했다. 하지만 그의 경우는 좀 달랐다.

전상균 선생은 빠르게 술에서 깨며 자기가 저지른 실수를 깨닫고 있었다.

전상균 선생은 태권도 공인 3단의 실력을 가진 사나이. 당연히 운동 신경이 예민하다. 그리고 이상열 선생에게는 특이한 버릇이 있다는 것을 우연히 알게 되었다. 무엇인가 하면 싸움이 벌어져 상대방을 공격할 때는 오른쪽 주먹으로 왼쪽 손바닥을 때리는 경고동작을 취하는 버릇이 있다는 것이었는데, 전상균 선생의 이야기가 재미있어 무의식중에 손뼉을 치는 이상열 선생의 동작을 공격하기 전의 경고동작이라고 판단한 전상균 선생이 앞뒤 생각 없이 먼저 공격을 가했던 것이다.

전상균 선생은 곧 공격 자세를 풀고 이상열 선생에게 사정을 이야기했다. 이야기를 들은 그는 너무나 어이가 없어서 제대로 웃지도 못했다. 얼얼한 아픔이 채 사라지지 않은 왼쪽 얼굴을 어루만지며.

어쨌든 두 사람은 그날 이후 며칠 동안 외출하지 못했다.

*. 찾아가서 만든 형님

평범하지 않은 성격을 가진 이상열 선생의 심기를 불편하게 만드는 일이 생겼다.

당시 부산에서 작품 활동을 하던 장병욱(토니 장) 선생의 신작이 발간되었는데 거의 같은 시기에 발간된 이상열 선생의 신작과 제목이 비슷했다. 장병욱 선생의 작품 제목이 <바이킹>이었는데 이상열 선생의 작품 제목은 <헤라클레스와 바이킹>이었던 것이다. 그것은 물론 지극히 우연히 생겨나게 된 일이었다. 하지만 이상열 선생은 그런 사실을 도저히 용납할 수가 없었다.

"아무래도 내가 직접 부산으로 내려가 봐야겠어. 마침 그 친구와는 안면도 트지 못했으니 서로 인사도 나눌 겸 해서."

"그렇게 해서 어쩌시려고요?"

문하생 하나가 묻자 그는 벌컥 화를 냈다.

"어떻게 하긴 뭘 어떻게 해, 알아듣게 얘기해서 제목을 바꾸게 해야지."

"하지만 장병욱 선생이라는 분이 들어주실까요? 더구나 이미 책이 나와 있는데."

"순순히 듣지 않으면 따끔하게 혼을 내서라도 듣게 만들어야지. 내 작품의 인기에 지장을 초래할지도 모르니까."

"하지만…"

문하생은 뭔가 할 말이 있는 듯했지만 입을 다물고 말았다.

이상열 선생은 결국 그날 야간 급행열차를 타고 부산으로 내려갔다. 그가 생각하기에 그것은 한시라도 빠르게 결말을 지어야 할 문제였다.

하지만 장병욱 선생은 그가 멋대로 상상한 만만하게 볼 사람이 아니었다. 그는 영화 <대장 부리바>에 출연한 '토니 커티스'처럼 잘 생기고 다부진 체격을 가진 사나이였다. 결론적으로 말해 이상열 선생이 장병욱 선생에 대해서 알아보지도 않고 서둘러 부산에 내려간 것은 매우 잘못된 일이었다.

이상열 선생은 다음 날 송도의 한 횟집에서 장병욱 선생과 마주 앉게 되었는데 그는 근육질의 몸을 가지고 있었고, 두 눈은 형형하게 빛을 발하고 있었다. 장병욱 선생과 악수를 나누는 순간 이상열 선생은 순간적으로 서로 붙으면 자기 쪽이 당할 것 같다고 생각했다.

"한데 부산에는 무슨 일로?"

장병욱 선생이 묻자 이상열 선생은 더듬거리며 대답했다.

"아, 네. 저와 똑같은 제목으로 작품을 내시는 것도 흔하지 않은 인연이라고 생각되어서…"

"하하, 저도 그렇게 생각합니다."
"그래서 부산에 볼일을 보러 내려왔다가 한 번 찾아뵙고 인사라도 드리는 것이 같은 길을 가는 사람의 도리일 것 같다는 생각이 들어서… 저어, 저보다 연세가 많으시지요?"
"아마 그럴 거요, 하하하…"
"그럼 지금부터 형님으로 모시겠습니다. 자아, 우선 동생의 술을 한 잔 받으시지요."
"하하, 그럽시다."
그렇게 되어 이상열 선생은 뜻하지 않았던 형을 얻게 되었다. 아니 부산까지 제 발로 찾아가 형님을 만들게 되었다.
하지만 그 후에 두 사람이 가깝게 지냈는지에 대해서는 나도 잘 알지 못한다.

전상균

*. 캐리커쳐

당시(1970년대 중반) 그는 신촌의 이화여대 부근에서 하숙을 하고 있었는데 결혼을 하기 전이었기에 고삐 풀린 망아지처럼 멋대로 술을 마시고 다녔다. 하지만 그는 별명인 '슬리핑 아이즈(졸리운 눈)'처럼 선량한 인상을 가지고 있었기 때문인지 엉뚱한 손해를 보는 일은 별로 없었다.

한 번은 이런 일이 있었다.

술을 마시다 보니 통금위반을 하게 되어 집에 다 와서 잡혀 파출소에 연행되었는데, 야간 근무자인 경찰관이 그를 보며 중얼거렸다.

"넌 얌전하게 생겼는데 이렇게 늦게까지 술을 마시고 다니나? 하는 일이 뭐야?"

"네. 만화가입니다."

"뭐? 만화가?"

"네."

"그럼 너, 내 얼굴을 똑같이 그릴 수 있나?"

"네, 그럼요."

"그럼 한번 그려 봐."

만화가가 직업이라는 말에 호기심이 발동한 경찰관은 의자에 앉아 자세를 잡으며 자기의 얼굴을 그려 보라고 했다. 그래서 전 선생이 실물보다 더 멋지게(?) 얼굴을 슥슥 그려 주었더니 좋아하며 즉결재판소로 가는 무리에서 슬며시 빼주었다고 한다.

또 이런 일도 있었다.

술을 마시고 매일 다니는 코스를 걸어 집에 돌아왔는데 대문이 잠겨 있었다.

'어, 오늘은 주인아주머니가 문을 일찍 잠그셨네. 그럼 어떡하지?'

그는 대문을 두들겨 주인아주머니를 깨울까 하다가 복잡한 절차는 생략하고 담을 넘어 들어가기로 했다. 그가 하숙하는 집은 집장수가 여러 채를 똑같이 지은 집들로 담의 높이가 낮은 편이었다.

그는 가볍게 담을 넘어 맨 구석에 있는 자기의 하숙방을 향해 걸어갔는데, 이상하게도 불이 켜져 있었다.

'으응? 왜 불이 켜져 있지? 아까 분명히 확인하고 나갔는데…'

방 앞으로 다가서니 창문을 통해 안에서 누군가 움직이는 모습이 보였다.

'아, 부산(서울에서 생활하기 전 그가 살던 고향)에서 누가 올라왔구나. 연락이라도 하고 올라올 것이지…'

몽롱한 의식 속에서 중얼거리던 전 선생은 방문을 열기 위해 비척거리며 문 앞으로 다가섰다. 그런데 뭔가 뒤늦게 생각하니 뭔가 이상했다.

'아, 가만 있자. 방금 본 그 옷장, 그건 내 물건이 아닌 것 같은데… 그렇다면, 어?'

다음 순간 전 선생은 몽둥이로 머리를 세게 얻어맞은 것 같은 느낌을 받으며 뒷걸음질 쳤다. 집장사가 같은 모양으로 지은 집들이라 무심코 한 골목을 더 걸어와 자기 집이라 생각하고 남의 집으로 들어간 것이었다, 담을 넘어서. 만일 누군가

보았다면 아무리 '슬리핑 아이스'라고 해도 통할 수 없는 가택 침입죄를 뒤집어쓰고 잡혀갈 것이 뻔했다. 그리고 철창 안으로.

정말로 듣기만 해도 간이 떨리게 만드는 재미있는 이야기다.

* 야유회

어느 봄날 출판사 오성문화사의 식구들이 함께 야유회를 가게 되었다. 박기당 선생의 일을 하고 있었던 전 선생도 함께 서울 근교의 들로 나가 술을 마시며 신나게 즐겼다. 그런데 야유회가 끝나고 집으로 돌아오는 길에 문제가 생겼다.

큰 길로 나서면서 전상균 선생이 지나가는 택시를 잡으려고 한 손을 들었는데 서 주는 차가 없었다. (술 취한 사람을 태우려고 서는 게 이상하지) 하지만 포기하지 않고 다시 손을 들었는데 드디어 지나가던 택시 한 대가 십여 미터 앞에서 "끼익-" 하고 소리를 내며 멎었다.

'옳지, 됐다!'

전상균 선생은 택시를 향해 빠르게 달려갔다. 그런데 그 택시는 전 선생을 태우려고 선 것이 아니었다. 앞에서 걸어가고 있던 여자들이 재빨리 그 택시에 올라탔다.

'어럽쇼?'

전상균 선생은 빠르게 택시를 막아서며 소리를 질렀다.

"이봐! 내가 먼저 차를 세웠잖아!"

그 차를 먼저 보내고 다음 차를 타면 되는데 왜 그런 양보심이 없었는지 모른다.

그런데 그 운전기사도 나빴다. 차 안에서 꽥 소리를 질렀다.

"이봐요! 위험하니 비켜요!"

두 사람은 입씨름을 시작했고 목소리는 빠르게 높아졌다. 다음 순간 전 선생의 발이 허공으로 바람을 가르며 움직였다.

"퍽-"

발끝은 정확히 운전석에 앉아 있던 운전기사의 가슴을 때렸고 이야기는 끝났다. 전 선생은 경찰서로 연행되었다. 운전기사를 때린 죄는 크기 때문이다(먼저 화를 내서 좋을 일은 어디에도 없다).

그래서 교도소에 가지 않기 위해 당시 신혼 생활을 하던 그의 부인 홍O자 여사께서 변호사를 선임해 죄가 없다는 것을(오죽하면 운전기사를 때렸겠느냐고, 예쁜 아가씨들을 태운 운전기사의 잘못이 싸움의 원인이었다고) 주장하게 되었고, 결국 이화여대 앞에서 능곡으로 이사를 가는 것으로 이야기는 매듭지어졌다(이대 앞 셋방의 전세금이 변호사 선임 비용으로 없어졌다는 이야기다).

이 사건 때 변호사 사무실로 찾아가는 심부름을 내가 하게 되었는데 무식하게도 杜(두) 변호사를 社(사) 변호사로 부르는 큰 실수를 범했다. 나는 무식하게도 두 씨라는 성씨가 있다는 것을 그때 처음으로 알았다.

* 밀가루 음식

나는 특별한 볼일이 없어도 전상균 선생 댁에서 며칠 동안 묵는 일이 많았고, 그의 부인도 그런 것을 당연한 일로 여기는 것 같았다. 정말로 고마운 분들이다.

한데 처음으로 전 선생 댁에 며칠 동안 머물게 된 날 그분께서 불쑥 물었다.

"너, 밀가루 음식 좋아하냐?"

"네, 아주 좋아합니다."

그래서 그 날부터 밀가루 음식을 자주 먹게 되었는데, 이들 부부의 밀가루 음식 사랑(?)은 놀랍다고 할 정도였다. 아침 점심 저녁뿐만 아니라 며칠 동안 계속해서 먹은 적도 있었다(실은 당시 만화가들의 생활이 어려웠기 때문이었을 것이라고 생각한다).

능곡에서의 생활은 이들 부부에게 있어서 잊지 못할 어두운 기억일 것이다. 큰아들을 얻었지만 얼마 후에 잃고, 하원언 선생 형제들이 놀러오던 능곡 역 앞에서 다시 한참 동안 걸어가야 하는 작은 마을 <삼성동>으로 이사를 가고, 어려운 상황의 연속이었다. 물론 나는 그 당시 그분의 자세한 애로사항은 알지 못한다.

요즈음 최병선 선생을 통해 두 부부가 철원에서 팬션 사업을 하며 노후를 보내고 있다는 소식을 들었다. 아주 기쁜 일이다. 두 분이 모두 법이 없어도 살 사람들이니 아마도 사업은 잘 될 것이다.

채일병

세상에는 두 종류의 만화가가 있다.
독자들에게 인기가 있는 만화가. 그리고 다른 하나는 같은 만화가들에게 인기가 있는 만화가이다. 물론 나는 나중에 소개된 만화가를 소개하려는 것인데 그런 이들은 세상에 흔하지 않다.

* 대식가

제1시즌에 홈런 수 50개 이상이 4회, 40개 이상이 13회, 일생 동안의 홈런 수가 714개인 '베이브 루스'는 바로 세기의 홈런왕이라는 이름에 어울리는 사나이였다.
1932년의 월드 시리즈 때 투 스트라이크에 몰린 다음에 선언 홈런, 세너터즈와의 시합 때 상대 투수의 가랑이 사이를 빠져 나간 라이너성 홈런은 지금까지도 화제가 되고 있다.
베이브 루스(본명은 조지 허만 루스)의 매력은 누가 뭐래도 마구잡이식이었던 그 성품에 있다. 부랑아였던 루스는 볼티모어의 소년원에서 자랐지만 그의 활달한 인품에서는 비참했던 어린 시절의 성장 과정이 조금도 엿보이지 않았다. 그는 스포츠 기자들로부터 칭송을 받았고, 라이벌보다 한 수 위의 사람으로 우대되었으며, 어린이들에게서도 사랑을 받았다.
사생활에 있어서는 대단한 음주가여서 난잡스러운 소동을 좋아했던 루스는 규율을 깨고 밤새워 술을 마시는 적이 많았지만 일단 시합에 나서면 모기라도 때려잡듯이 잘도 쳐댔다.
그는 대식가로서도 상당한 경지에 도달해 있었다.

어느 날, 루스가 야구장의 벤치에 가지고 들어간 식사의 내용은 핫도그 9개, 샌드위치 2개, 소다수 6병, 사과 1개였던 것이다.
 그는 결국 식사 때문에 복통을 일으켜 병원으로 실려 갔는데 루스는 그때 이렇게 말했다고 한다.
 "아, 마지막에 먹은 사과 1개가 좀 지나쳤던 것 같아요."

 한 시대를 풍미했던 노장급 만화가 채일병 선생은 루스처럼 대식가로 상당한 경지에 도달해 있는 분이시다.
 둘이서 중국 음식점에 들어가 볶음밥을 먹게 되면 그는 항상 자장면을 두 그릇 더 주문한다.
 종업원이 세 사람분의 음식을 식탁 위에 내려놓으며,
 "한 분은 아직 안 오셨나보지요?"
 하고 말하면 채일병 선생은 "그래." 하고 대답하며 짜장면 두 그릇을 먼저 드시기 시작한다. 이어서 젓가락을 숟가락으로 바꾸어 들고 볶음밥을 드시는데, 식사를 끝내는 시간은 다른 사람들보다 늦는 경우가 거의 없다.
 야간작업을 하다가 출출하여 라면을 끓여 먹게 되는데, 어느 날 그는 커다란 냄비에 물을 부으며 이렇게 말씀하셨다.
 "자네는 라면을 많이 먹지 않으니 일단 다섯 개만 끓이기로 하지. 모자라면 더 끓이면 되잖아?"

 나는 그런 모습을 처음 보았을 때는 너무 놀라서 대꾸할 말을 찾지 못했다. 라면 다섯 개가 어디 작은 양의 음식인가. 글자 그대로 보통 사람들 다섯 명이 먹을 수 있는 양이다.
 하긴 뭐, 라면 다섯 개가 두 사람의 야식이라는 것은 조금도 이상한 이야기가 아닐지도 모른다. 베이브 루스가 홈런을 칠

힘을 얻기 위해 많은 식사를 하는 것이나, 채일병 선생이 걸작을 만들기 위해 많은 식사를 하는 것이나 똑같은 내용의 이야기니까.

한데 채일병 선생이 언젠가 이런 말씀을 하셨다.

"빌어먹을, 내 돈을 내고 먹는데도 남의 눈치를 보면서 먹어야 하니…에이."

"그게 도대체 무슨 말씀이시지요?"

알 것도 같고 모를 것도 같은 아리송한 이야기였기에 반문했더니 채일병 선생께서는 자상스럽게 다음과 같은 이야기를 해

주셨다.
"중국 음식점에서 2인분을 먹었는데도 배가 부르지 않을 때가 있어. 한데 그 집에서 또 주문을 하는 건 어째 좀 쑥스럽거든. 그래서 그럴 때는 일단 그 집에서 나와 다른 중국 음식점을 찾아들어가지. 그래야 마음 편하게 다시 주문해서 먹을 수 있으니까."

문득 생각해 보면 채 선생도 음식을 많이 먹는 것을 남들이 보면 부담스러울 때가 있었던 것 같다.

그의 친구인 이덕송 선생은 그를 "음식은 대식, 작품은 소식 하는 사람"이라고 말하며 놀리곤 했다.

* 꿩과 복덕방

원로급의 일부 만화가들은 암울했던 시절에 대한 기억을 가지고 있다.

신촌 만화판을 틀어 쥔 네로 황제 같은 이 사장님께서 그들의 뜻에 호응하지 않거나 바른 말을 잘하는 작가들에게 무서운 핍박을 주었던 시절이 있었던 것이다.

지금처럼 많은 출판사들이 있었던 것도 아니고 보니 원고를 그려 봤자 팔 곳이 없었기 때문에 그들은 김삿갓처럼 떠돌며 개떡 같은 세월만 원망해야 했다,

채일병 선생도 그들 중의 한 사람이었는데 공교롭게도 그 무렵에 결혼을 하게 되어 동대문구 창신동에 자리를 잡았다. 때문에 그의 마음은 더욱 답답해지게 되었다.

명검을 가지고 있어 봤자 뭘 하나, 그것을 휘두르며 싸울 전쟁터가 없으니.

하지만 채일병 선생은 새색시에게 머리 아픈 사정을 하소연할 수도 없었다. 그렇게 해 봤자 사랑하는 사람을 걱정스러워하게 만들 뿐이니까.

채일병 선생은 결국 작은 출판사에 취직을 했다고 거짓말을 하고는, 어느 날부터인가 출근을 하기 시작했다. 믿음직스러워야 할 가장으로서의 체면이 있으니까.

물론 처음에는 친구들의 집으로 놀러가곤 하여 시간을 때웠다, 하지만 그것도 하루 이틀 동안 할 일이지…그래서 고심하던 끝에 가게 된 곳이 남산이었다고 한다.

채일병 선생 본인의 말씀에 의하면 당시(1960년대)의 남산에는 꿩들이 많았다고 한다.

때문에 그는 꿩을 잡으러 뛰어다니다가 지치게 되면 한숨 자면서 쉬고, 잠에서 깨어나면 또다시 꿩을 잡으러 뛰어다녔고 그러다 보면 어느 샌가 퇴근시간(?)이 되었다고 한다. 그런 날들은 제법 오랫동안 계속되었다고 하는데, 듣기에 안쓰러우면서도 웃음이 터져 나오지 않을 수 없는 이야기였다.

한데 그로부터 10여년 뒤, 이럭저럭 작품 활동을 계속하던 채일병 선생은 다시 비슷한 상황에 처하고 말았다. 물론 이번에 채일병 선생을 그렇게 만든 것은 앞에서 소개한 네로 황제 일당이 아니었다.

채일병 선생은 당연히 다시 시간을 죽이러 다니게 되었다. 한데 그는 시간을 죽이는 방법에 있어서 비약적인 발전을 하고 있었다.

다시 남산으로 가 봤자 옛날처럼 꿩들도 없었겠지만, 어쨌든 그는 전처럼 남산으로 가지 않았다. 집에서 나온 그는 종암동 일대 고급 주택가의 복덕방들을 찾아다니기 시작했다.

한껏 폼을 잡으며 복덕방에 들어선 그가 쓸 만 한 집을 한 채 보고 싶다고 말하면 복덕방 주인들은 두고 있던 장기판을 치우며 즉시 앞장을 섰다.

채 선생은 그들이 안내해 준 집을 꼼꼼히 살피고는 깊이 생각하는 표정을 지었다. 그러면 집주인들 중에는 응접실의 소파로 그를 안내하며 차와 과일 등을 내오기도 했다는 것이다. 집을 팔려는 욕심 때문에.

그렇게 되면 성공한 것이다. 먹으라고 준 것이니 차와 과일을 맛있게 먹어주면서, "흠, 정원이 조금만 더 넓었으며 딱 좋은데"라든가 "흐음, 생각했던 것보다 조금 비싸군요. 한 장 정도만 깎아주실 수는 없나요?" 등의 질문을 던지면서 흥정을 하는 것이다. 주머니를 뒤지면서 "아, 이런 담배를 넣고 오지 않았군!" 하고 말하면 집 주인이 재빨리 담배 케이스의 뚜껑을 열어 국산품이 아닌 양담배를 권하기도 한다고 했다.

그리하여 웬만큼 시간을 때웠다고 생각되면 손목시계를 보며 일어서면서 정중하게 말한다는 것이다.

"잘 보고 잘 먹었습니다. 그럼 내일쯤 복덕방 영감님을 통해 연락드리겠습니다. 그럼 바쁜 일이 있어서 이만…"

그리고는 진짜로 바쁜 일이 있는 사람처럼 밖으로 나왔다가 다른 복덕방을 찾아 천천히 걸어가기 시작하는 것이다.

나는 그 이야기를 들으며 정말로 괜찮은 아이디어라고 생각했다.

'꿩을 잡으려고 뛰어다니는 것보다 얼마나 고상한 행동인가? 그리고 그것은 정말로 무궁무진하게 시간을 죽일 수 있는 방법이 아닌가…서울 시내에 있는 복덕방들이 어디 한두 개인가.'

하지만 채일병 선생의 복덕방 순례는 오랫동안 계속되지 못했다. 출판사와 교섭 중이던 원고 거래문제가 좋은 쪽으로 매듭지어졌기 때문이다.

*. 이격정

내 기억이 정확하다면 1970년대(?)에 있었던 일일 것이다.
노벨문화사라는 출판사에서 당시의 최고작가들 10명 정도를 선정하여 특별한 원고를 청탁했다. 우리나라의 역사에 있어서 커다란 영향을 끼친 정사 속의 인물 10인과 야사 속의 인물

10인에 대한 일대기를 단행본으로 그려 달라는 것이었는데 그런 원고 청탁을 받는 것은 작가로서 매우 명예로운 일이었다.
 채일병 선생께서는 너무나도 유명한 <임꺽정>을 맡아 그리시게 되었다.

 한데 작가들의 원고가 하나, 둘 끝나기 시작하면서 문제가 생겨나기 시작했다. 출판사에서는 원래 책들을 10권씩 묶어 질(帙)로 판매할 계획을 가지고 있었는데, 한 권의 원고만이 제대로 탈고되지 않아 제작에 들어가지 못하고 있었다. 그것은 바로 채일병 선생의 <임꺽정>이었다.
 채일병 선생은 좋은 그림을 그리는 대신 원고 진행 속도가 느리다는 문제점을 가지고 있었다. 하지만 그는 출판사의 편집장이 독촉을 한다고 해서 날짜에 맞추기 위해 대충대충 원고를 그릴 위인이 아니었다. 탈고 날짜 때문에 초조해하는 것은 어디까지나 편집장의 사정이었다. 채일병 선생은 자신의 이름에 걸맞은 제대로 된 작품을 만들어야 했다.
 그러자 이제나 저제나 하며 임꺽정의 탈고를 기다리던 출판사 측은 노골적으로 짜증스러워하는 반응을 보였다. 뿐만 아니라 '임꺽정을 그리는 작가 채 선생'이라는 말을 '이걱정'이라는 짧은 말로 바꾸어 부르게 되었다(채 선생이 나중에 알게 된 이야기임).
 어쨌든 그런 상황 속에서 시간은 좀 더 흘러갔고 임꺽정 원고는 드디어 탈고되었다. 한데 원고를 들고 갔지만 그가 받을 원고료는 없었다. 원고료에 해당되는 가불금이 원고가 끝나기 전에 이미 채일병 씨에게 지불되었기 때문이다.

 (출판사의 사장님께서 특별 원고료로 원고료를 더 지불하시

는 걸로 이야기는 매듭지어졌다. 이 시리즈 출판물은 결국 판매에 실패했으며, 후에 판매권을 산 사람이 종친회를 찾아다니며 판매하는 계획을 추진 중이라는 이야기를 누군가에게서 들었다.)

*. 편집장의 월급이 원고료

채일병 선생이 어떤 잡지사에 작품을 연재하게 되었는데 원고료를 받는 절차가 매우 피곤했다. 원고료를 준다는 날이 되어 터덜거리며 찾아가면 편집장이라는 작자가 며칠 뒤에 다시 오라고 말했고, 그날이 되어 다시 찾아갔더니 편집장은 또 며칠 뒤에 한 번만 들러 달라고 말했다.

그래서 꼬장꼬장하기로 이름난 채일병 선생의 밸이 뒤틀리고 말았다. 문제의 출판사가 없는 돈으로 힘겹게 꾸려나가는 가난한 출판사라면 억지로 이해할 수 있었다. 하지만 그 잡지사는 단행본 판매로 돈을 벌어 강남에 사옥까지 마련한 출판사 OOO을 모체로 하는 형편이 좋은 출판사였다. 한데 문제는 그 출판사가 아니라 동료들과의 술자리에서 자주 거론되는 그 출판사의 박OO 상무라는 인물이었다.

약속한 날이 되어 채일병 선생이 다시 찾아갔더니 편집장은 진짜로 미안해하는 표정을 지으며 말했다.

"일주일 뒤에 한 번만 더 오시지요. 그날은 틀림없이 지불하겠습니다."

그러자 채일병 선생은 희미하게 미소 지으며 물었다.

"일주일 뒤라…그럽시다. 한 번 더 오는 게 그렇게 어렵겠소. 한데, 그날도 약속이 지켜지지 않으면 어쩌지요?"

"만약 그렇게 된다면 그날이 마침 제 월급날이니 그걸로라도 드리겠습니다."

"그래요? 그럼 그날 다시 봅시다."

채일병 선생은 또 한 번 허탕을 치고 그 잡지사에서 나왔다. 그로부터 일주일 뒤, 채일병 선생은 다시 그 장소에 모습을 나타냈다. 한데 그날도 원고료는 준비되어 있지 않았다.

"아, 이거 너무 미안해서 뭐라고 드릴 말씀조차 없군요."

"어쩌긴, 당신의 봉급 중에서 받아 가면 되지."

"네?"

"이번에도 약속을 못 지키면 그렇게 하겠다고 말하지 않았소?"

"그, 그랬지요."

편집장의 얼굴은 흑빛이 되었다. 하지만 남도 아니고 자기가 뱉은 말이니 이행하지 않을 수 없었다. 그는 결국 월급에서

내가 만나고 들은 만화가들 이야기 143

채일병 선생의 원고료에 해당하는 돈을 내놓았고, 채 선생은 재미있는 독특한 글씨체로 영수증을 써주었다(당시 채 선생은 고무지우개에 자기 이름을 파서 도장으로 사용했다). 한데 그 방에서 제일 근사한 책상 뒤에 앉아 채 선생을 째려보던 박 상무가 자리에서 일어나 다가오더니 말했다.

"채 선생님 정말 너무하시군요. 편집장의 월급을 원고료로 챙겨가는 경우도 세상에 있습니까?"

그러자 채 일병 선생은 기다리고 있었다는 듯이 반박했다.

"뭐라고요? 내가 하는 짓은 너무하고, 직원의 월급을 원고료로 빼앗기게 만드는 대 S잡지사는 너무하지 않소?"

후에 그 이야기를 들은 내가, "아무리 생각해도 좀 지나친 행동을 하셨던 것 같군요" 하고 말했더니 채일병 선생은 씨익 웃으며 말했다.

"편집장은 내가 나간 뒤에 박 상무에게서 그 돈을 받았을 거야."

당시의 출판사 OOO사는 그 정도의 말도 안 되는 횡포를 부리고 있었다.

그로부터 좀 더 많은 날들이 지나간 뒤에 김OO이라는 똑똑한 작가 하나가 박 상무가 작가들의 원고료를 오랫동안 유용한 사실을 밝혀냈다. 아울러 어느 정도의 원고료를 잘라 먹었다는 놀라운 사실도.

그 일이 계기가 되어 박 상무는 한동안 멋대로 찍어먹은 작품들의 인세를 어느 정도 토해놓았고, 그때부터 순진한 만화가들은 '인세'라는 단어의 의미를 비로소 실감하게 되었다. 말하자면 채일병 선생은 만화계의 용감한 개척자였던 것이다.

* 균형이 맞지 않는 지출 비용 내역

 채일병 선생만큼 자기를 찾아오는 손님들을 반기는 사람도 드물고, 그만큼 커피 인심과 밥 인심, 그리고 술 인심이 좋은 사람도 흔하지 않다, 특별히 바쁜 일이 있을 때를 제외하고는 언제나 환영하는 편이다. 방문객이 자리에 앉기가 무섭게 다방에 전화를 걸어 차를 가져오게 하고, 이야기를 나누다가 식사시간이 되면 앞장서서 음식점으로 향하는데 방문자가 돈을 내려고 하기라도 하면 화가 난 표정을 지어보이며 내뱉는다.
 "아니, 이게 무슨 경우요, 이 동네의 주인은 나야!"
 그것은 정말로 옆에서 보기에도 좋은 모습이며 각박한 현실 속에서 사는 우리들 모두가 본받아야 할 일이라고 생각한다.
 하지만 수입에 기준한 그 부분의 지불액이 너무 크다는 점이 그를 아는 사람들을 걱정스럽게 만들곤 한다.
 채 선생은 1970년대에 을지로에 있는 '해주 여관'이라는 곳에서 커다란 방 하나를 빌려 장기 투숙하며 작업을 한 적이 있었다. 물론 그때도 그를 찾아오는 사람들은 많았는데 그들 중에는 아예 거기서 숙식을 함께 하는 사람도 있었다.
 한데 나는 어느 날 우연히 채 선생의 평균적인 한 달 간의 수입액과 지출 내역에 대해 듣게 되었고, 그로 인해 크게 놀라지 않을 수 없었다.
 내용은 다음과 같았다.

수입 : 130만원
지출: 여관비(30만원)
　　　커피값(20만원)

식사대(30만원)
　　　집 생활비(20만원)
　　　기타(30만원)
　　　합계: 130만원

참고 사항을 덧붙이자면 당시의 커피 한 잔 값은 4백 원이었다.

*. 미사일

내가 퇴계로의 대한극장 건너편에 사무실을 가지고 있을 때였다.

창밖으로 눈을 돌리면 남산이 보여 계절마다 변하는 산의 색깔을 볼 수 있어서 매우 좋았는데, 어느 날 놀러왔던 채일병 선생이 갑자기 목소리를 낮추며 이상한 이야기를 했다.

"이보게 자네, 저기 보이는 남산 타워 말이야. 저것이 실은 대형 미사일이라는 것을 알고 있나?"

"네?"

나는 난생처음으로 듣는 이야기라 깜짝 놀라며 반사적으로 시선을 돌렸다. 채 선생이 속삭이는 것 같은 목소리로 말을 이었다.

"유사시에는 저것이 평양을 향해 발사된다지 아마."

"그, 그래요?"

나는 대꾸하면서 다시 한 번 남산타워를 올려다보았다. 듣고 보니 그럴 것도 같다는 생각을 하면서… '하지만 미사일치고는 너무 크지 않을까? 저렇게 큰 덩어리가 과연 하늘에 뜰 수 있을까?' 하고 다시 생각했다.

한데 그러한 나의 생각을 읽기라도 한 것처럼 채 선생은 자

못 진지한 표정을 지으며 다시 말했다.
"한데 말이야. 동체가 너무 커서 발사할 때 약간의 문제점이 있다더군."
"무슨?"
"저걸 발사하기 위해서는 성냥을 사용한다는 거야. 한데 커다란 유엔 성냥을 한 통이나 계속해서 그어대야 한다는군."
"호… 그래요?"
나는 반문하며 이야기가 어째 이상한 쪽으로 빠진다고 생각했다. 그 순간 더욱 굳어지며 걱정스러워하던 채 선생의 얼굴이 꿈틀하고 움직이는 것 같더니 이내 웃음이 터져 나왔다. 이어서 사무실 안의 사람들도 배꼽들을 잡으며 웃어대기 시작

했다. 동시에 내 얼굴은 빨개졌다.
 채 선생이 잃어버릴 만하면 엉뚱한 장난을 잘 하는 분이라는 걸 잘 알고 있었으면서도 바보처럼 나 혼자만 또 속은 것이었다.

 나는 그날 사무실 문을 닫을 때까지 내내 놀림감이 되지 않을 수 없었다. 한데, 얼마 후에 나같이 멍청한 사람이 또 하나 있었다는 사실을 알게 되었다.
 채 선생은 며칠 후 어떤 친구의 화실에 놀러가게 되었고, 그 친구에게 나에게 했던 것과 똑같은 이야기를 해 주었는데 그 친구가 하도 심각한 표정으로 듣기에 웃지도 못했다는 것이다. 한데 문제는 그 다음 날의 이야기였다.
 새벽에 전화가 왔기에 받았더니 그 친구였는데, 그 친구는 그때까지도 잠을 자지 못했는지 헷갈리는 목소리로 이렇게 말했다고 한다.
 "이봐, 어제 그 남산타워 이야기 말이야. 집안에 정부 요직에 있는 분이 있어서 확인해보려고 물었더니 그게 무슨 헛소리냐고 하던데…. 너 도대체 그 이야기를 어디서 들었냐?"
 채 선생은 내 사무실로 다시 찾아와 그 이야기를 하면서 나를 속였을 때보다 더 크게 웃었다. 너무나 재미있어서 기절할 것 같은 얼굴로.

*. 취미 생활의 변화

 채 선생은 새로운 놀이나 흥미 있는 일에 접하게 되면 정신 없이 빠지는 분이었다.

한동안 당구에 열중하던 채 선생의 관심은 어느 날인가부터 이태원으로 향하게 되었다. 거래처인 잡지사 소녀시대의 젊은 직원들을 따라 우연히 가보게 된 이태원의 디스코 클럽이 그에게 새롭고 재미나는 곳이라는 기분을 유발시킨 것이다.

채 선생은 그 후부터 기회만 있으면 그들과 함께 이태원으로 가게 되었다. 현란한 조명과 음악, 그리고 뜨거운 열기를 발산하며 몸을 흔들어대는 젊은 남녀들의 율동, 그것은 오십 줄에 접어든 채일병 선생이 뒤늦게 발견한 근사하고 멋진 세계였다.

어느 날인가 사무실 직원들을 데리고 그곳에 갔을 때는 다음과 같은 재미있는 일도 생겼다.

미끈하게 잘 뻗은 몸매의 벌거벗은 무희가 커다란 뱀을 몸에 감은 채 흐느끼는 것 같은 음악에 맞추어 춤을 추고 있었다. 한데 뱀이라는 녀석이 갑자기 스르르 몸을 풀며 여자의 발 아

내가 만나고 들은 만화가들 이야기 149

래로 내려오더니 꿈틀거리며 채 선생 앞으로 기어오는 것이었다. 그러자 술이 취한 채 선생은 마시려던 술잔의 맥주를 뱀의 머리에 부어 주었다. 그랬더니 지배인이라는 녀석이 나타나더니 벌컥 화를 냈다.
"이봐요, 손님. 뱀에게 술을 주면 어떡합니까?"
"으응? 난 뱀이 한 잔 달라고 온 줄 알았지."
"아니, 이 아저씨가 농담을 하고 있네. 술 때문에 뱀이 죽기라도 하면 책임지겠어요? 이 뱀은 훈련을 받은 특수한 뱀이라고요."
"그래? 그렇다면 물어줘야겠지. 그런데 도대체 뱀 값이 얼마라는 거야?"
"오십만 원요."
"알았어. 죽으면 오십만 원을 지불하지."

얼큰하게 취한 상태였던 채 선생은 목에다 잔뜩 힘을 주며 큰소리쳤다. 한데 뱀을 집어 들며 돌아서는 그 녀석을 보며 다시 생각해보니 오십만 원이 어디 이웃집 똥강아지의 이름인가… 때문에 아차 하다가는 똥바가지를 쓰게 될지도 모른다 싶어 무희의 춤을 다 보지도 않고 화장실에 가는 척 하며 슬그머니 빠져나왔다는 이야기다.

그리고 그즈음을 계기로 하여 새로운 놀이로 다시 눈길을 돌리게 되었다.

그즈음 그의 사무실에 자주 놀러오던 잡지사 사장 C씨의 영향을 받게 되었기 때문인지, 채 선생은 어느 날인가부터 갑자기 실내 낚시터에 출근하며 향어를 잡는 일에 열중하게 되었다. 눈이 오는 날에도, 비가 오는 날에도.

그리하여 손수 잡은 47마리의 포로 '향어'들을 낚시터에 맡겨 놓는 엄청난 기록을 세우게 되었다. 어디 그뿐인가…굵은 나무토막으로 향어의 머리를 때려 기절시킨 후 회를 뜨는 놀라운 기술까지도 습득하셨다.

말하자면 잡는 것에서부터 먹는 방법까지의 과정을 완전히 통달하신 것인데 채 선생은 주위 사람들이 횟집을 해도 될 분이라는 평가를 해 주기도 전에 당구장으로 복귀했다. <나인 볼>이라는 게임에 관심을 갖게 되었기 때문이다.

그래서 채일병 선생의 친구인 조항리 선생은 가끔 혀를 차면서 이렇게 중얼거렸다.

"이태원도 좋고, 향어도 좋고, 나인 볼도 좋지만 만화가는 열심히 그림을 그려야 되잖아? 좋은 실력이 있으면 뭘 해! 구슬이 서 말이라도 꿰어야 보물이 되는 거지!"

* 보물찾기

　얼마 전에 본 텔레비전의 아침 방송이 나를 웃게 만들었다.
　아내 모르게 비상금을 관리하는 방법에 대한 이야기들을 나누는 오락 프로였는데 다음과 같은 내용이 있었다.

　비상금인 만 원짜리 지폐 7장을 하나씩 잘게 접어 껌 포장지로 싼 뒤 껌 곽에 넣어 서랍에 두고 다녔는데 청소를 하던 아내가 그것을 쓰레기통에 버렸다(껌은 이의 건강에 나쁜 영향을 주니까). 때문에 뒤늦게 그 사실을 알게 된 남편이 쓰레기통을 뒤지는 소동을 벌여야 했다.

　나는 그것보다 나은 방법을 알고 있다. 집안의 형님 되는 분이 고안해낸 방법인데, 그는 만 원짜리 지폐들을 돌돌 말아 담배 한 개비처럼 만든 뒤 거실의 커튼 아랫단 속에 차례대로 밀어 넣어 두었다가 필요할 때마다 꺼내 요긴하게 사용한다고 했다.
　한데 우리의 채 선생께서는 위에서 소개한 것과 같은 복잡한 방법을 사용하시지 않는다.
　그는 술이 많이 취해 사무실 소파 위에서 자게 되면 몸에 지닌 돈들을 어디엔가 감추는 버릇을 가지고 있다. 설사 도둑이 들어도 찾을 수없는 엉뚱한 장소에.
　한데 그런 방법은 하나의 문제점을 가지고 있다. 다음 날이 되어 잠에서 깨어난 채 선생이 필름이 끊어진 것처럼 술이 취했을 때 있었던 일을 제대로 기억하지 못한다는 것이다. 그럴 때마다 자기가 숨긴 물건을 자기가 찾는 야릇한 보물찾기가 시작된다.

책상의 서랍들이 모두 열리고, 파일 박스 안의 내용물들이 밖으로 기어 나오고, 화분들은 자리를 옮기고, 휴지통은 뒤집어지고, 그러면 때맞추어 찾아온 방문객들은 얼떨떨해하는 얼굴이 되며 이렇게 묻곤 한다.

"어? 사무실이 왜 이 모양이지. 소문도 없이 어디로 이사라도 가는 거요?"

채 선생은 한바탕 난리를 친 뒤에야 돈을 찾게 되는데 끝까지 찾지 못하는 경우도 있다고 한다. 때문에 어느 날 우연히 엉뚱한 곳에서 모습을 나타내는 숨겼던 돈을 발견하면 공돈을 얻은 것 같은 희열을 느끼게도 된다고 한다.

* 룸살롱 풍경

먼 옛날 채 선생이 성인만화 원고를 청탁받아 원고를 그리게 되었다. 최인호의 <별들의 고향>이 화제가 되었던 시절의 이야기인데, 내용 중에 룸살롱을 그려야 하는 부분이 있었다.

물론 그는 신경을 써서 그 장면을 그렸다. 한데 그의 화실에 놀러 갔다가 진행 중인 원고를 보게 된 내가 눈을 크게 뜨며 물었다.

"아니, 무슨 룸실롱이 이렇지요?"
"응? 왜? 어디가 잘못되었나?"
"선배님, 이거 장난하느라고 이렇게 그려놓은 거 아니지요?"
"당연하지, 이 사람아, 이게 어디 장난삼아 그릴 원고인가? 하긴 그린 사람인 내가 봐도 좀 이상해. 도대체 어디가 잘못

된 거야? 나는 아직 그런 데에 가본 적이 없어서(놀라운 일이 지만 이 내용은 사실이다).”
 "예, 그래요? 어쨌든 정말 너무하셨네요."
 후배는 그렇게 말하며 그림으로 그려진 탁자 위의 술잔을 가리켰다. 그것은 맥주 병 만큼이나 크게 그려진 생맥주 잔이었다.
 "그게 왜?"
 "이건 병맥주 잔이 아니잖아요?"
 "응? 병맥주?"
 그 당시는 생맥주를 파는 OB베어 집들이 여기저기에 생겨나며 인기를 끌던 시절이었다. 물론 채일병 씨도 친구들과 어울려 몇 번인가 그것을 마신 적이 있었는데 문제는 그가 생맥주와 병맥주가 별개의 것이라는 사실을 모르고 있었던 데에 있었다. 그는 그저 먹는 사람의 취향에 따라 술병의 맥주를 커다란 잔에 모두 딸아 몇 번에 걸쳐 나누어 마시기도 하는 것이구나 하고 멋대로 생각하고 있었던 것이다.
 창녀를 등장시킨 소설을 쓰려면 창녀촌에 직접 찾아가 창녀를 경험해봐야 산 작품이 나온다고 말한 어떤 분의 말씀은 맞는 것이라고 생각한 것은 바로 그때였다.
 한데 나는 그의 후배인 S씨의 얼굴을 머릿속에 떠올리며 다시 한 번 혼자서 웃어야 했다. 그는 언젠가 전쟁 만화를 그린 적이 있었는데 M1 소총에 칼빈 소총의 탄창이 아랫부분에 끼워져 있었다. 원인은 물론 그가 군대 생활을 해보지 않아 총을 만진 경험이 없기 때문이었다.

 * 중국 여행

어느 날 그림 청탁 문제로 찾아간 나와 이야기를 나누던 채 선생이 불쑥 엉뚱한 이야기를 꺼냈다.
"요즈음 중국 관광을 하고 오는 사람들이 많다지?"
"네, 그렇다더군요. 하긴 만리장성도 있고, 볼 것이 많을 테니…"
"여행 경비가 엄청나게 많이 들지는 않는다지?"
"네. 그래서 많이들 몰려가는 것 같습니다."
"흐음, 그래도 만만한 돈은 아닐 거야. 그렇지?"
"왜요? 중국에 가 보시려고요?"
의아해하며 듣고 있던 내가 묻자 채 선생은 질문의 내용을 바꾸었다.
"혹시, 자네가 알고 있는 사람들 중에서 최근에 중국에 다녀온 사람이 있나?"
"그, 글쎄요."
"그런 사람이 있으면 구경한 이야기를 좀 들었으면 좋겠는데."
"아니, 왜요?"
내가 더욱 궁금해 하며 묻자 채 선생은 빙그레 웃으며 천천히 말했다.
"별 이유 없이 오랫동안 친목회에 참석하지 못해서 그래."
"그래요? 한데 그것이 중국 여행과 무슨 상관이…"
내가 묻자 채 선생은 혀를 차며 대답을 계속했다.
"쯧쯧, 이 사람 답답하긴…친목회에 나가면 왜 오랫동안 나오지 않았느냐고 물을 게 뻔하잖아. 그래서 그동안 중국 여행을 했다고 둘러대려고. 하지만 얼토당토않은 거짓말로 꾸며댈 수는 없잖아. 그러니까 돈을 들여서 가 보지는 못하더라도 최

내가 만나고 들은 만화가들 이야기 155

소한 거기에 가 본 사람의 이야기를 듣고 그럴 듯하게 둘러대
야 할 것 같아서 말이야."
"뭐, 뭐라고요?"
중국 여행에 대한 우리의 이야기는 거기서 그렇게 끝났다.

* "살았구나, 만세!"

 채일병 선생은 한때 인테리어 사업을 하는 K씨라는 선배와
함께 일을 한 외도 경험이 있었다. 서울 대학 출신인 K씨는
한때 만화계에서 일했다.
 만화가 인연이 되어 함께 일을 하게 되었는데 호흡이 잘 맞
았다. 만화가들 특유의 아이디어가 가미되어서였는지 그들이
손을 댄 공사들은 한결같이 좋은 반응을 얻었으며 제법 큰 공
사도 손을 댈 수 있게 되었다.
 그러다가 손을 대게 된 것이 그 당시 공포의 대상이었던 중
앙정보부에서 계획한 승공기념관을 만드는 공사였다.
 그것은 50명 정도의 인원이 투입된 커다란 공사였으며 한국
관과 북한관으로 구분해서 만들었는데, 만화가들의 독특한 아
이디어가 십분 발휘된 공사여서 공사를 감독하는 직원을 만족
시켰다고 한다.
 한데 이 책을 통해 여러 번 소개한 것처럼 채일병 선생은 매
사에 있어서 장난하기를 좋아하는 분이셨다. 한국관에는 지금
은 고인이 된 밀짚모자를 쓴 박정희 대통령이 추수를 하는 농
촌에서 늙은 할머니와 악수하는 실물 크기의 사진이 전시되었
는데 그것을 보는 순간 다시 장난기가 발동한 것이다.
 채 선생은 할머니의 모습이 있는 부분에 자기다 대신 서서

박 대통령과 악수하는 포즈를 취하면서 조수로 하여금 그 모습을 카메라로 찍게 했다.

미소 짓는 박 대통령과 악수를 하는 사람이 농촌의 할머니에서 채 선생으로 바뀐 것이다.

채 선생은 이왕 시작한 김에 비슷한 사진들을 몇 장 더 찍게 했다. 거기에는 박 대통령 말고도 함께 사진을 찍을 역사적인 인물들이 많았기 때문에…

그런데 전혀 예기치 않았던 큰 문제가 발생하게 되었다.

공사 책임자인 정보부의 직원이 기념관 내부의 작업진행 상황을 사진으로 찍어 자기에게 보내라고 K씨에게 지시한 것이다. 그래서 K씨는 채 선생의 모습을 찍었던 그 카메라로 사진을 찍은 뒤 필름을 뽑아 직원에게 넘겼는데, 문제는 채 선생의 모습이 담겨진 장면들이 거기에 포함되어 있었다는 것이다.

뒤늦게 그 사실을 알게 된 채 선생과 K씨는 놀라며 당황했지만 이미 쏟아진 물이었다. 현상된 사진들 속에 그들이 주문하지 않은 키가 작고 배가 볼록 나온 콧수염을 가진 사나이가 묘한 표정으로 박 대통령과 악수하는 사진이 있을 테니, 그것을 문제 삼아 불경죄로 트집을 잡으면 당할 수밖에 없는 일이었다.

그들이 걱정하던 일은 드디어 현실이 되어 나타났다. 문제의 정보부 직원으로부터 K씨에게 전화가 걸려온 것이 있다.

"그 콧수염이 난 친구 말이요. 혼이 좀 나야겠어. 내일 오후 2시까지 나에게 좀 보내시오."

"아, 네, 그러지요. 하지만 딴 뜻이 있어서 그런 건 아닐 테니…"

K씨가 사정했지만 그의 반응은 냉담했다.

"어쨌든 보내시오."
"네, 알겠습니다."

K씨로부터 그 이야기를 들은 채 선생은 잔뜩 겁을 먹으며 떨지 않을 수 없었다. 당시의 정보부는 울던 아이도 이름을 듣기만하면 뚝 그친다던 무서운 곳이 아닌가.

어딘가로 도망쳐 볼까 하고 생각했지만 그것도 그다지 좋은 방법은 아닌 것 같았다. 얼마 전에 함께 일하던 젊은 인부 하나가 거리에 나갔다가 다방에 들어가 당시 세계 챔피언 박찬희 선수의 타이틀 매치 중계방송을 보고 나왔더니 다방 앞에 세워 놓은 오토바이가 없어진 적이 있었다. 때문에 정보부 사람에게 그 이야기를 했더니 어떤 방법으로 어디서 찾았는지 두 시간 만에 그 오토바이를 원 위치시켜 주었다. 그러니 도망쳐 봤자 부처님 손바닥 안의 손오공 신세라는 생각만 들었다.

한데 채 선생에게는 또 하나의 걱정거리가 있었다. 당시의 그는 병역 기피자였던 것이다.

"얻어터지는 건 맞아주면 끝나겠지만 그 문제가 들통 나면 어쩌지요? 정문을 통과할 때 주민등록증을 제시하라고 할 텐데…"

채 선생이 고민을 하자 K씨도 한숨을 내쉬었다.

"그거 참, 공연한 장난 때문에 이야기가 복잡하게 되는군. 다른 사람의 주민등록증을 가지고 가면 안 될까?"

"에이, 다른 데도 아니고 정보부의 정문을 지키고 있는 친구들이 내 얼굴과 남의 얼굴을 구별하지 못하겠어요? 게다가 내 얼굴은 좀 별나잖아요."

"하긴, 자네의 말을 들으니, 그럼 어쩌지?"

"죽으나 사나 가 봐야지요, 뭐."

"맞아, 가기는 가야겠지."

드디어 다음 날이 되고, 채 선생이 L동에 있는 그곳에 들어가야 할 시간은 다가왔다.

채 선생은 마치 사약을 먹으러 가는 죄인 같은 기분으로 XX동에 있는 정보부의 정문 앞으로 다가갔다. 그리고 경비실 안을 향해 공손하게 머리를 숙이고는 용건을 말한 뒤 주민등록증은 분실해서 없다고 둘러댔다. 다행스럽게도 그 문제는 그대로 넘어갔다. 채 선생은 자기가 정보부의 직원을 방문했기 때문이라고 생각했다.

때는 마침 무더운 여름이었다.

채 선생보다 먼저 온 남자 하나가 경비실 앞에서 돌아서고 있었다. 그는 손수건을 꺼내 이마의 땀을 닦으며 안을 향해 걸어가려고 했다. 그때 경비실 안에서 격투기 선수 같은 균형 잡힌 체격을 가진 사나이 하나가 나오며 소리쳤다.

"이봐, 너 잠깐 이리 와!"

"네?"

남자가 대답하며 가까이 오자 그는 솥뚜껑만큼이나 큰 손바닥으로 느닷없이 남자의 얼굴을 후려쳤다.

"뻑-"

"욱-"

얻어맞은 남자의 몸이 비틀리듯이 뒤틀리며 한쪽으로 쓰러지려고 하자 그의 왼쪽 손바닥이 계속해서 날아들었다.

"퍼억-"

"어억-"

이어서 두 개의 손은 번갈아가며 연속적으로 남자의 얼굴을 때렸다. 쓰러지지도 못하며 얻어맞는 남자의 얼굴은 이유를 알 수 없는 공포감으로 인해 하얗게 질려 있었다.

커다란 체격의 사나이는 그 얼굴에 대고 씹어뱉듯이 말했다.
"이 새끼, 죽으려고 환장을 했구나. 끝까지 다 듣고 들어가야지, 멋대로 어딜 들어가는 거야. 여기서 설명해주는 복도로만 걸어가야 탈이 생기지 않는 거야, 알았어? 이 XX야."
 그 모습을 지켜보던 채 선생은 자신에게 닥칠 일을 상상하는 것조차 끔찍스러웠다. 온몸이 순식간에 얼어붙는 것 같았다.
'우우우…'
 어쨌든 채 선생은 잠시 후 정문을 통과했으며 호랑이의 아가리처럼 느껴지는 건물 안으로 들어섰다. 그리고는 솥뚜껑만한 손바닥을 가진 사나이가 말한 대로 그들이 설명해준 복도만 밟으며 천천히 걸어 이층에 있는 그를 부른 사람의 사무실 앞에 도착했다.
 채 선생이 심호흡을 한 뒤에 조심스럽게 노크를 하자 안으로부터 차갑게 느껴지는 목소리가 흘러나왔다.
"예."
 채 선생은 훈육실에 불려 들어가는 학생처럼 숨을 몰아 쉰 다음 긴장하며 문을 열고 안으로 들어섰다. 커다란 책상 앞의 회전의자에 푹 파묻힌 것처럼 앉아 있는 작은 남자의 모습이 화악 눈에 들어왔다. 공사장에 몇 번인가 모습을 나타낸 적이 있는 얼굴이었다. 그는 강한 시선을 채 선생에게 던지며 말했다.
"그래, 바로 당신이었어."
"아, 네."
 채 선생이 기어들어가는 목소리로 대답하자 그는 책상 위에 놓여 있던 서류 봉투에서 8×10인치 사이즈로 현상된 사진들을 꺼냈다.
'우우, 드디어 당해야 하는 순간이 왔구나.'

채 선생은 입술을 질끈 깨물며 움켜쥔 주먹에 힘을 주었다. 한데 이상하게도 그 남자는 희미하게 미소 짓고 있었다.
'으응?'
채 선생이 의아해하는 순간 그는 사진들을 다시 봉투에 넣어 앞으로 스윽 밀면서 억양 없는 목소리로 말했다.
"불경죄로 혼을 좀 내주려고 했는데 일을 잘 했기 때문에 그만 두기로 했어. 이 사진들은 당신 것이니 가지고 가."
"네? 가, 감사합니다."
채 선생은 반사적으로 자세를 바로하며 머리를 꾸벅 숙였다. 생명의 은인에게 감사의 뜻을 표하는 것 같은 진지한 마음으로…. 그리고는 한 순간에 풀어지는 긴장감을 느끼며 마음속으로 소리쳤다.
"아, 살았다. 정문에서의 그 녀석처럼 묵사발이 되는 줄 알았는데 이렇게 무사히 살았구나! 만세, 만만세!"

* 네 바퀴 달린 오토바이

채일병 선생이 갑자기 부자가 되었다.
그리고 갑자기 돌아가셨다. 그가 부자로 살았던 시간은 너무나 짧았다.

그는 원래 창신동에서 살았으나 경기노 포전에서 사시는 큰집에 자식이 없었기에 어렸을 때 양자로 들어가 살게 되었다. 그래서 가난한 만화가로 살았지만 부자인 큰어머니가 돌아가시자 그는 갑자기 부자가 되었다.
그는 우선 옷차림부터 달라졌으며, 손가락에 누런 금반지도 하나 끼고 다니시게 되었다. 그리고 우리 사무실에 와서 술을 마실 때는 전에는 하지 않던 말씀을 하셨다.
"허어, 이런 안주를 놓고 어떻게 술을 마시나? 먹을 만한 것으로 다른 걸 몇 가지 주문하게."
 참, 그리고 자가용을 한 대 마련하셨다.
 그 자가용은 네 바퀴 달린 오토바이였는데 그가 오랜 세월 동안 탐내던 것이었다. 채 선생은 퇴계로에 있는 오토바이 가게들 중의 하나에 전시되어 있는 그 오토바이를 진열장 밖에서 바라보며 긴 시간을 보내는 때가 많았다. 하지만 그것을 타는 것은 그에게 이루어질 수 없는 꿈이었다. 그런데 돈 많은 어머니의 갑작스러운 죽음으로 그는 단번에 네 바퀴 달린 오토바이를 마련하게 되었다.
 그는 그 오토바이를 타고 집 앞에 길게 펼쳐진 한탄강 가를 씽씽 달리곤 했다. 영화 속의 항공모함 갑판에서 날다람쥐처럼 달리는 똑같은 모습의 오토바이를 탄 주인공처럼. 채 선생과 바퀴가 네 개 달린 오토바이는 아주 잘 어울리는 그림이었다.
 그런데 그가 어느 날 갑자기 교통사고를 당했다. 당시는 대선 준비 기간이었고 만화가들 중에 이인제 후보의 선거 운동을 하시는 방기훈 선생이라는 훌륭한 만화가가 계셨는데, 그가 포천에 내려와 채 선생에게 선거 운동을 도와달라고 요청한 것이다. 그날 채 선생은 전곡에 나가 방 선생과 이야기를 나누면서 이야기가 잘 되어 술을 한 잔 마셨는데 그것이 문제였다. 오토바이를 타고 한탄강 둑 위를 달려 돌아오다가 운전 실수로 그만 둑 아래로 떨어진 것이다. 채 선생은 뇌출혈로 사망하셨다. 그날따라 헬멧을 쓰지 않았고, 둑 아래로 떨어진 그를 발견한 사람도 한동안 없었다. 헬멧을 쓰고 오토바이를 운전했거나, 지나가던 사람들에게 발견되어 응급조치를 했으면 살 수 있었을 지도 모르는데.
  그래서 안타깝게도 그는 부자가 된 지 얼마 만에 저세상 사람이 되고 말았다.

  채 선생과 같은 시기에 만화를 그리기 시작한 만화가들은 조항리. 이덕송. 김청기. 양정기. 이덕송. 이영복. 윤충국 씨 등이 있다. 모두들 평생 동안 형제처럼 가까이 지내던 친구들인데 채일병 선생이 제일 먼저 세상을 떠났다.

*. 최고의 관객

  채 선생은 병역 미필자였기에 나이가 먹은 뒤에 방위병으로 소집되어 경기도 연천의 청산(그의 근무지)에서 한동안 근무한 적이 있는데 이 때 희한하고 재미있는 일이 있어서 소개한다.
  콧수염을 기른 채 선생이 이등병 계급장을 달고 근무하는 모습을 상상만 해도 우스운 일인데 그보다 더 놀라운 일이 있었다. 그 마을에는 후에 유명한 가수가 되는 인O이가 살고 있었는데, 어린 아이였던 당시에도 노래를 잘했다고 한다. 때문에 채 선생은 근무를 하다가 심심해지면 인O이를 불러 노래를 불러달라고 부탁했고, 인O이는 동회의 마당에 뒹굴고 있는 사과 궤짝 위에 올라가 율동을 하며 노래를 불렀다고 한다. 두 사람은 매우 친하게 지냈다고 한다. 이 이야기를 들으면 이대 가수 인O이는 어릴 때부터 노래를 잘 불렀나보다 하는 생각이 든다.

채 선생은 후에 그 시절의 기억을 떠올리며 이렇게 한탄하곤 하셨다.
 "아, 아무리 생각해도 한심하다. 그때 사과궤짝 위에 올라가서 노래를 부르던 꼬마 아이는 유명한 가수가 되었는데, 나는 그 때나 지금이나 조금도 변함이 없으니…… 어휴, 내 팔자야."

김청기

*. 부지런하고 건강한 사나이

김청기 감독에 대해서 이야기하라면 한 마디로 누구보다도 부지런하고 건강한 사나이라고 말하고 싶다.

나는 채일병 씨의 원고를 쓰느라고 김 감독의 사무실인 용산에서 머물며 한동안 일한 적이 있는데 그는 정말로 도깨비 같은 사나이라고 말할 수밖에 없다. 물론 당시가 일이 바쁜 시기여서 그랬겠지만 그는 밤 12시가 거의 다 될 때까지 일하다가 퇴근하는데 다음 날 아침 5시 경에는 새벽의 컴컴한 어둠을 뚫고 다시 출근을 한다. 이런 일을 매일 되풀이해서 보다가 보니 나는 그를 부지런한 사람이라고 말하기 전에 그의 건강 상태에 경의를 표하지 않을 수 없었다. 그는 정말 로봇 태권V처럼 강한 사나이였다.

*. 김 감독의 영감

김 감독은 그분이 흑석동에 사시던 옛날(1960년대), 산호 씨의 심부름을 갔던 일이 인연이 되어 가깝게 지내게 되었다.

만화영화 <로보트 태권브이(V)>를 만들어 크게 인기를 끌었던 김청기 감독은 애니메이션과 실사를 합성시킨 영화 <우뢰매 시리즈>를 만들어 다시 엄청난 관객 동원에 성공했다. 따라서 김 감독은 좀 더 큰 성공을 노리며 후속편 제작에 몰두하게 되었고 어렸을 때부터의 친구인 이격정(임꺽정)의 작가

채일병 씨는 눈코 뜰 새 없이 바쁜 김 감독을 한동안 도와주기 위해 한동안 사무실이 있는 용산으로 출근하게 되었다.

때문에 나는 채 선생을 만날 일이 있으면 김 감독의 서울동화로 찾아가곤 했었다. 나는 그때 우뢰매를 미니 책자로 만드는 작업을 돕고 있었기 때문이다.

어느 날 오후였다. 그곳에 찾아갔던 나는 채일병 선생, 그리고 김 감독과 함께 때늦은 점심 식사를 하게 되었는데 김 감독이 숟가락질을 하다가 말고 불쑥 말했다.
"여보게, 미스터 김, 자네 내 영화에 한 번 출연해보지 않겠나?"
"네?"
"아니, 자네 혼자서가 아니라 일병이와 함께 말이야."
"야, 밥 먹다 말고 무슨 뚱딴지같은 소리냐?"
 고등어조림이 담긴 반찬접시로 젓가락을 가져가던 채 선생이 의아해하며 얼굴을 돌렸다.
"뚱딴지같은 소리가 아냐. 이건 지금 막 떠오른 영감인데 말이야. 미스터 김 자네가 지구를 침략하는 외계인의 대장이 되는 거야. 그리고 일병이 너는 그림자처럼 그의 곁에서 움직이는 배불뚝이 부관이 되고…그러면 아주 재미있는 인물 설정이 될 것 같아."
"뭐?"
"네?"
 채 선생과 나는 거의 동시에 눈들이 커지며 서로의 얼굴을 보았다. 우리가 생각하기에도 그것이 엉뚱하기만 한 이야기는 아니었기 때문이다. 보통의 키에 남들보다 큰 머리를 가진 나와 체격이 땅땅하고 배가 볼록 나온, 그리고 수염이 있는 얼굴을 가진 채 선생이 한 조가 되어 출연하면 묘한 느낌을 던져주는 만화적인 콤비가 될 수 있을 것 같았다
 김 감독의 이야기는 좀 더 이어졌다.
"한데 일병이 너 말이야. 특이한 우주인으로 분장하면 더욱 효과가 있을 거야."
"그건 또 무슨 소리냐?"
 이미 <우뢰매 시리즈> 앞편에서 잠깐 박사로 출연한 경험이

있는 채일병 선생이 헛기침을 하며 묻자 김 감독은 아예 숟가락을 놓으며 열변을 토했다.
"음, 그러니까 말이야, 간단히 설명하자면 입이 인간의 배 부분에 달려 있는 우주인이지. 거 누구냐, 일본 만화가가 그린 <닥터 슬럼프>인가 하는 만화에 보면 그런 우주인들이 등장하잖아. 그 녀석들은 항문이 머리에 있는 더듬이 부분에 달려 있었지 아마…"
"항문이 더듬이에?"
"그래, 그래서 방귀라도 뀌게 되면 가스에 대한 영향을 많이 받게 되지. 콧구멍과의 거리가 가까우니까. 어때, 재미있지? 해 보자고…둘이서 그런 역을 맡게 하여 영화를 만들면 틀림없이 성공할 것이라는 예감이 들어."
"허허, 그거 참…"
"이봐, 자네는 내 아이디어를 어떻게 생각해? 괜찮다고 생각되지 않나?"
"그, 글쎄요."
내가 얼버무리며 대답하자 뒤늦게 채 선생이 거들었다.
"야, 영감도 좋고 히트도 좋겠지만 그 이야기는 나중에 하자. 밥을 먹으면서 항문이 어떻고 방귀가 어쩌니 하는 말을 하니 어쩐지……"
"그, 그럴까? 하긴 이번 영화는 이미 제작이 끝나 가니까…"
그것이 시작이었다.
김 감독은 그 후에도 셋이서 함께 차를 마시는 자리라도 만들어지면 어김없이 그 이야기를 다시 꺼내곤 했다. 물론 나는 그때마다 그 이야기를 농담으로 치부하며 웃어넘기곤 했다. 한데 후에 이르러 그 이야기는 농담이 아니었을 지도 모른다고 생각하게 되었다. 김 감독이 그 후에 씨름선수 출신인 천

하장사 이봉걸을 그의 영화에 외계인으로 출연시킨 것을 보게 되었기 때문이다.

다시 한 번 돌이켜 생각해 보면 그의 영감은 시기적절하게 떠오른 것이었으며 정확한 것이었는지 모른다. 하지만 그의 영감을 이루어줄 수 있는 이음쇠들 중의 하나에 결함이 있었다. 술 마시는 능력밖에 없는 내가 어떻게 영화에 출연한단 말인가? 술좌석에서 노래 한 곡 부르기도 쑥스러워하는 내가 어떻게 카메라 앞에 선단 말인가.

*. 프라모델「우뢰매」

김청기 감독의 동생 김춘범 씨는 형의 사업을 여러 가지로 도왔는데 안면이 있는 나를 편하게 형이라고 불렀다. 서울동화의 전성기가 끝난 어느 날 그가 불쑥 말했다.

"아, 옛날에는 정말 좋았었는데… '로보트 태권V'를 개봉했을 때 나는 대구에 있었어요. 영화를 하면 본사 사람들이 현장에 나가 있어야 하거든요. 그런데 개봉일에 정말 뜻밖의 놀라운 일이 벌어졌어요. 오전 9시 무렵에 극장으로 나갔는데 놀랍게도 극장 매표구 앞의 도로에 많은 아이들이 긴 줄을 서 있는 거예요. 그것도 짧은 줄이 아니라 빌딩 벽을 따라 무척이나 긴 줄이 구불구불 끝도 없이 서 있는 거예요."

"화아, 영화의 반응이 좋았구먼."

"반응이 좋은 정도가 아니라 대박이 터진 거지요."

"그래서?"

"한데 첫 번째 상영 시간이 11시가 넘어서이니 아이들이 두 시간 이상을 기다리게 해야잖아요. 그러니 그동안 어린이들의 안전이 문제가 된다는 생각이 퍼뜩 들더라고요. 우선 교통 문제가 그렇고."

"흐음, 그렇겠군."

"그래서 급히 경찰에 협조를 의뢰했지요. 경찰들이 나와서 어린이들의 교통정리를 하도록 조치하고 서울에 전화를 해서 영화를 9시부터 시작하는 비상 대책을 강구했지요. 아, 그때의 로보트 태권 V의 인기는 정말 대단했어요."

과연 대단한 이야기였다.

그런데 <서울동화>는 개그맨 심형래를 주인공으로 하는 '우뢰매 시리즈' 3탄을 만들면서 또 한 번 기가 막힌 사건에 휩쓸리게 된다. 서울동화는 그때 '뽀빠이 과학'이라는 완구 회사와 계약을 하고 프라모델을 생산하게 되었다. 우뢰매가 로봇으로 변신하는 재미있는 과정이 담긴 장난감이었다. 한데 이 프라모델은 조립하는 과정에서 손으로 작업을 해야 하는 문제점을 가지고 있었다. 때문에 수요가 공급을 따르지 못하는 거짓말 같은 얄궂은 상황이 연출되었다.

완구 회사의 사장은 결국 엄청난 주문을 감당하지 못하고 달아나고 말았다. 아, 세상에, 이런 놀라운 일도 있을 수 있는 것인가.

조항리(조원희)

* 원고료?

 그즈음 내가 녹지다방에서 우연히 독수리문고 강부호 사장을 만나 <혜성 같은 소년과 괴도 뤼팽> 3편 원고를 모레 끝난다고 했더니 사흘 후 오전 총판에서 만나자고 했다. 사흘 후 내가 원고를 가지고 총판에 갔더니 강 사장이 먼저 와서 나를 기다리고 있었다. 잠시 후 총판장인 이국전 사장이 미안해하는 표정을 지으며 은행에서 돈을 바꿔놓지 못했다면서 학생들의 신발주머니만한 동전 주머니 두 덩이를 나와 강 사장 앞에 내밀었다.
 나는 난감했다. 강 사장이 말했다.
 "나도 갖고 있는 지폐가 얼마 없는데, 항리 씨 어떻게 하겠어? 내일 다시 오지!" 나는 이국전 사장보다 강 사장이 못마땅했다. 분명히 오늘 원고를 끝내 온다고 며칠 전에 미리 말했지만 준비를 못 했기 때문이다.

내가 만나고 들은 만화가들 이야기 171

내가 잠시 망설이자 강 사장은,
"항리 씨, 그 동전 주머니 들고 따라와! 은행에 가서 지폐로 바꿔 줄게."
하며 총판 사무실 밖으로 나갔다.

  나는 할 수 없이 동전 주머니 두 개를 한 손에 하나씩 들고 강 사장을 따라나섰다. 그런데 동전의 무게가 장난이 아니었다. 은행은 신촌으로 가는 언덕 위에 있었다. 거기까지의 거리는 어림잡아 1킬로미터는 되는 것 같았다.
"강 사장님 난 팔이 아파서 이거 못 들고 가겠는데요." 했더니 강 사장은 "원, 그렇게 힘이 없어서야" 하고 중얼거렸다.
  자신도 원고 뭉치와 서류 가방을 한 손에 하나씩 들고 있으니 어떻게 해야 좋을지 망설였다 내가 "얼마 주고 지게꾼이 지고 가게 하지요." 했더니 "그러지!"하고는 지게꾼을 불러 동전 주머니 두 덩이와 원고 뭉치를 지고 가게 했다.
  앞서가는 나와 강 사장을 따라오던 지게꾼이 "부피는 얼마 안 되는데 제법 묵직하네요." 하고 말했다. 내가 "아저씨, 그게 뭔지 아세요? 돈이에요. 동전 주머니에요." 하고 말하자 늙수구레한 지게꾼은 깜짝 놀라며 "지게꾼 생활 10여 년 만에 돈을 지어보기는 처음"이라며 부지런히 뒤따라왔다.

  위의 글은 <한국만화영상진흥원>에서 발간된 조항리 선생의 '별로 하고 싶지 않은 이야기'에 소개된 '추억의 녹지다방'이라는 글에 소개된 한 장면이다. 이 글을 소개하는 이유는 나도 월급을 잔돈으로 타 본 기억이 있기 때문이다. 오명천 선생의 <삼양 문화사>에서 편집장으로 일할 때, 총판이 수금한 잔돈을 그대로 한 달치 월급으로 받았는데 그 부피는 장난이 아니었다. 돈이 서류 봉투에 가득했던 것으로 기억된다.

월급에 대해 이야기하는 김에 강홍규 선생이 쓴 별들의 고향의 작가 최인호가 계약금을 받는 장면을 잠깐 소개하고자 한다.

1972년 조선일보는 약관의 20대 최인호에게 연재소설을 맡겼다. 당시로서는 파격이었다. 신문소설이라면 원로 소설가들이나 돌아가며 쓰던 시절이었다.

그 무렵 예문관 사장 최해운은 교통사고를 당해 다리를 치료하고 있었다. 때문에 계약은 그의 병실인 을지병원 병실에서 이루어졌다.

그날 최인호는 자기의 고교 동창생이며 아직은 영화감독 지망생이던 이장호와 함께 나타났다. 이장호는 훗날 이 소설을 영화화하여 감독으로의 명성을 확실히 다진다.

출판 계약서에 서명 날인을 하고 나서 최해운이 계약금 50만 원을 내놓자 최인호도 함께 따라온 이장호도 표정이 굳어졌다.

소설가로서 인기를 얻어 신문소설까지 쓰게 되었지만 아직 최인호는 가난의 먼지를 채 털어버리지 못하고 있었다. 거금 50만 원을, 그것도 현금으로 내놓고 가져가라고 허니 숨이 턱 막히는 게 당연했다.

50만 원이면 당시 웬만한 월급쟁이의 20개월 월급쯤에 해당하는 거금이었다. 그런 거금이라면 수표를 준비할 만도 한데 굳이 현금으로 내놓은 것은 아마도 최해운의 상술이었던 것 같다. 수표 한 장 달랑 내놓으면 가져가는 사람도 감격이 덜 할 테니까.

순간적으로 최인호는 난처했다. 돈의 부피가 주머니 속에 닦

내가 만나고 들은 만화가들 이야기 173

아갈 정도가 아니었다. 그렇다고 보자기나 가방을 준비한 것도 아니었다. 한동안 돈을 바라보던 최인호가 문득 입고 있던 점퍼를 벗어 펼쳐 놓더니 그 위에 돈다발을 얹어서 쌌다. 손이 부들부들 떨려 보였다.

그것을 옆구리에 끼고 나서 최인호는 두 번 세 번 고맙습니다라고 중얼거린 다음 병실을 빠져나갔다.

돈의 부피를 옆구리로 느끼면서 그는 비로소 자기가 인기작가가 되었다는 사실을 실감했을 것이다.

조 선생님은 원래 모든 면에서 반듯하게 생활하시는 분이라 재미삼아 흉(?)을 볼 수도 없다. 그래서 김동명 씨는 조 선생님을 이야기할 때는, '아, 그 선비님' 하고 짧은 말로 지칭한다.

조 선생에 대해 이야기하자면 신체의 사이즈에 대해서 이야기하지 않을 수 없다. 본인이 "허허, 나는 기성복 매장에서 옷을 사 입을 수가 없어. 맞는 사이즈가 없어서." 하고 말하는 것처럼 그의 체격은 아주 왜소하다.

하지만 그가 일을 처리하는 스타일은 당차고 정확하다고 할 수 있다.

1958년에 만화가로 데뷔하고, 만화·출판·애니메이션·카툰·일러스트 등 여러 분야에서 활동해왔다. 현재 <소년>지에 <무녀리패>를 20년 가까이 연재하면서, 일러스트레이션과 카툰 작업을 계속하고 있다.

이덕송

*. 송강

이덕송 선생의 목소리가 허스키로 변한 사연을 알고 있는가? 술 마시기 시합에서 이기려고 커다란 냉면 그릇에 가득 담은 고량주를 단번에 마시다가 탈이 생겨 그렇게 된 것이란다.

체격은 작지만 배포는 산만큼이나 크고 바다처럼 넓은 선배다. 많은 친구들과 후배들이 좋아하는, 양산박의 두령처럼 멋이 있는 사람이다. 이윤경 선생이 말하는, 자기가 중국에서 비행기 티켓을 구할 돈이 없어 곤경에 처했을 때 그를 도와준 의리의 이야기는 많은 사람들은 감동시켰다.

여러 친구들 대장 노릇을 하느라고 항상 바쁘게 살았던 이덕송 선생께서 금년에는 원하는 일이 제대로 이루어지시기 바란다.

* 우에노의 호랑이

1970년대 중반, 당시 김청기 감독은 아직 이름이 알려지기 전의 애니메이션 감독이었으며, 만화가들은 처음으로 맞이한 성인만화 시대를 맞고 있었다. 김 감독의 절친한 친구인 이덕송 선생은 당시 용산 시장 안에 있던 김청기 감독의 사무실에서 기거하며 <우에노의 호랑이>라는 만화를 그리고 있었고, 채일병 선생은 <꽃들의 편지>, 이영복, 양정기 선생은 다른 곳에서 엄청난 히트작인 <어느 사랑의 이야기>라는 작품을 준비하고 있었다.

여기서 이덕송 선생의 이야기를 갑자기 꺼내는 이유는 그가 그린 만화책 <우에노의 호랑이>가 시내 가판대에 깔렸을 때 당시 가난했던 내가 그 책 한 권을 사다가 작가 본인인 이덕송 선생에게 선물이라고 드렸기 때문이다. 당시의 책값은 100원인가 했다고 기억되는데, 이 선생이 웃으면서 "햐, 이거 정말 재미있는 선물인데!" 하고 말했던 기억이 난다.

당시 성인만화의 등장은 많은 만화가들에게 새롭고 큰 희망이었다. 하지만 그로부터 얼마 지나지 않아 성인 만화는 갑자기 사라지게 되었다. 무분별한 섹스를 주제로 한 내용을 다루는 만화들이 많았기 때문이다. 그리고 그것은 매우 당연한 일이었다고 나는 생각한다.

성인 만화는 글자 그대로 성인들의 생활과 철학을 주제로 하여 그려져야 하는데 몇몇 만화가들은 성인 만화라는 것을 멋대로 이해하고 있었다. 성인 만화를 청소년 만화의 이야기에 성인들의 섹스 이야기를 덧붙이는 식으로 처리했던 것이다. 말하자면 성인만화 시대를 맞을 준비가 되지 않았던 것이다. 때문에 한국 만화계의 성인 만화 시대는 훨씬 뒤에야 다시 등장하게 되었다. 실로 안타까운 일이 아닐 수 없었다.

그의 작품으로는 '대서부', '얄개전' 등이 있으며 1941년 경북 김천 생이다.

이영복(이상석)+산호2

* <어느 사랑의 이야기>

 이영복 선생은 볼 때마다 미국 대통령 존 F. 케네디의 동생 에드워드 케네디를 생각나게 한다. 물론 개인적인 생각이지만 두 사람은 닮은 면이 많은 것 같다. 생김새에서 시작하여 부분적인 매너까지.

 이영복 선생과는 스토리 문제로 만나 한 권을 쓴 인연을 가지고 있다. 제목이 <은빛 언덕에서 생긴 일>이었는데 결과가 좋지 않았다고 기억하고 있다. 이영복 선생에게 매우 송구스럽게 생각한다.
 <리오 부라보>를 그린 이 선생은 후에 양정기 선생과 함께 큰 화제를 만들었던 <어느 사랑의 이야기>를 그렸다. 그런데 그는 원래 본명인 이상석을 필명으로 쓰고 있었다. 그런데 갑자기 군대에 가게 되어 원고를 그리지 못하게 되자 출판사에서는 그가 받아간 가불금을 회수하기 위해 다른 작가를 시켜 이상석이라는 이름으로 작품을 그리게 했다. 이상석이 출판사의 이름이 된 이상한 일이 생긴 것이다.
 그래서 제대한 이상석은 본명 대신 이영복이라는 이름을 쓰게 되었다.

 지금도 신기하게 생각하는 일이지만 그가 데생한 <어느 사랑의 이야기 1부>는 등장인물들의 등신이 6등신에 가까운 키가 작은 체격들이었고, 양 선생이 그렸던 2부는 본인의 몸집처럼 8등신의 키가 큰 체형을 가졌다. 만화가들은 본능적으로 자기의 체격 비슷한 체격을 가진 등장인물을 그린다고 누군가 말한 것은 맞는 이야기인 것 같다.

먼 옛날 전상균 선생이 박기당 선생의 데생 원고를 펜 터치하다가 "하아, 이 만화의 주인공은 정말 바쁘군. 박 선생처럼 짜리몽땅하게 생긴 녀석이 화장실에 갈 틈도 없이 계속 뛰어다니네." 하고 웃으며 중얼거렸던 일이 문득 생각난다.

이 영복 선생은 후에 강철수 씨의 <서부로 가는 길> 재판 원고를 찍는 것을 시작으로 <도서출판 다이나믹>사를 운영하며 조치원 씨의 반공만화와 서울동화의 애니메이션, 실사영화 <우뢰매> 미니책자 등을 찍어 호황을 누렸다.

산호 씨의 이야기를 이영복 선생의 난에 소개하는 이유는 당시 두 사람이 친한 친구 사이였기에, 산호 씨가 미국에 간 뒤에도 자주 연락을 했고, 이영복 선생이 그 이야기를 나에게 해 주었기에 <미국편 이야기>를 여기에 소개할 수 있게 되었기 때문이다.

* 미국의 만화계

산호 씨가 미국으로 떠난 뒤, 그의 가족과 가까운 친구들은 그가 멋지게 데뷔했다는 소식을 듣게 되기를 이제나저제나 하면서 기다리고 있었다.

하지만 그러한 소식은 들려오지 않았다.

미국에서 생활하게 된 산호 씨는 고전하고 있었다.

그곳의 만화계는 그가 한국에서 상상했던 것보다 훨씬 더 데뷔하기 힘든 곳이었다. 그보다 더 뛰어나다고 생각되는 많은 만화가들이 빛을 보지 못하며 그늘에서 한숨짓고 있었다. 물론 산호 씨도 예외는 아니었다.

그는 이름 없는 작은 출판사라도 물색하여 거래를 해보려고 했지만 그것도 쉬운 일은 아니었다. 그것은 한국이나 일본과는 근본적으로 틀린 미국만화 출판계의 구조 때문이었다.

좀 더 자세히 설명하자면 한국이나 일본에서는 작가의 실력이 약간 부족하드라도 출판사에서 원한다면 그의 작품을 출간할 수 있다. 그리고 그 작품이 운 좋게 좋은 반응이라도 얻으면 작가는 하루아침에 인기 작가로 변신하게 된다. 하지만 이후의 작품들의 인기가 떨어지면 출판사는 어느 날 갑자기 작가를 버리게 된다.

한데 미국 만화 출판계의 경우는 그렇지 않다는 것이다.

우리나라와 비교할 수 없는 엄청나게 큰 만화 시장을 가지고 있기 때문인지 그들의 등용문을 통과하기는 매우 힘들다고 한다. 말하자면 그들은 완벽한 실력을 갖춘 만화가를 원하며, 일단 데뷔시킨 만화가를 쉽게 버리지도 않는다는 이야기다.

당연히 그는 경제적으로 쪼들리게 되었고(집의 돈 문제가 해결되지 않아서) 싸구려 아파트의 한 방으로 옮겨 중국인 청년과 함께 기거하게 되었다. 그 방에는 전화기도 없었다고 했다. 때문에 외부에서 전화라도 오면 쿵쾅거리며 3층에서 1층까지의 계단을 뛰어 내려가야 된다고 했다. 그가 연락처라고 적어준 전화번호는 그 아파트의 관리실 전화 번호였으니…

별다른 가능성이 보이지 않는 상황에서 시간은 흘러가기만 했다. 한 달, 두 달…석 달.

그는 미칠 것만 같았다.

물론 산호 씨도 인간이었으니 고국으로 돌아가고 싶다는 생각이 여러 번 들었을 것이다. 고국의 독자들은 그를 잊지 못하고 있었을 것이니까. 라이파이를 찍었던 오 사장도 그가 돌아오면 다시 옛날의 전성기를 재현할 수 있을 거라고 확신(?)하고 있었다니까.

 하지만 그는 돌아갈 수 없었다. 그 자신도 꺾지 못할 자존심이 그의 목덜미를 움켜쥐고 있었기 때문에.

 한데 그러한 의사와는 상관없이 한국으로 돌아와야 상황에 처하게 되었다. 그는 출국할 당시까지 군복무를 하지 않은 상태였다. 그러한 그에게 본국으로부터 병역을 이행하라는 소환장이 날아든 것이다. 그것은 한 마디로 말해서 절망적인 소식이었다.

 물론 한국인이라면 한국에서 병역 의무를 이행하는 것은 당연한 일이지만, 그 시점에서 군에 입대하여 3년이라는 공백기를 만들게 되면 만화가로서의 그의 앞날에 돌이킬 수 없는 커다란 차질이 생길 것은 너무나도 뻔했다. 하지만 그것도 운명이었다. 그는 귀국할 준비를 하지 않을 수 없었다.

*. 기적

 그날은 미국 만화가들의 정기 총회가 있는 날이었으며, 산호 씨도 그 자리에 참석했다.

 여러 가지 안건들이 처리된 후 사회자는 아시아에서 온 세 명의 만화가들을 회원들에게 소개했다. 일본과 필리핀에서 온 만화가들과 산호 씨였다.

 사회자는 그들에게 인사말을 할 기회를 주었다.

 일본에서 왔다는 만화가가 제일 먼저 단상으로 올라갔는데 그는 영어가 서툴렀기 때문에 머리를 숙이며 인사말을 했을 뿐이었다. 다음은 필리핀에서 온 만화가였는데, 영어를 사용하는 나라에서 왔기 때문에 당연히 자연스럽게 영어를 했지만 형식적인 인사말만 한 뒤에 단상에서 내려갔다.

이어서 맨 마지막 차례인 산호 씨가 단상으로 올라갔는데, 그는 제법 유창한 영어로 이렇게 말했다.

"나는 먼 나라 한국에서 온 산호라고 합니다. 미국에서 작품 생활을 해보려고 태평양을 건너온 지 반년이 지났지만 뜻을 이루지 못하고 병역 문제로 며칠 후 고국으로 돌아가게 되었습니다. 말하자면 굳이 이 자리에 설 필요가 없는 사람이지요. 하지만 여러분에게 꼭 해야 할 이야기가 있어 이 자리에 서게 되었습니다."

"…?"

"…?"

듣고 있던 만화가들은 약간 의아해하며 그의 다음 말을 기다렸다. 그들의 시선이 한데로 모아지자 산호 씨는 한 손에 들고 나온 스크랩북을 펼치며 말을 이었다.

"여기에 있는 사진들은 본인의 만화와 일본 만화가들의 작품 몇 가지를 찍은 것들입니다. 보시다시피 수준에 있어서는 미국만화에 비해 많이 떨어집니다. 하지만 제각기 스포츠, 역사 등 독특한 분야와 화풍을 가지고 있습니다. 한국과 일본의 만화들은 짧은 역사에 비해 많이 발전했으며, 앞으로 더욱 빠르게 발전할 것입니다."

산호 씨는 사진으로 찍혀져 있는 자신의 작품과 '데즈카 오사무', '가와사키 노부로', '사이토 다키오' 등의 일본만화들을 그들에게 보여 주면서 마무리로 들어갔다.

"한데 당신들 미국 만화가들의 작품은 어떻지요? 내가 보기에는 새로운 변화나 시도가 전혀 보이지 않는 것 같습니다.

10년 전의 <슈퍼맨>이나 최근에 발간되는 <슈퍼맨>이나 똑같은 스타일로 만들어지고 있다는 것입니다. 때문에 텔레비전에게 만화 독자들을 빼앗겨 만화시장이 위축되는 현상이 생기는 것은 아닐까요? 이처럼 안일한 자세로 작품을 만드는 상태가 계속된다면 미국의 만화 독자들은 더욱 빠르게 위축될 것입니다. 한 번쯤 진지하게 생각해 봐야 할 걱정스러운 문제가 아닐까요?."

말을 끝낸 산호 씨는 스크랩북을 덮었다. 그리고는 단상에서 내려왔는데 박수 소리 같은 것은 터져 나오지 않았다. 장내는 그저 조용하기만 했다. 하지만 그들은 한결같이 당돌한 동양 청년의 느닷없는 질책으로 인해 꽤나 놀라는 반응을 보이고 있었다.

한데 이때, 그 자리에 참석했던 한 원로작가가 산호 씨의 이야기를 매우 심각하게 받아들였다고 한다. 그는 당시의 미국 만화가 협회 회장(이름은 기억할 수 없지만)이었으며 산호 씨를 불러 면담을 하게 되었다. 그리고 그가 어떤 방법을 썼는지는 알 수 없지만 산호 씨는 그 후 미국에 그대로 머물며 생활을 할 수 있게 되었다. (그는 미국의 실력 있는 원로 작가들만이 원고를 거래하는 <뱀파이어>지에 작품을 주는 작가였다고 한다.)

산호 씨의 미국 생활에 의문이 가는 내용이다.

* 밀어닥친 행운

일본의 만화가 '우데 다마코'의 만화 <근육맨>을 보면 다음과 같은 장면이 소개된다. 여러 명의 초능력자들이 최강자를 뽑기 위한 시합을 하게 하게 되는데, 많은 관람객들은 피가 튀는 혈전이 벌어지게 될 것이라고 예상한다. 한데, 첫 번째 대결의 방법은 어이없게도 가위, 바위, 보를 하여 승리자를 가리는 것이었다.

관중들은 당연히 그런 엉터리 착상이 있을 수 있느냐며 거세게 항의한다. 그러자 본부석에서 경기진행위원장이 엄숙한 목소리로 말한다.

"강한 초능력자들은 운도 강하다. 따라서 가위, 바위, 보로 싸워도 이길 것이다."

난데없이 강한 운에 대해서 이야기하는 이유는 산호 씨도 역시 운이 굉장히 강한 사람이라는 것을 말하기 위해서다.

물론 그가 엉뚱한 사람의 도움을 받아 미국에 그대로 머물수 있게 된 것도 운이 강했기 때문이라고 말할 수 있는데, 그는 미국에 갈 때도 미 대사관의 비자발급 담당직원이 공교롭게도 열렬한 만화광이었기에 단번에 목적을 이루었다고 한다.

산호 씨는 그 후 온갖 방법을 다 동원하여(적장을 잡으려면 그가 탄 말을 쏘라는 속담처럼 도자기 등을 선물하여 한 만화출판사사장 부인의 환심을 샀다고 한다). <찰톤>이라는 출판사에서 <샤이언 키드>라는 작품을 발표했는데 결과는 만족할 만한 것이 아니었다. 이어서 발표한 다음 작품도 마찬가지였다. 한데 예기치 않은 커다란 행운이 그를 향해 미소지으며 다가오고 있었다.

당시 미국에서 정창화 감독의 영화 <죽음의 다섯 손가락>이 홍행에 성공한 이후 이소룡이 출연한 영화 <정무문>, <당산대형> 등이 엄청난 숫자의 관객 동원에 성공하며 극장가에 돌풍을 일으키고 있었다.

당연히 미국의 만화 출판사들은 쿵후를 소재로 하는 작품을 제작하려는 계획을 세우게 되었다. 한데 그들은 모두 동일한 문제에 봉착하게 되었으니, 그것은 당시에 미국은 중국과 교류가 없어 중국에 대해 아는 만화가들이 없었다는 것이다. 물론 영화의 장면이나 책자의 사진들을 참고로 하여 중국인들과 중국의 거리를 묘사할 수는 있었지만 쿵후 만화를 그리려면 중국의 역사와 건축 양식, 그리고 풍습과 시대적인 세세한 사항들까지 알고 있지 않으면 안 된다.

말하자면 기와집을 하나 그린다고 해도 중국과 한국, 일본의 기와 모양이 틀리는 판이니, 웬만한 노력을 해도 엉터리 작품이 되지 않을 수 없었다. 더욱이 그들은 까다로운 완벽주의자들이니 뾰족한 방법이 나올 수가 없었다.

사정은 산호 씨가 거래하는 '찰톤 출판사'도 마찬가지였다. 회사의 간부들이 머리를 맞대고 앉아 묘안을 짜냈지만 신통한 답은 나오지 않았다. 한데 그들 중의 하나가 묘안을 찾아냈다. 산호 씨가 중국과 가장 가까운 나라인 한국에서 온 만화가이니 그에게 작품을 맡기면 어떨까 하는 의견이었다.

산호 씨는 한국에 있을 때 <광풍도시>라는 무협만화를 그린 경험을 가지고 있었다. 정일심이라는 인물이 주인공인 그 작품은 인기를 끄는 데 성공했고, 산호 프로덕션에서는 그것을 계기로 <일심도 시리즈>라는 무협만화를 제작했는데, 그러한 이력은 '찰톤'의 간부들을 그런 대로 만족시켰다.

그리하여 산호 씨는 '찰톤' 출판사의 새로운 기획물을 그리는 행운을 맞게 되었다. 그리고 그 작품들(제목을 알지 못해 유감이다)은 좋은 반응을 얻어 산호 씨는 조 쿠바트(털보 상사가 주인공인 전투 만화의 최정상급 작가)와 같은 수준의 원고료를 받는 작가로 급부상하게 되었다.

어떤 유명 성명철학가의 예언이 맞아떨어진 것이다. 나는 내

수동에서 영업을 했던 김봉수라는 이름을 가진 70년대 초의 유명인이었던 성명철학가를 찾아간 적이 있었다. 산호 씨의 이름을 스윽 훑어본 그는 나에게 이렇게 말했다.
"흐음, 산호(珊瑚)라… 이 사람은 시베리아 한복판에 갖다놓아도 커다란 꽃을 피우며 이름을 떨치겠군. 여자라면 서울에서 유명한 기생이 될 것이고…"

* 선구자적인 인생

엘리베이터를 타고 수직상승하게 된 산호 씨에 대해 찰톤 출판사에서는 작품의 성공에 대한 특별보너스로 그가 구라파 여행을 하도록 조치해 주었고, 그때부터 그를 출판사의 인기 작가로 우대해 주었다.

한데 그는 어느 날 갑자기 무역업자로 변신했다.

물론 기라성 같은 실력을 가진 만화가들이 즐비한 미국 만화계에서 생존한다는 것에 대해 새삼스럽게 한계를 느꼈기 때문인지, 의류 관계의 사업자자라는 것이 그림을 전공한 그에게 보다 매력적인 직업으로 뒤늦게 느껴졌기 때문인지 나로서는 모를 일이다.

어쨌든 무역업자로 변신한 그는 그 분야에서도 천재적인 재능을 유감없이 발휘했다고 한다. 그의 패션 회사 <산호 엔터프라이즈>는 세계의 여러 나라에 지사를 둔 큰 회사로 발전하여 엄청난 부를 축적하게 되었다고 하는데, 그는 관광 사업에도 손을 댔다. 사이판의 바다 속에서 움직이며 창문을 통해 해저 관광을 하는 잠수함에 손을 댄 것이다. 그는 중국에도 3천 명 이상 되는 종업원들을 둔 섬유회사를 설립하여 사업가로서의 면모를 과시했으며, 라이파이를 '만화영화'로 제작할 계획을 세우기도 했다. 그러다가 갑자기 엉뚱한 일에 손을 댔다. 엄청난 경비와 시간을 투자하여 중국 연변을 오가며 한, 국고대사에 대한 방대한 분량의 원고를 만들기 시작한 것이다. 산호 씨는 비싼 호텔에 묵는 대신 아예 연변에 집을 한 채 사놓고 오랫동안 기거하며 작업을 하기도 하는 열정을 보였다고 하는데, 서울 롯데호텔에 묵고 있는 그를 찾아가서 만난 조항리 씨는 그의 사업계획을 들었다고 하며 그가 갑자기 한국의 고대사에 관심을 갖게 된 것에 대해 놀라움을 표했다.

그가 만든 원고 <대쥬신제국사>는 얼마 후 국내의 동아출판사에 의해 발간되었다. 산호 씨는 이제 완전히 우리나라의 고대사를 연구하는 재야 학자의 길로 들어선 모양이다. 따라서 우리는 라이파이를 보고 환호했던 그 시절처럼 산호 씨가 발굴한 새로운 고대사를 학교에서 배우게 되는 놀라운 일을 경험하게 될지도 모른다.

양정기

*, 양말

　요즘은 목욕 문화가 많이 바뀌어서 믿기 힘든 이야기가 되겠지만 다음과 같은 놀라운 이야기가 있다(이 글을 쓰는 나도 사실이라고 믿지는 않는다. 하지만 이런 일도 있을 수 있다고 생각한다. 나도 양 선생님 못지않은 게으름뱅이니까)
　극화 부문에서 유감없이 눈부신 실력을 자랑하던 양 선생은 동료들이 목욕이라도 함께 가자고 하면, "응? 왜? 벌써 설이 가까워졌나?" 하고 반문하곤 했다. 말하자면 그는 목욕 기피증에 걸린 분이셨다.
　때문에 보다 못한 동료 하나가 그를 목욕탕에 데리고 갈 아이디어를 냈다. "같이 가자고, 목욕을 한 뒤에 괜찮은 데 가서 한잔 살 테니…" "그래?"
　양 선생은 드디어 걸려들고 말았다. 분 냄새 나는 방석집에 가서 작부들과 노닥거리고 싶은 욕심에 마지못해 따라나선 것이다.
　대낮이어서 그랬는지 목욕탕 안은 한산했다. 두 명의 노인만이 수증기가 안개처럼 피어오르는 탕 속에 몸을 담구고 있었는데, 한 노인은 느긋하게 타령 비슷한 노래를 흥얼거리고 있었다.
　"으허어어어~"
　한데 먼저 들어와 탕 옆에서 몸에 물을 끼얹고 있던 동료는 동작을 멈추며 출입문 쪽으로 시선을 돌려야 했다. 살짝 열려진 문틈으로 양 선생이 얼굴을 들이민 채 안을 기웃거리고 있었기 때문이다. 크지도 않은 두 눈을 밤손님처럼 굴리며…
"이봐, 왜 그래? 어서 들어오지 않고,"
 이상하게 생각한 동료가 큰 소리로 말하자 양 선생은 대답 대신 머리를 끄덕이더니 살며시 안으로 들어서며 조용히 문을 닫았다. 그리고는 갑자기 비척거리며 뛰는 것처럼 걸어오더니 탕 속으로 느닷없이 뛰어들었다. "첨벙" 하는 소리와 함께 두 노인의 얼굴에 물이 튀고 노래를 부르던 노인은 벌컥 화를 내며 고함을 질렀다.

"아니, 이게 무슨 짓이야?"
"우우-"
 동시에 양 선생은 비명을 지르며 후다닥 탕 밖으로 뛰어나왔다.
"앗, 뜨, 뜨거워!"

갑자기 뜨거운 물이 가득한 탕 속으로 뛰어들었으니 뜨겁지 않다면 그것이 오히려 이상한 일이다. 한데 동료는 바로 그 순간, 그런 경황 중에도 감추듯이 잽싸게 한데 모으는 양 선생의 두 발을 보며 빠르게 물었다.
"야, 그런데 너, 양말은 왜 신은 채 들어왔냐? 목욕탕에…"
"응?"
한데 그는 이내 자신의 질문이 잘못되었다는 것을 알았다. 그것은 양말이 아니라 양말의 형상처럼 살에 붙어 있는 때였다. 오, 하느님 맙소사."

*, 이불동굴

앞에 소개한 분의 이야기를 하나 더 소개하고자 하는데 이 이야기도 사실인지 의심스럽다. 어쨌든 이 분은 몸을 많이 움직이는 것을 매우 귀찮게 여기신다.
한 번은 어느 여관에 오래 묵으면서 작업을 한 적이 있는데 때는 마침 추운 겨울이었으므로 아랫목에 깔아놓은 이불 속에 엎드려 원고 그리는 작업을 하셨다.
그러다가 저녁때가 되면 등 부분이 아래쪽으로 향하도록 위치만 바꾸고 수면을 취하신다. 아침이 되면 당연히 식사를 여관으로 주문해다가 먹는다. 물론 세수를 하거나 이를 닦는 번거로운 짓은 가능한 한 하지 않으며 식사를 끝내면 거대한 달팽이껍질과도 같은 이불속으로 다시 비집고 들어가 그림 그리는 작업을 계속한다. 여관 종업원이 아침마다 청소를 한다고 오지만, 청소로 인해 놓여 있던 고무지우개나 삼각자 등 물건들의 놓인 위치가 바뀌게 되면 정신이 헷갈리게 된다는 이유로 사절이다.

 그러한 일과가 보름 이상 되풀이되자 한 번도 개어 본 적이 없는 이불은 담배연기와 때에 절어 버린 채 양 선생의 몸 하나가 정확히 들어갈 수 있는 작은 동굴로 변해 버리고 말았다. 이름을 하나 지어 붙인다면 국어사전에서도 찾아볼 수 없는 '이불동굴'이다.
 아무튼 그로부터 얼마 후 그곳에 찾아와 그 광경을 보게 된 한 친구가,
 "이봐, 양 선생. 이렇게 지내고 있을 거라고 생각했지만 이건 정말 너무했구나."
 하고 말하며 혀를 차자 양 선생은 다음과 같이 대답했다고 한다.
 "이렇게 사는 것이 편한 걸 뭐. 딱 한 가지 불편한 점이 있어. 텔레비전을 엎드려서 보면 목이 아파. 텔레비전을 천장에 매달아 놓으면 누운 채로 볼 수 있어서 참 좋은 텐데 말이야."

190

얼마 전에 신촌 쪽으로 가다가 보니 누워서 텔레비전을 볼 수 있는 호텔 방이 있다는 광고물이 붙어 있었다. 양 선생처럼 좋은 아이디어를 가진 사람이 또 있구나 하고 생각했다.

* 어떤 술안주

오랜만에 외출한 양 선생이 K선생과 만나 술을 마시게 되면 두 사람끼리만 통하는 특별한 술안주가 하나 더 등장하게 된다. 그것은 바로 두 사람이 공동으로 못마땅하게 생각하는 만화가들이다. 그들이 바로 질근질근 씹을 수 있는 특별한 술안주인 것이다.

그들이 안주를 선택하는 시기는 술이 한잔 들어가 취기가 느껴질 때이다. 양 선생이 K선생의 잔에 술을 따르다가 불쑥 묻는다.

"오늘은 누구부터 시작할까요?"
"글쎄요."
"S부터 시작할까요?"
"그러지요, 뭐."
말을 받은 사람이 머리를 끄덕이며 술잔을 들면 말을 던진 사람도 역시 술잔을 들어 건배를 하고는 술안주(?)를 슬쩍 건드린다.
"SOO 그 녀석 말이요. 그 자식 그거 어째서 그 모양인지 모르겠어."
"왜요? 무슨 일이라도 있었나요?"
"그 자식은 어떻게 생겨먹은 놈이 입만 벌리면 거짓말이니."

"…"

"며칠 전 출판사에 가는 길이었는데 웬 고급 승용차가 내 옆에 서더니 그 녀석이 내리는 거야. 마침 시간여유가 있기에 근처에 있는 다방으로 함께 들어가 커피를 한 잔 했지요. 한데 그 녀석 그 승용차가 최근에 자기가 구한 거라며 목에다 힘을 잔뜩 주는 거야. 그래서 제대로 원고도 그리지 않는 녀석이 어떻게 그런 차를 샀을까 하고 궁금해 했지요. 한데 어제 누군가에게서 들으니 그 차는 그 녀석의 차가 아니라는 거요. 친구에게 몇 시간 동안 빌려서 탔다는 거요. 글쎄…"

"쯧쯧, 그래서 모두들 미친놈이라고 그러는 거 아니요. 도대체 이해를 할 수가 없어. 그런 쓸데없는 거짓말을 왜 하는 거지? 술이나 밥이 생기지도 않을 텐데."

"글쎄 말이요, 그거 혹시 이상한 병 같은 거 아닐까요? 그 친구 생긴 것도 번듯하고 심성도 착한데."

"만화 그리는 사람치고 심성 착하지 않은 사람이 어디 있소?"

대화는 거기서 잠깐 끊어졌다. 술안주 씹는 맛이 어째 시원치 않다고 느꼈기 때문이다.

상대는 술잔의 술을 시원하게 들이키고는 손등으로 입술을 스윽 닦으며 중얼거렸다.

"SOO 이야기는 어쩐지 좀 재미가 없군."

"맞아요. 내가 생각해도 그래요. NOO 녀석으로 바꿉시다."

"그럽시다."

술안주를 바꾸기로 합의한 둘의 대화는 다시 이어졌다.

"NOO 그 자식 말이요, 이제 보니 영 싸가지가 없는 놈이에요."

"내가 먼저 하고 싶었던 소리요. 그 녀석 요즘에 책이 좀 나가니 갑자기 보이는 것이 없어졌는지…얼마 전까지만 해도 깎듯이 나에게 형님이라는 호칭을 붙이던 녀석이 요즘에 와서는 겁 대가리 없이 맞먹겠다는 생각을 가지고 있는 건지…"
"그래요? 그런 X같은 녀석이 있나? 아무래도 내가 한번 따끔하게 혼을 내줘야겠군."
"아니요. 기회를 봐서 내가 혼을 낼 테니 K형은 모르는 척하고 보고만 있어요. 한데, 이런 일이 생기는 건 출판사 사장들에게도 큰 책임이 있어요."
"맞아, 내가 거래하는 출판사의 오 사장 말이야. 내 책이 좀 팔릴 때는, "아무개 화백님, 아무개 화백님"하며 굽실거리더니 요즘엔 원고를 끝내 가지고 나가도 "왔느냐" 소리도 없는 거야. 책이 좀 팔리는 애송이들에게는 굽실거리면서 말이야. 그러니 그 애들이 선배를 뭘로 보겠어?"
"홍어 X으로 보겠지요, 뭐. 하지만 그게 뭐 오늘이나 어제부터 생긴 일도 아니고."
"하긴 그래요. 무사는 검으로 말해야 한다고…만화가는 잘 팔리는 작품을 만들어야 사람대접을 받는데…어쨌든 열 받는군, 열 받아!"

이렇게 되면 이야기는 제대로 풀린 것이다. 두 번째 안주가 입에 맞으니 질근질근 씹어댈 수밖에 없고, 그러다 보니 당연히 술을 더 마시게 되고, 곤죽이 되도록 취하게 된다. 힌동안 쌓였던 스트레스를 시원하게 해소하면서.

권할 만한 묘책은 아니지만 스트레스 해소를 위해 한 번쯤은 시도해볼 만한 가치가 있는 방법이라고 생각한다.

양 선생은 빌난 안주를 계속해서 씹다가 어느 날 만화 그리는 일을 그만 두셨다. 지금은 만화와 너무나 거리가 먼 일을 하고 계시다.
대표작으로 <유령편대>와 <어느 사랑의 이야기>가 있다.

박부남

* 시계도둑

박 선생은 KBS 텔레비전 방송국 미술부에서 근무하는 선배가 되는 만화가였는데, 이름만 알고 있는 가깝지는 않은 사이였다. 한데 어느 날부터인가 그의 얼굴을 자주 보게 되었다.
함께 일하게 된 애니메이터 김석배 씨가 그와 가까운 사이였으며, 박 씨가 김석배 씨를 만날 겸 해서 지나가는 길에 남산 입구에 있는 내 화실에 가끔 들렀기 때문이다.
몇 번인가 만나 이야기를 나누는 동안 나는 그가 매우 소탈하며 좋은 사람이라는 인상을 받았다. 그는 억지로 선배라는 티를 내지도 않았고 방송국에서 근무하는 사람답게 모든 면에서 깔끔하게 행동했기 때문에 나는 누구에게선가 들은 그에 대한 소문은 잘못된 것이라고 생각하게 되었다. 그 소문은 그의 술버릇에 대한 아주 나쁜 것이었다.
한데 어느 날 저녁 그 소문이 사실이라는 것을 확실히 체험하게 되었다.
그날도 박 씨는 작업이 일찍 끝나서 들렀다며 예의 깔끔한 옷차림으로 남산에 있는 내 화실에 나타났는데, 나와 화실사람들은 손님과 함께 술을 마시고 있었다. 박 씨는 자연스럽게 합석하게 되었고, 안주라고 해봤자 탕수육과 잡채 정도뿐이었지만 재미있게 어울리며 적지 않은 양의 술을 마셨다.
그런데 손님이 막 돌아간 뒤였다. 웬만큼 취했다고 생각되는 박 씨가 불쑥 말했다.
"갑시다 김 형, 2차는 내가 살 테니…"

"네? 2차라니요?"
"에이, 그러지 말고 어서 갑시다. 오늘 기분 좋게 술을 마셨으니 내 쪽에서도 인사치레를 해야 당연하지요."
"하하, 선배님도 많이 마셨는데 술은 무슨…"
"에이, 자꾸 왜 그래요. 보아하니 술이 좀 모자라는 것 같은 얼굴인데…하지만 잠깐…소변을 좀 보고 나서 갑시다."
 박 씨는 '끄윽-'하고 트림을 하며 일어서더니 비척거리며 화실 문을 열고 나갔다. 화장실은 화실 문 밖에 있었다. 그러자 김석배 씨가 나를 보며 걱정스럽게 말했다.
"그만 가시도록 하지요, 술이 취하신 것 같은데."
 나는 그가 그렇게 말하지 않아도 그렇게 해야겠다고 생각하고 있었다. 갑자기 빠르게 취하고 있는 박 씨를 보며, 그에 대한 나쁜 술버릇에 대한 소문이 불쑥 머리 속에 치솟았기 때문이다.
 그때 볼일을 끝낸 박 씨가 비척거리며 다시 화실로 들어섰다. 한데 그는 이미 좀 더 취해 있었다. 그는 벌겋게 상기된 얼굴로 나를 스윽 훑어보았다.
"아니, 박 선배님, 왜 그러시지요?"
 내가 의아해하며 묻자 그는 시선을 바꾸지 않으며 말했다.
"몰라서 묻냐? 어서 시계나 내놔."
"네? 시…시계라니요?"
"내 시계 말이야, 어쨌지?"
 박 씨는 시계를 차고 있던 왼손을 들어 보이며 언성을 높이고 있었다. 내 머리 속은 갑자기 혼란스러워지기 시작했다. 그가 시계를 차고 있는 것을 나도 분명히 보았기 때문이다. 고급스럽게 생긴 특이한 디자인의 시계였기 때문에 그 모습까지도 기억하고 있을 정도였다.

'이 양반이 도대체 어디다 시계를 풀어놓은 거지?'

한쪽에서 보고 있던 S라는 친구가 잽싸게 화장실로 달려갔다. 혹시 소변을 보다가 떨어뜨린 것이 아닐까 해서…하지만 시계는 거기에 없었다. 우리 화실 사람들만 사용하는 화장실이니 외부인이 들어왔다가 떨어져 있는 시계를 보고 주워갔다고 생각할 수도 없었다.

화실 안은 졸지에 추리소설의 한 장면 같은 모습이 되어버리고 말았다.

박 씨는 소파 한 쪽을 터억 차지하고 앉아서 독촉하듯이 말하고 있었다.

"정말 딱한 친구들이야. 술에 취하게 만들어 놓고서 시계를 슬쩍하다니…어서 가지고 와. 좋은 말로 이야기할 때…"

"…"

"…"

나를 위시한 화실 안의 사람들은 아무런 대꾸도 하지 않았다. 그러자 박 씨는 자기가 무시당했다고 생각했는지 옆의 탁자 위에 놓여 있는 전화기를 손으로 스윽 당겼다.

"알았어. 말로 해결되지 않으면 법으로 해결해야겠지. 가만 있자, 범죄 신고가 몇 번이었더라. 맞아, 112번이었지."

수화기를 든 박 씨는 천천히 다이얼을 돌리기 시작했다. 하지만 그 전화는 통화로 이어지지 못했다. 화실 친구들 중의 하나가 혹시나 해서 슬그머니 전화기의 코드를 뽑아버렸기 때문에.

한데 박 씨는 술이 취한 상태에서도 그것을 눈치 챘다. 그는 얼굴을 들어 화실 사람들 모두를 스윽 훑어보았다. 그리고는 비틀거리면서 일어나며 빈정대듯이 옹얼거렸다.

"흥, 전화를 못 걸게 해봤자 헛일이야. 내 발로 파출소까지 걸어가서 신고할 수도 있으니까. 그나저나 놀랐어, 여기가 도둑놈들의 소굴이었다니."

 내가 더 이상 참지 못하고 그의 뺨을 후려갈긴 것은 바로 그때였다. 도둑놈들이라는 말이 애써서 참고 있던 화통을 터뜨리고 말았다.

 나는 그의 등을 거칠게 밀어 화실에서 내쫓으며 소리쳤다.

 "당신 마음대로 해. 파출소에 가서 신고를 하든지, 경찰서에 가서 신고를 하든지."

 "어어, 이 자식 봐라. 좋아, 하라면 못할 줄 아나. 나쁜 놈의 새끼 같으니, 웬만하면 봐 주려고 했는데 사람까지 쳐!"

 박 씨는 나보다도 더 흥분하며 양동 파출소가 있는 도큐 호텔 쪽으로 걸어가기 시작했다. 그리고 늦은 밤의 어둠 속으로 차츰 사라졌다.
 나는 술병에 남아 있는 술을 따라 마시며 신고를 받은 경찰관이 올 때를 기다렸다. 하지만 아무리 기다려도 우리를 연행해 갈 경찰은 오지 않았다.
 그러는 중에 다음날 아침이 되었지만 나의 마음은 편해지지 않았다. 이유가 어찌 되었든 간에 선배가 되는 사람에게 손찌검을 했다는 것이 마음에 걸렸고, 아무리 생각해도 알 수 없는 시계의 행방이 계속해서 머릿속을 뒤숭숭하게 만들었다.
 '아, 시계는 도대체 어디로 간 거지?'
 그러는 중에 10시쯤 되었을까.
 어디선가 전화가 걸려왔기에 받았더니 어이없게도 박 선생의 목소리가 흘러나왔다. 내가 뭐라고 말하기도 전에 그는 빠른 목소리로 말했다.
 "아, 김 형, 이거 미안해서 어쩌지요. 어쨌든 전화로 이야기할 일이 아니니 직접 찾아가서 말씀드리겠어요."
 "네? 그보다 시계는 …?"
 "시계요? 차고 있지요. 내 손목에…"
 "네? 그게 무슨 소리지요?"
 "하하하, 이야기가 이상하게 되었어요."
 "네?"
 나는 얼떨떨해하며 반문했는데 전화는 일단 거기서 그쳤다.

 그날은 마침 토요일이었다.
 우리들이 막 점심 식사를 끝냈을 때 박 씨는 예의 머쓱해하는 미소를 흘리며 나타났는데, 그는 음료수 캔들이 가득 든 비닐봉지를 들고 있었다.
 "선배님, 어제 본의 아니게 죄송하게 되었습니다."

나는 그를 맞으며 먼저 사과를 했다. 그러자 그는 머리를 저으며 내 말을 막았다.

"아, 아니요! 잘못은 내 쪽에서 한 거지, 시계를 공짜로 먹으려고 했으니, 그나저나 나는 내가 생각해도 큰일이야. 술에 취하기만 하면 꼭 문제를 만드니…이 시계 말이오."

그는 왼쪽 손목에서 빛을 발하고 있는 시계를 들여다보며 말을 이었다.

"아, 글쎄… 어젯밤에 집에 돌아와 씻고 자려고 옷을 벗다 보니 양말 속에서 이게 튀어나오지 뭐요?"

"아니, 잃어버린 시계가 왜 양말 속에서?"

"으음, 이 나이에 창피한 이야기지만 그렇게 되어야 하는 사정이 있었지요."

그는 비닐봉지에서 꺼낸 음료수 병들을 화실 사람들에게 권하고는 그 사연이라는 것에 대해서 설명했는데 내용은 대충 다음과 같은 것이었다.

즉, 자기는 술에 취하면 실수를 자주 하는 편인데, 며칠 전에도 포장마차에서 술을 마시다가 그대로 잠이 들었다. 마침 여름이어서 동사하는 사고는 면했지만 지나가던 어떤 분께서 그의 손목시계를 슬쩍 풀어가셨다.

당연히 그의 부인께서는 크게 속상해하시며 손목시계를 새로 사 주었고, 박 씨는 가장으로서의 체면을 지키기 위해서라도 그 시계는 절대로 잃어버리지 않겠다고 결심했다. 한데 우리 화실에서 술을 마시게 되었고, 술이 취해 자기가 2차를 사겠다고 말한 것까지는 좋았는데 문득 술에 취해 또 시계를 잃어버리면 어쩌나 하는 걱정이 생겼다. 그래서 화장실에 갔을 때 시계를 풀어 양말 속에 감추었다. 그런데 갑자기 취기가 오르는 바람에 시계의 소재지에 대한 기억을 잃었고 그 시계를 누군가가 풀어간 것이라고 착각하게 되었다.
 엉뚱한 사건이 생기게 된 동기에 대해서 들은 우리는 비로소 안심하며 웃었다. 똑같이 술을 마시는 사람으로서 충분히 이해할 수 있는 일이었다. 하지만 그의 경우는 좀 심한 증상이라고 말하지 않을 수 없었다. 때문에 사과의 뜻으로 한잔 사겠다는 그의 말을 끝까지 사양했다. 미소 지으며 점잖게 말하는 그의 얼굴이 '두 얼굴의 사나이 헐크'처럼 생각되었기 때문에 그저 다시 만나지 않게 되기만을 진심으로 바랐다. 그것은 물론 이유가 어찌되었든 내가 그의 따귀를 때렸다는 지워버릴 수 없는 사건 때문이었다.

* 원하지 않은 재회

 1987년 여름, 이 해는 <서울동화>를 이끌어 가던 김청기 감독의 최고 절정기였다고 말할 수 있다. 애니메이션영화 <우뢰매>로 크게 성공을 거둔 서울동화에서는 여름방학을 맞아 <우뢰매 시리즈 제3탄>을 준비하고 있었다. 그리고 나는 이 영화를 미니 책자로 만드는 작업 때문에 채일병 선생과 함께 서울동화 사무실 한쪽에서 아예 숙식을 함께 하고 있었다. 영화를 만드는 작업이 막바지에 접어들었기 때문에 정신없이 바빴기 때문이다.
 그런데 어느 날 오후 뜻밖의 일이 벌어졌다.
 내 자리에서 혼자 일을 하며 얼핏 보자니 사무실 안으로 웬 남자가 들어오고 김 감독을 위시한 몇 사람이 우르르 나와 소란스럽게 그를 맞는 것이었다. 그런데 섞이는 그들의 목소리들 속에 귀에 익은 '박부남'이라는 소리가 있었다.

'으응?'

 놀랍게도 그는 10여 년 전의 시계 사건으로 생생하게 기억하고 있는 박 부남 바로 그 사람이었다. 김 감독의 친구이기도 한 그는 수년 전부터 동양화가로 업종을 바꾸었고 캐나다로 이민을 갔다는 것이다. 그리고 얼마 전에 그곳에서 전시회를 열어 현지 교민들과 매스컴으로부터 좋은 반응을 얻어 바야흐로 성공의 길에 들어섰다는 이야기였다. 말하자면 그는 오랜만에 고국을 찾아 자랑도 할 겸 친구들의 얼굴도 볼 겸 해서 김 감독의 사무실에 들른 것이었다. 김 감독의 사무실에는 그림 그리는 친구들도 여럿 있었으니까. 따라서 나와는 아무런 상관도 없는 일이었기에 박 씨라는 존재에 대해 잊고 내 일을 계속했다.

 그런데 김 감독이 그의 방으로 나를 부르더니 말했다.
 "이보게, 미스터 김. 외국에서 온 친구와 한국 친구들이 기념사진을 한 장 찍으려 하니 자네가 셔터를 좀 눌러 주게."
 "네?"
 나는 놀라며 말했다.
 "난 사진 찍을 줄 몰라요."
 "상관없어. 카메라를 고장시켜 놓았으니 그 상태에서 셔터만 누르면 돼."
 김 감독의 친구들이기도 한 애니메이터들 몇 사람이 박 씨를 중심으로 소파에 앉아있었다.

 박 씨와 시선이 마주쳤는데 10년 이상의 세월 때문인지 나를 알아보지 못하는 것 같았다. 하지만 그렇다고 내가 누구라고 말할 수도 없었다. 그렇게 되면 10년 이상 숨겨둔 이야기를 밝히게 될지도 모르니까

 내가 슬며시 돌아서서 방문을 열고나오자 김 감독이 다른 사

람을 부르는 소리가 들렸다.
"야, 거기 양 기사 있으면 잠깐 들어오게 해라. 그나저나 이상한 일도 다 있지. 세상에 카메라 셔터를 누를 줄 모르는 사람이 다 있었다니."

심만기

*. 심 선생과 버버리 코트

후리후리하게 키가 큰 심 선생은 버버리 코트(바바리 코트는 일본식 발음이라고 함)를 무척이나 좋아하는 것 같다. 비나 눈이 오는 날에는 물론이고 날씨가 약간 쌀쌀하기만 해도, 바람이 조금만 불어도 망토를 거친 배트맨처럼 코트를 걸치고 돌아다닌다, 아니 자가용 승용차를 몰고 돌아다닌다.

형사 콜롬보처럼 후줄근한 것이 아닌 산뜻한 버버리 코트를 걸치면 영국 신사가 된 것처럼 느껴지는 모양이다.

버버리 코트는 원래 토마스 버버리라는 영국의 농부가 피부에 공기가 통하면서도 빗물이나 눈에 젖지 않도록 촘촘히 짠 옷에서 기인되는데, 에드워드 6세가 그 옷을 찾을 때 시종에게 "내 버버리 코트를 가지고 오게" 하고 말한 습관 때문에 이름이 되어 버렸다고 한다. 이 코트는 원래 안개와 습기와 우산의 나라인 영국 같은 나라에서나 적합한 옷이지 우리나라처럼 상쾌한 기후를 가진 나라에서는 오히려 부적절한 옷이라고 한다.

하지만 영국 신사의 멋을 좋아하는 심 선생은 무던히도 버버리 코트를 좋아한다. 어쩌면 그는 머지않아 우산을 지팡이처럼 들고 다니게 될지도 모른다.

하긴 우산과 지팡이를 들고 다니건, 시베리아 지방의 털외투를 입고 다니건 제 멋에 취해 흥을 내는 것이니 내가 상관할 일은 아니다. 강아지도 멋진 옷을 입혀 주면 기분 좋아한다니까.

하지만 그가 가끔 버버리 코트를 입은 채 순댓국집이나 빈대떡 집의 작은 나무의자에 걸터앉아 있는 모습을 보면 너무나 어울리지 않아 보인다고 생각된다.

젊었던 시절, 오랫동안 경기도 기호일보의 시사만화가로 일했다. 동양화 그리는 솜씨에 평범하지 않은 실력을 가지고 있으며, 아울러 좋은 목소리를 가지고 있다. 그리고 한 가지 더 목욕 중독(?)에 걸려 있는 특이한 체질을 가진 분이어서 일반인들보다 목욕비가 많이 든다.
 이 책에 소개되는 또 한 사람 양정기 선생에 비해 목욕비가 매우 많이 드는 분이시다.

엄국진

*. 명국환 선생의 부고

'쓸쓸하지 않은 죽음이 어디 있겠냐마는 원로가수 명국환 선생의 부고는 유독 안타까웠다. 지난 8월 19일에 별세하였으나 가족들과 연락이 닿지 않아 무연고 장례를 치를 뻔했기 때문이다. 뒤늦게나마 대한가수협회에서 협회장으로 고인의 마지막 길을 배웅해 드린 것은 다행한 일이다.

2009년과 2009년에 명국환 선생과 면담하며 그 생애를 상세하게 들은 적이 있다. 신문 기사들과 인터넷에는 고인이 1927년에 출생했다고 기재되어 있으나, 삼팔선 이북에 본적을 둔 사람들을 위해 임시로 만든 호적에 잘못 기록된 연도일 뿐이다. 1933년 음력 1월 9일 황해도 연안읍 관철리에서 태어난 그는 6.25전쟁이 발발하자 누나와 함께 목선을 타고 강화도 교동도로 내려왔다고 한다. 전쟁 당시 북한군이 16살 이상의 남성들을 모두 잡아가거나 죽인다는 말을 들은 그는 까만 치마로 여장을 한 채 고향에서 탈출했다는 일화도 함께 들려줬다.

맑으면서도 쩌렁쩌렁 울릴 정도로 힘있는 목소리를 지닌 그는 17살 때 황해도에서 열린 콩쿠르대회에서 남인수의 '남아일생'을 불러 3등을 하였다. 샛별악극단을 비롯한 여러 악극단에서 두각을 나타냈고 박경원, 안다성, 권혜경 등과 함께 방송국 전속 가수로도 활동하였다.

현재까지의 자료를 종합해보면, 데뷔곡으로 알려진 '백마야 울지 마라' 이전인 1954년에 '저무는 서울 거리', '휴전선의 달

밤' 등을 먼저 발매한 것으로 보인다.

'방랑시인 김삿갓', '내 고향으로 마차는 간다', '아리조나 카우보이' 등 많은 인기곡을 낸 그는 1950년대 현인과 더불어 최고의 인기 가수로 꼽혔다. 서부영화의 한 장면을 연상시키며 이국적인 정서를 드러내고 있는 '아라조나 카우보이'는 아이들마저 재미있게 따라 부를 정도로 유행했고, '방랑시인 김삿갓'은 당시 인기절정에 올라 그의 대표곡이 되었다.

하지만 선생은 홀로 병마와 싸우며 가난하게 말년을 보냈다. 한때 대중의 큰 관심을 받으며 화려한 삶을 살았던 원로가수의 마지막이 쓸쓸한 경우를 종종 보게된다. 대중음악인들의 행보를 일일이 기록하는 작업을 고군분투하며 오랫동안 행하고 있는 것은 이미 대중의 관심에서 벗어난 별들을 역사의 현장으로 채워 넣기 위해서다. 더 늦기 전에 지금이라도 그분들의 삶에 관심을 기울일 필요가 있다. 반짝반짝 빛을 내며 한때 우리를 노래로 위로해 준 그들에 대한 예의이자 보답이기 때문이다.

노래하는 동안은 무한히 행복하다던 명국환 선생이 부디 저 세상에서 나마 맘껏 노래하며 즐겁게 지내시길 바란다. 아울러 이 땅의 모든 원로 음악인들에게 존경과 감사의 마음을 전한다.

이 글은 대중음악사학자 장유정 씨가 23년 9월 7일에 조신일보에 발표한 <원로가수의 마지막을 추모하며> 라는 글이다.
우리 만화계에도 비슷한 사연을 가진 사람이 있어 잠깐 소개한다.

* 바나나와 막걸리

 언젠가 신문의 기사를 통해 인기작가인 이현세 씨가 무명작가였던 시절에 담배를 살 돈이 없어 모래내(가좌)역 대합실의 재떨이에 박혀 있는 담배꽁초들을 뽑아다 피웠다고 술회한 것을 본 적이 있다.
 인기를 얻기 전까지의 작가는 그렇게 가난하며 고독한 법이다.
 지금은 세상을 떠난 원로 작가인 고우영 선생도 아내는 쌀을 구하러 친정에 가고 없어, 어린아이를 업고 마당에서 서성거리며 시원한 막걸리 한 사발만 먹을 수 있다면 하고 소망했던 시절이 있다고 한다(그의 작품이 팔리지 않아 생활이 어려웠던 때이다).
 어떤 사람들은 실력이 없기 때문에 그런 고생을 하는 것이 아니냐며 머리를 갸우뚱하기도 한다. 하지만 만화가라는 직업은 원래 묘한 것이어서 실력과 인기가 당연히 정비례하지는 않는다는 특징을 가지고 있다.
 만화 작가들이 기본적인 실력을 갖추는 것은 전쟁터에 나가는 군인들이 총과 무기를 갖추는 것과 똑같은 이야기다. 그런데도 되는 사람은 되고 안 되는 사람은 안 된다는 것이다.
 물론 인기작가가 되겠다는 꿈같은 것은 일찌감치 버리고 다른 인기작가의 휘하로 들어가면 어느 정도의 풍족한 생활을 보장받게 된다. 하지만 대개의 작가들은 용의 꼬리가 되기보다는 닭의 머리가 되기를 원한다. 뜨거운 젊음이 있고, 불타는 야심이 있고, 자부심이 있기 때문에. 하지만 그렇기 때문에 그들은 항상 풍요롭지 못하다.

몇 년 전이었던가, 엄청난 양의 바나나가 수입되고 그것이 헐값으로 팔리던 시절, 그런 류의 작가가 있었다. 한데 이런저런 이야기를 나누다가 듣게 된 그즈음의 그의 점심식사 내용은 매우 별난 것이었다. 그것은 한 봉지의 바나나와 막걸리 한 통이었던 것이다.

 나는 그 이야기를 들으며 매우 시의적절한 내용의 식사라고 생각하며 마음속으로 쓴웃음을 지었다. 단돈 천 원이면 살 수 있는 한 뭉치의 바나나는 그의 주린 배를 흡족하게 채워줄 것이고, 한 통의 막걸리가 만들어주는 희미한 어지러움은 인정받지 못해 생겨나는 그의 울분을 어느 정도나마 가라앉혀 주었을 테니까.

* 탈영병

 엄국진 씨가 밥을 굶는 조카들을 먹여 살리느라고 탈영을 거듭하면서 일을 하다가 잡혀 몇 년 동안이나 남한산성에 수감되어 있다가 제대했다는 이야기는 많은 사람들이 알고 있다고 생각한다. 나는 기동차(동대문에서 뚝섬 사이를 오가던 협궤열차)가 바쁘게 움직이던 아득하게 먼 옛날 경마장에서 아르바이트를 하다가 엄국진 씨를 우연히 알게 되었다. 때문에 우연히 그에 대한 여러 가지 이야기도 알게 되었다.

 방 안에 추리소설에 등장하는 것과 같은 비밀 공간을 만들어 놓고 만화를 그리다가 헌병들에게 잡혀간 이야기, 남한산성 중대본부에서 그를 딱하게 여겨 집에 있는 어린 조카들에게 정기적으로 쌀을 대주고, 엄국진 씨는 새벽마다 삽을 허리에 차고 죄수들과 함께 군가를 부르며 작업장을 향해 행군하던 이야기, 결국 수년 동안에 걸친 군대 생활을 하게 된 사연 등 꽤나 많다. 하지만 그런 이야기들은 여기서 하지 않기로 한다.
 그저 나만이 알고 있는 재미있는 이야기 하나를 소개하고자 한다.

* 진짜 사나이

 그때는 1988년 겨울 크리스마스 이브였다. 올림픽을 치렀던 해라 잊혀지지 않는다. 나는 그때 제빙 사업을 하는 집안 형님의 도움으로 서초동에서 출판사를 운영하고 있었다.
 형님이 특별한 날이니 술이나 한잔하고 들어가자고 해서 사무실 사람들은 모두 근처에 있는 단란주점으로 몰려갔다. 그때 마침 사무실에 들렀던 엄국진 씨도 동행하게 되었다.
 술을 마시던 우리는 노래를 부르게 되었는데 형님은 엄국진 씨에게 먼저 노래를 부르라고 권했다.
 "어, 저는 노래를 잘 부를 줄 모릅니다. 회장님…아는 노래도 없고."
 "에이, 세상에 그런 사람이 어디 있어? 어쨌든 엄 선생이 먼저 해야 다른 사람들도 부르지."
 사양하던 엄 선생은 결국 노래를 부르게 되었다. 그는 자리에서 일어나 무대로 나가 악사에게 뭔가 말했다. 아마 자기가 부를 노래 제목을 이야기하는 것 같았다.
 한데 잠시 후 이상한 일이 벌어졌다. 무대에 선 엄국진 씨가 어깨 넓이 정도로 발을 벌리고 서며 오른손을 들어 위아래로 힘차게 흔들기 시작한 것이다. 이어서 밴드가 전에 없이 요란하고 힘찬 음악을 연주하기 시작했다.
 "쿵쾅쾅콰앙-"

"으응?"
우리는 이상하게 생각하며 무대 쪽으로 시선을 돌렸다. 다른 좌석의 손님들도, 그들 틈에 섞여 있는 외국인들도 무슨 일인가 하며 무대 쪽을 바라보고 있었다.
"사나이로 태어나서 할 일도 많다만~"
이윽고 노래가 시작되었고 우리는 깜짝 놀라며 두 눈을 번쩍 떴다.
"아니, 이건 군가잖아?"
"맞아, 진짜 사나이!"
"허허, 부를 노래가 없어도 그렇지 이건 좀 너무하군."
우리 형님은 어이없어하며 중얼거리셨다.
나는 우리 집이 있는 신촌에서도 그와 비슷한 사람을 본 적이 있다.
어떤 군인이 애인인 듯한 아가씨와 빈대떡 집에 앉아 팔을 휘두르며 노래를 부르는데 놀랍게도 그 노래도 군가였다.

그 일이 있은 후 우리 출판사는 사정이 생겨 갑작스럽게 문을 닫았다. 그리고 엄국진 씨는 우연히 일반 도서를 발행하는 홍철원이라는 친구와 어울리게 되었으며, 그의 형이 운영하는 출판사 <문지사>에서 군 교도소의 생활을 소개하는 수기를 발간하려고 했다.
그런데 원고가 반 정도 진행되었을 때 엄국진 씨는 심장미비로 갑자기 쓰러졌다. 을지로에 있는 중앙의료원으로 옮겨졌으나 깨어나지 못하고 사망했다. 그리고 친구들에게 연락이 되지 않는 묘한(?) 일이 생겨(그때만 해도 핸드폰이 널리 보급되지 않았다.) 매우 쓸쓸한 장례식을 치르게 되었다. 명국환 씨는

내가 만나고 들은 만화가들 이야기

뒤늦게나마 대한가수협회에서 협회장으로 고인의 마지막 길을 배웅해주었지만 엄국진 씨는 그렇지 못했다.

  결국 그가 힘든 세상을 살다가 간 흔적은 문지사 캐비닛 안에 남아 있는, 채 사용하지 못한 반 권짜리 원고가 전부이게 되었다.

조치원(강의웅)

* 심술 대장

비어 있는 자리들이 많은 극장 안.
모자를 쓴 한 신사가 관람석에 앉아 구경을 하고 있는데 심술궂게 생긴 할머니가 하필이면 그의 바로 뒷자리에 앉으며 말한다.
"모자가 가려서 제대로 보이지가 않아요. 모자를 좀 벗어주세요."
일본판, <순악질 여사>라고 말할 수 있는 만화의 한 장면인데, 한국 만화계에는 그녀에 버금가는 남자 만화가가 계시다.

지방에서 서울로 올라와 작품 생활을 하던 조치원 씨는 그즈음 신촌 부근에 있는 하숙집에서 숙식을 하고 있었는데 가끔 하숙집의 식모(가정부) 아가씨를 괴롭히는 재미에 푹 빠져 있었다.
무슨 소리인가 하면 당시에는 부엌에서 밥을 하려고 쌀을 씻을 때, 쌀에 섞여 있는 돌을 채 골라 내지 못하는 경우가 많았다. 때문에 어쩌다 걸러내지 못한 돌이 밥에 그대로 들어 있어 그대로 씹는 경우가 있었다. 한데 조 선생은 밥에 돌이 섞였을 경우, 의도적으로 그 돌이 잘 보이도록 밥 위에 얹어 그대로 내보낸다는 것이다(주인이 즉시 보고 식모를 야단치는 것을 보려고). 아주 고약한 심술첨지라고 말하지 않을 수 없다.

한 번은 모 출판사의 사무실에서 조 선생을 만난 적이 있는데, 경리 아가씨 앞에서 볼일을 보고 있는 어느 손님을 보며 코를 킁킁거리고 있었다.

그는 막 들어선 나를 흘낏 보며 물었다.

"이봐요, K선생, 어디서 똥냄새가 나는 것 같지 않소?"

"네?"

그 말을 듣고 보니 어디서 야릇한 냄새가 심하게 나는 것 같았다.

"흐음, 냄새는 조금 전부터 났으니 김 선생에게서 나는 것은 아닌 것 같고."

조 선생은 자리에서 일어나 경리 아가씨 앞에 서 있는 사람 쪽으로 다가서더니 상체를 숙이며 다시 킁킁거렸다. 이어서 그의 어깨를 툭 치며 친절하게(?) 말했다.

"아무래도 당신 구두에서 나는 것 같소."

"네?"

그 사람은 반사적으로 고개를 돌렸는데 얼굴이 잔뜩 붉어져 있었다. 어쩌다 이상한 것을 밟아 고약한 냄새를 피우고 있는 것은 그 사람이었으며, 그 사람 자신도 그것을 알고 있는 것 같았다. 하지만 일부러 냄새나는 것을 묻혀 가지고 온 것도 아니고, 자기도 조 선생이 말하는 바람에 뒤늦게 알았으니 빨리 볼일을 끝내고 밖으로 나가는 것이 최선의 방법이 아닌가. 그 사람은 마음속으로 그렇게 중얼거리고 있는 것 같았다.

한데 조 선생은 그의 구두에서 시선을 떼지 않으며 다시 말했다.

"발을 좀 들어 보시오. 틀림없이 똥을 밟은 거야!"

그 사람의 얼굴은 견디기 힘든 곤혹스러움으로 인해 더욱 빨개졌다. 하지만 조 선생은 아랑곳하지 않으며 사무실로 마악 들어오는 새로운 방문객을 향해 얼굴을 돌리며 노래하듯이 떠들어댔다.
"하하하, 자 양반 똥을 밟았어요, 어쩌다 그런 실수를 했을까."
 그는 정말로 심술대장이었다. 그는 심술부리기를 의식적으로 즐기는 사람 같았다. 가뜩이나 당황하며 미안해하는 사람에게 그런 소리를 왜 한단 말인가.
 다행스럽게 잠시 후 원고료가 나왔고, 그것을 받은 작가(아마도 누군가의 문하생이었을 것이라고 생각됨)가 도망치듯이 그 사무실에서 나갔기에 망정이지 그렇지 않았다면 그들은 싸우게 되었을지도 모른다.

* 잭나이프

 조 선생이 어느 날 근사한 잭나이프 한 개를 구입했다.
 고물상 앞을 지나다가 우연히 눈에 띄어 사게 되었는데 당연히 그 나름대로의 용도가 있었기 때문이다.
 그날부터 그는 당장 그 잭나이프를 더없이 적절하고 효과 있게 사용하기 시작했다.
 동료나 후배들과 이야기를 하다가 느닷없이 그것을 꺼내들며 칼날이 튀어나오게 만들면 그들은 모두 기겁을 하며 놀랐다. 열심히 원고를 그리고 있는 후배의 책상에 그것을 갑자기 꽂아 칼자루가 부르르 떨게 만들면 그 후배는 뒤로 튕겨지듯이 몸을 일으키며 놀랐다. 조 선생은 그런 것을 즐기는 재미가 온몸이 짜릿해질 정도로 좋았다.
 그런데 어느 날 오후였다.

볼일을 보고 돌아오다 보니 길에서 웬 남자 어른들이 말다툼을 하며 싸우고 있었고 구경꾼들이 빙 둘러서 있었다. 싸움 구경이라면 밥 먹기보다 좋아하는 조 선생이었기에 당연히 구경꾼들 틈에 끼게 되었다.

싸움은 제법 진지하게 열이 올라가고 있었다. 잘만하면 치고 받는 치열한 격투 장면도 볼 수 있을 것 같았다. 한데, 그의 앞에서 얼씬거리며 구경하던 사나이가 뒷걸음질 치다가 그의 발을 밟고 말았다.

"아, 이거 죄송합니다."

사나이는 사과했다. 그러자 조 선생은 "뭐야? 미안하다면 다야?" 하고 내뱉으며 잭나이프를 꺼내 들었다. 그것은 그즈음의 장난이 만들어낸 무의식적인 행동이었다.

한데, 재수 없게도 그 사나이는 형사였다. 조 선생은 기겁을 하며 후다닥 도망쳤고 형사는 그를 잡기 위해 따라가기 시작했다.

나중에 누군가에게서 들은 바에 의하면 그 추격전은 꽤나 오랫동안 계속되었다고 한다. 하지만 그가 뛰어봤자 벼룩, 날아

봤자 참새지, 도둑 잡는 형사와의 달리기에서 이길 리가 없다. 그는 결국 형사에게 잡히고 말았다고 하는데 그 후의 이야기는 공개되지 않았다. 그건 아마도 본인 혼자서만 기억하고 싶은 비화일 것이다.

조치원 선생에 대한 일화는 또 있다. 이건 그의 아내, 그러니까 전상균 선생의 큰 누이동생에게 들은 이야기인데, 그는 작품을 그릴 때도 별난 모습을 보였다고 한다. 즉 그는 작품을 그리기 전에 창문을 커튼으로 닫고 책상 위에 촛불을 켜 놓아 으스스한 분위기를 만들어 놓은 뒤에 음산한 표정을 거울에 비쳐 보면서 작품을 그렸다고 한다. 말하자면 공포스러운 분위기 속에 빠지면서 작품을 그렸다는 이야기인데 그러면 충분히 그랬을 것이라는 생각이 든다. 지금 생각해보면 그는 일종의 사이코 패스였던 것 같다고 그를 아는 사람들은 말한다.

*. 결투

눈발이 날리는 어느 겨울날의 오후,
조 선생이 경기도 능곡에서 살고 있는 전상균 선생의 집을 예고 없이 방문했다.
"아니, 자네가 웬일인가?"
"왜요? 내가 찾아오면 안 되는 집이요?"
"아니, 그렇지는 않지만…어쨌든 들어오게."
"들어갈 필요 없소. 나는 결투를 하러 온 것이니까."
"뭐? 결투? 도대체 무슨 도깨비 같은 소리야? 너 술 취했냐?"

"그렇소. 취했소."

조 선생과 전상균 선생은 처남매부 사이였다. 그런데 그들이 연애할 때부터 전상균 선생은 조 선생을 탐탁치않게 여겼다고 한다. 아마도 조 선생의 사아코적인 성격을 좋아하지 않았기 때문일 것이다. 그래서 누이동생이 조 선생과 사귀는 것을 막았고, 두 사람이 결혼하고 제법 많은 세월이 지난 뒤에도 그 같은 상황은 변해지지 않았다. 따라서 그것은 가끔 조 선생의 예고 없는 시빗거리가 되고는 했다.

"그래? 그렇게 하고 싶다면 하자. 한데 어떤 식으로 하자는 거냐?"

너무나 어이없어하며 전상균 선생이 말하자 조 선생은 잠시 생각하다가 만화책의 용감한 주인공처럼 말했다.

"작대기를 들고 칼싸움을 하기로 합시다. 무기는 내가 구해 오겠소."

"구해 오든지 말든지 네 마음대로 해라."

전상균 선생은 매우 온순한 사람이었지만 화가 나지 않을 수 없었다. 당시의 상황에서는 오빠의 입장에서 당연히 할 수 있는 소리를 했던 것이고, 어쨌든 두 사람은 부부가 되어 살고 있지 않은가. 한데 왜 툭하면 옛날의 일을 가지고 공연한 심술을 부리는 것일까? 전 선생은 누이동생이 많은 고생을 하고 있다고 듣고 있었으며, 조 선생의 심술을 고치기 힘든 병이라고 생각했다.

전상균 선생의 집은 크고 작은 나무들이 듬성듬성 자라고 있는 산등성이에 자리 잡고 있었다.

무기를 구하러 갔던 조 선생은 곧 돌아왔는데 그의 손에는 두 개의 막대기가 쥐어져 있었다. 그런데 한 개는 길었고 한 개는 짧았다.
"자, 받으시오."
그가 전 선생에게 내민 막대기는 짧은 것이었다.
"그럼 시작합시다."
"그러자!"
 을씨년스러운 겨울의 찬바람 속에서 처남매부간의 결투는 시작되었다. 일본의 전설적인 사무라이들, 미야모토 무사시와 사사키 고지로오의 결투처럼…. 그런데 '이상열 편'에서 잠깐 소개했지만 전상균 선생은 운동을 한 사람이고 정신이 말짱했다. 하지만 조 선생은 취기가 있었기에 긴 막대기를 들고 싸우는 것이 크게 유리하지 않았다. 그리고 전 선생은 결투라는 것을 끝내야만 돌아갈 조 선생의 심술을 알고 있었기에 그저 슬슬 피하며 한동안 상대해줄 생각을 가지고 있었다.
 하지만 그의 아내와 이웃 사람들은 둘의 싸움이 계속되도록 보고만 있지 않았다. 그들은 아이들에게 시켜 그런 사실을 역앞에 있는 파출소에 알렸고 곧 경찰관이 달려왔다.
 조 선생은 잠시 후 파출소로 연행되었는데 결투를 하게 된 동기에 대해서 들은 경찰은 딱하다는 눈길로 조 선생을 쏘아보며 이렇게 말했다고 한다.
"아저씨, 도대체 나이가 몇 살이시오? 하아, 이거야 말로 정말 만화 같은 이야기로군."

*. 이상한 천재

 조 선생은 별난 성격에 잘 어울리는 괴기물 전문의 작가였는데, 작품에 임하는 그의 자세는 프로다웠으며 별났다고 듣고 있다.

 그의 아내 (전상균 선생의 큰누이동생)의 말에 의하면 그는 원고를 그릴 때, 보다 생생한 현장감을 살리기 위해 전등 대신 촛불만을 켜놓고, 자신의 표정을 거울에 비춰보면서(악마의 표정을 흉내 내면서) 작업을 했다고 한다. 그러한 열성 때문이었는지 그의 작품들은 커다란 인기를 끌기도 했다.

 한데, 그의 작품들 중에 화제가 된 작품이 하나 있다,
 줄거리는 대강 다음과 같다.

 어떤 가난한 청년이 있었는데 온갖 노력을 다 해 봐도 실패만 되풀이했다. 피곤한 세상살이에 지칠 대로 지치게 된 청년은 절망하며 부르짖는다. "부자가 될 수만 있다면 악마에게 영혼을 팔아도 좋다"고…

 한데 그의 소망대로 악마가 나타나 그를 부자로 만들어 주었으며, 그는 부귀영화를 누린 대신 악마와 약속한 날에 죽게 된다.

 그러니까 말하자면 구성에 있어서 괴테의 '파우스트'가 생각나게 하는 작품이다.

 위의 작품이 발간되어 제법 큰 인기를 얻자 주위의 말 많은 사람들이 물었다. 그 작품은 '파우스트'를 읽고서 만들어진 것이 아니냐고.

 그러자 조 선생은 펄쩍 뛰며 아니라고 대답했다.

 때문에 질문을 던진 사람들은 한동안 아리송해 하는 표정을 지으며 머리를 갸우뚱해야 했다. 조 선생을 괴테와 연관 지어 생각해야 할 역량 있는 작가로 평가해야 할지, 그때까지 파우스트를 읽어 보지 못한 공부하지 않는 작가로 평가해야할지 헷갈렸기 때문이다.

조 선생은 그런데도 불구하고 이상하게도 생활하는 데 있어 많은 고난을 겪었다. 한때는 부산에 내려가 운전을 하기도 했으며 어느 날 갑자기 세상을 떠났다.

김동명

*. 내가 좋아하는 일

통행금지 시간이라는 것이 있어서 술 마시는 사람들이 불편했던 시절이 있었다.
불편했던 것은 시간문제뿐만 아니라, 술 마실 돈이 항상 부족했고, 통행금지 시간이 되기 전에 잠잘 곳을 찾는 것이 불편했다.
물론 돌아가서 잘 집과 가족이 없는 것은 아니었지만, 술에 취하고 시간이 늦어지면 나도 모르게 가끔 찾아가는 집이 있었다. 종암동 영화 촬영소 아래에 있는 김동명 씨의 집이었는데 밤늦게 찾아가도 그는 항상 일을 하고 있었기 때문에 덜 미안했다. 잠들어 있는 사람을 깨우는 번거로운 과정이 필요하지 않았으니까.
물론 김동명 씨의 어머니와 형님도 더없이 인자한 분이셨고 항상 마음 편하게 대해 주셔서 편한 마음으로 드나들었는데 어느 날 밤이었다.
김동명 씨는 그날 밤도 늦게까지 일을 하고 있었는데, 자기는 일을 더 해야 하니 먼저 자라고 웃으며 말했다. 물론 그날도 나는 취한 상태였고 서서히 잠이 쏟아지고 있었다. 하지만 취중에도 갓 빨아 덮은 것으로 보이는 이불을 들치고 침대 속으로 기어들어갈 염치가 없었다.
때문에 어색한 분위기도 바꿀 겸 공연한 한 마디를 던졌다.
"그러지 말고 내일 하쇼. 지겹지도 않으쇼? 매일같이 밤늦게까지 일하는 것이 …"

그러지 김동명 씨는 안경테를 만지작거리며 대답했다.
"이걸 일이라고 생각하면 지겨워서 못하지. 나도 사람이니까."
"…"
내가 금방 대답을 하지 못하고 머뭇거리자 그는 좀 더 말을 이었다.
"나는 원고를 그리는 것을 일이라고 생각하지 않아. 말하자면 나는 내가 좋아하는 그림 그리기를 마음껏 즐기는 것인데 돈까지 주고 그것을 사가는 사람도 있다고 생각하는 거지. 그러니 밤늦게까지 일을 해도 피로를 느낄 리가 없잖아! 나는 내가 좋아하는 일을 하고 있는 거니까."
나는 뒤늦게나마 그 말을 이해하고 수긍했다. 그것은 요즈음에 흔히 말하는 '마인드 콘트롤' 비슷한 것이라고 생각하는데 나는 그 말을 들으며 그의 미래는 '푸른색'이 될 것이라고 생각했다. 그리고 오늘의 시점에서 볼 때 그것은 매우 정확한 예견이었다.

* 접착제(?)

언젠가 일간신문에 소설을 연재 중인 한 여류 소설가가 모친상을 당했는네도 불구하고 관 앞에서 통곡하지 못하고 탈고를 위해 밤을 새우며 애썼다는 기사를 읽은 적이 있다. 충분히 공감이 가는 이야기다. 역량 있는 작가는 이미 공인이며 독자들과의 약속은 어떤 경우에도 지켜야 하는 엄숙한 것이기 때문이다.
인기 만화가의 경우도 마찬가지다. 나는 일간지에 만화를 연재 중인 만화가들의 창작행위를 조금도 과장하지 않고 피를 말리는 작업이라고 말하고 싶다.

그들은 물론 일반인들과 비교가 되지 않는 많은 소득을 보장 받고 있다. 하지만 그들은 챔피언 벨트를 차지하기 위해 몸부림치는 상위권의 복서들처럼 고독하며, 예리한 촉각들은 항상 곤두서 있다. 그들이 독자들을 매료시키고 열광시키는 작품을 계속해서 공급하지 못하면 독자들은 즉시 아무런 미련도 없이 그들을 버리고 돌아설 테니까.

 때문에 그들은 새로운 아이디어를 창출해내기 위해, 일간지나 월간지의 마감 날짜에 맞춰 원고를 끝내느라고 툭하면 밤을 새우고 그로 인해 지금부터 소개하는 만화(?) 같은 이야기도 생겨나게 된다.

 스포츠지에 작품을 연재 중인 고OO 선생과 김동명 씨는 그날 광화문 부근에 있는 한 여관방에서 철야작업에 열중하고 있었다. 설명할 것도 없이 이유는 마감 시간까지 원고를 끝내기 위해서였는데 고 선생은 며칠째 강행한 야간작업으로 인해 피로가 잔뜩 누적되어 있었다. 때문에 자정이 지나고 새벽 1시가 지나자 두 눈을 스르르 감으며 졸기 시작했다.

 "툭-"

 곁에서 일하던 김동명 씨가 가볍게 어깨를 치는 바람에 고 선생은 움찔하고 놀라며 눈을 떴다. 이어서 김동명 씨에게 미소를 보내며 몽롱해진 눈을 원고지 쪽으로 향했는데 이상한 것이 시야에 들어왔다. 하얀 원고지 한 귀퉁이에 꼬불꼬불한 털이 한 개 떨어져 있었는데, 아무리 보아도 그것은 남자의 것이 아닌 여자의 은밀한 곳에 있어야 할 물건(?)이었다.

 '이상하군. 어째서 이런 것이 여기에 떨어져 있지?'

고○○ 선생은 머리를 갸우뚱하며 그것을 향해 살며시 입 바람을 불었다, 곁에서 일하고 있는 김동명 씨가 눈치 채지 않도록 신경을 쓰며 조용히…하지만 그것은 원고지 밖으로 떨어지지 않았다.

'으응? 왜 이러지?'

고 선생이 이번에는 손을 내밀어 그 부분을 쓸어냈다. 떨어진 담뱃재를 쓸어내는 것처럼, 한데 그렇게 해도 그것은 떨어지지 않았다.

'으응?'

"후우_"

"툭- 투툭-툭-"

고 선생은 다시 입과 손을 모두 이용하여 그것을 쓸어내려 했다. 한데 그것은 강력한 접착제로 붙여지기라도 했는지 떨어질 기미를 보이지 않았다. 반사적으로 고○○ 선생의 얼굴은 차츰 시뻘개졌고 눈빛 역시 정신을 되찾으며 자세히 그것을 살펴보게 되었다.

곁에서 시치미를 떼고 앉아 곁눈질을 하던 김동명 씨가 더 이상 참지 못하며 웃음을 터뜨린 것은 바로 그때였고, 고○○

선생은 바로 그 순간 그의 장난에 자기가 속았다는 것을 알았다.
 원고지의 귀퉁이에 떨어져 있던 꼬불꼬불한 털은 실물이 아니라 고 선생이 조는 틈에 김동명 씨가 슬쩍 그려 놓은 그림이었다.
 하지만 고 선생은 물론 김동명 씨의 그런 장난에 대해 조금도 언짢아하지 않았다. 재치 있는 그의 장난 덕분에 잠이 확 달아났고 덕분에 원고를 탈 없이 끝낼 수 있었으니까.

 단행본만화 원고의 경우도 마감 일자에 맞추는 작업상황은 크게 다르지 않다. 때문에 다음과 같은 엉뚱한 일이 벌어진 적도 있었다.
 김 씨는 전날 동료들과 함께 밤을 새우며 그림을 그렸는데 어쩐지 배경이 이상하게 그려진 것 같아 자세히 살펴보니 자동차들이 달리는 아스팔트에 돌멩이와 풀들이 그려져 있었다.
 알고 보니 배경을 그린 친구가 비몽사몽간에 작업을 했는데 그 장면의 상태를 역사물에 나오는 큰길로 착각했던 것이다.
 박 씨의 경우는 한술 떠 떠서 엉뚱한 자동차 내부를 그렸다. 그분은 밤새워 졸면서 그린 승용차에 탄 사람들의 모습이 아무래도 이상해서 두 눈을 똑바로 뜨고 검토해보았더니 운전을 하는 사람뿐만 아니라, 차에 타고 있는 사람들 모두가 운전대를 하나씩 잡고 있었다고 한다.

*. 달걀껍질 밖의 계산

 그는 일찍부터 달걀껍질 밖의 계산을 할 줄 아는 사람이었다. 많은 사람들이 이야기하지만 그는 컬러 그림 분야에서 좋은 실력을 가지고 있다. 때문에 그는 산호 씨와 일할 당시에도 표지에 컬러링을 하는 대접을 받았으며 독립한 후에는 만화잡지사들 뿐만 아니라, 단행본 만화 출판사들과도 거래가 있었다. 그래서 그는 좋은 편의 원고료를 받았다고 알고 있는데 어느 날 재미있는 사건이 생겼다.

 거래처의 간부 하나가 그의 그림을 필요로 한다는 완구업자를 소개했다. 김동명 씨는 그의 사무실에서 문제의 업자를 만났는데, 그는 성실하게 보이는 인상을 가진 젊은이였다.

 한데 그가 원하는 원고가 동명 씨의 기분을 잡치게 만들었다. 그는 어린 아이들의 장난감을 딱지를 찍을 원고를 원했던 것이다. 자신의 그림에 자부심을 가지고 있던 김동명 씨는 샘플을 바닥에 던지며 벌컥 화를 냈다.

 "딱지? 당신 사람을 어떻게 보고 그런 소리를 하는 거야? 당신 눈에는 내가 딱지 나부랭이나 그릴 사람으로 보여?"

 "…"

 업자는 김동명 씨의 반응에 놀랐는지 뭐라고 대답도 못하며 당혹스러워하고 있었다. 그를 소개한 거래처의 간부도 역시 별로 다를 것 없는 반응을 보이고 있었다.

 때문에 김동명 씨는 애써서 화를 가라앉히며 변명하듯이 말했다.

 "초면에 흥분해서 미안합니다. 하지만 내 원고료는 비싼 편이요. 딱지를 찍으려고 내 원고를 살 수 잇겠소?"

 "…"

 업자는 계속해서 대답하지 않았다. 따라서 김동명 씨는 좀 더 말해야 했다.

 "아, 좋아요. 원고를 만들어 준다고 합시다. 그럼 원고료로 얼마를 지불하겠다는 거요?"

그러자 듣고 있던 업자는 그의 눈치를 살피는 것 같은 표정을 지으며 조심스럽게 말했다.
"저어, 처음부터 많이 드릴 수는 없고, 한 장에 3만 원정도…"
"3만원?"
김동명 씨는 반문하며 순간적으로 놀랐다. 업자가 말하는 한 장이란 10개 정도의 동그란 그림이 들어 있는 1장을 말하는 것이었는데, 만화책 표지를 한 장 그리는 값이 1만2천 원이었던 시절이었고 보면 그것은 작은 원고료가 아니었다.
말하자면 김동명 씨는 우연히 만화계 밖의 세계를 본 것이었다.
어쨌든 김동명 씨는 마지못해 응해주는 것처럼 원고 청탁을 받았고 업자는 10장의 대금 3십만 원을 선불하고 돌아갔다.
김동명 씨는 물론 약속시간을 어기지 않고 원고를 그려 넘겨주었고, 얼마 지나지 않아 그 업자에 대해 잊었다.

한데 그로부터 3개월 정도 후, 문제의 업자가 김동명 씨 앞에 불쑥 다시 나타났다.
"어? 당신이 웬일이요?"
김동명 씨가 의아해하며 묻자 문제의 업자는 웃으며 대답했다.
"시간을 좀 내주실 수 있습니까? 세 시간 정도만…"
"내지 못할 것도 없지요, 뭐…한데, 왜?"
"그건 나중에 말씀드리지요."
"그, 그래요? 그럼 그럽시다."
도깨비에 홀린 것 같은 기분이 된 김동명 씨는 때마침 바쁜 일도 끝냈기에 바람도 쐴 겸해서 그를 따라 나섰다.

그로부터 한 시간 정도 뒤 김동명 씨가 그와 함께 들어선 곳은 충무로에 자리잡고 있는 고급 양복점이었다.
 그는 김동명 씨에게 마음에 드는 양복지를 고르라고 했으며, 이어서 재단사가 몸의 치수를 재기 시작했다.
 양복점에서 나온 두 사람은 때늦은 점심 식사를 하기 위해 근처의 음식점으로 들어갔는데 업자는 거기서 비로소 김동명 씨의 궁금증을 풀어 주었다.
 "실은, 선생님께서 그려 주신 딱지들의 반응이 좋았어요. 그래서 작은 성의 표시라도 하는 것이 도리일 것 같아서……"
 "그, 그래요? 하지만 이해가 제대로 되지 않는군. 요즈음엔 딱지치기를 하는 아이들을 흔하게 볼 수도 없는 거 같은데… 도대체 딱지를 얼마나 팔았기에…"

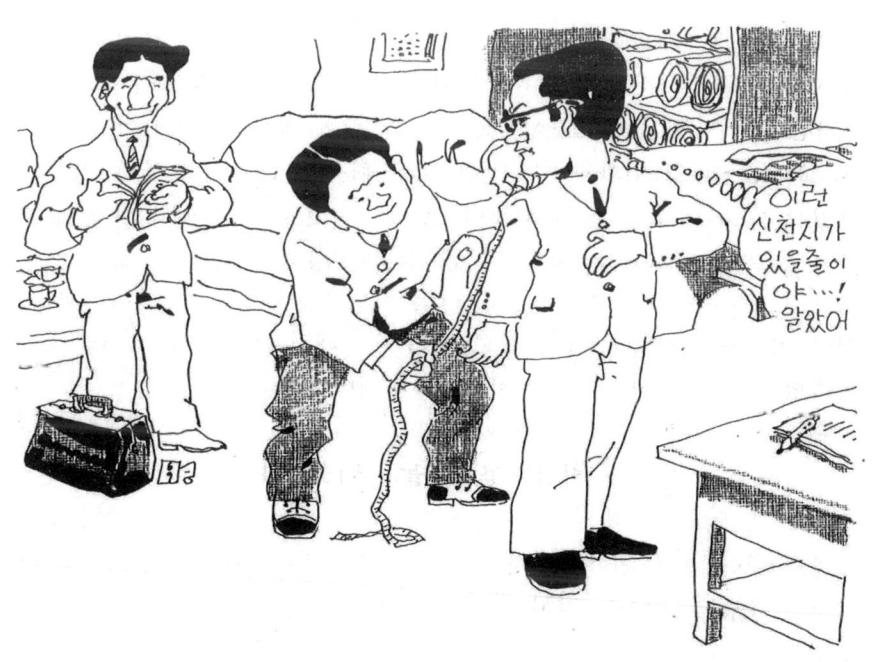

그러자 업자는 자기가 제작한 딱지의 양에 대해서 대충 말해 주었는데 그 수량은 김동명 씨가 놀라기에 충분한 양이었다. 아울러 김동명 씨는 그때부터 '달걀 껍질 밖의 계산'을 할 줄 알게 되었다고 나는 생각한다.

무슨 소리인가 하면 능력이 뛰어난 사람들이라 할지라도 '달걀 껍질 속에서의 계산'만을 하며 사는 경우가 많다는 이야기이다.

예를 들자면 국내에서 최고의 인기 있는 만화가는 자기가 국내에서 최고의 원고료를 받는 것이라고 생각한다. 물론 그 생각은 틀린 것이 아니다. 하지만 그것은 만화책 시장이라는 사각의 링 안에서만 통용되는 이야기이다. 요즈음에는 보편적인 이야기가 되어 화젯거리도 못되지만 같은 그림이 팬시 회사의 수첩 표지로 사용된다면 그 수첩은 몇 부나 제작될까? 그리고 원고료는 얼마나 될까? 수첩의 소모량은 만화책의 판매량에 비교할 수 없을 정도로 많을 것이다.

때문에 만화계에 소문이 나면서 부자가 된 사람들이 생긴 반면에, 소문 없이 부자가 된 사람도 생기게 되었다. 바로 먼 옛날에 이미 '달걀 껍질 밖의 계산'을 할 줄 알았던 사람들이다.

어떤 인기 여류 만화가가 있었는데 한 팬시 회사에서 그의 그림들에 욕심을 냈다. 팬시 회사에서는 이미 사용한 그의 그림들을 이용해 수첩, 액세서리 등 용품을 만들어 판매했으며, 큰 성공을 거두었다. 그리하여 그가 투자한 그림들을 투자액으로 환산하여 배당금을 주었다. 그런데 그 금액이 처음에 출판사에서 원고료로 받았을 때보다 너무나 컸다. 그 작가의 수입은 1980년대에 이미 월 억 단위를 넘어서고 있었다. 하지만 출판계 사람들은 그런 사실을 오랫동안 모르고 있었다.

*. 원고 청탁을 시키다

오래 전, 한탄강 하류 쪽에서 여름 동안 머문 적이 있었는데, 그곳에서 '투망 던지기에 도가 텄다는 사람(김수연 씨가 아님)'을 만나게 되었다.
"이 부근에서는 물고기가 잘 잡히지 않는 것 같던데요."
그 곳에서 물고기를 잡겠다며 투망을 손질하는 사람에게 내가 말했더니 그는 씨익 웃으며 대꾸했다.
"그건 보통 투망꾼들에게나 해당되는 이야기지요. 나 정도 되면 물고기들을 불러 모을 수가 있어요. 앞에 모아 놓고 투망을 던지면 잡히지 않을 수가 없지요."
아쉽게도 그 날 서울에 볼일이 있어 그 사람이 큰소리친 것처럼 물고기들을 잡았는지 확인해보지는 못했지만 그의 이야기만큼은 도가 튼 사람 같았다는 생각을 가끔 해본다.
느닷없이 투망꾼과 물고기들에 대한 이야기를 하는 이유는 출판사나 완구업체와의 관계도 그것과 비슷하다는 생각이 들어서이다.
무명작가들의 경우 자신의 원고를 찍어줄 출판사를 낚기 위해(?) 여기저기를 기웃거리며 헤매야 한다.
그러나 인기작가의 경우 그에게 낚이려고 출판사들이 모여든다. 작가는 그것들 중에서 마음에 드는 것을 낚기만 하면 끝난다. 한데 일류작가라는 자리를 차지하기 위해서는 수많은 시행착오와 인내, 그리고 많은 시간을 투자해야 한다. 물론 투망 던지기에 도가 텄다는 그 사람에게 있어서도 과정은 같을 것이다.
한데, 여기 소개한 고수들보다 한술 더 뜨는 사람이 있다. 바로 김동명 씨이다.
 물론 이미 고수가 된 사람이라야 가능한 이야기겠지만, 그는 그야말로 원고를 청탁받아 그리는 사람이 아니다. 원고 청탁을 하라고 시키는 사람이다.
 좀 더 자세히 설명하자면 김동명 씨는 상품을 만드는 자료 구입을 하기 위해서는 그다지 돈을 아끼지 않는 사람이다. 때문에 항상 외국 책자들을 통한 최신정보들에 접힐 수 있으며 자기의 형편에 맞춰 주위의 업자들에게 원고를 청탁시킨다.

 예를 들어 어떤 팬시상품 업자가 지나는 길에 그의 사무실에 들렀다고 가정하자. 김동명 씨는 그에게 이런저런 이야기를 하다가 자연스럽게 말머리를 돌린다.
 "요즘 경기가 어때요?"
 "죽을 지경이지요. 불경기이니…"
 "에이, 따지고 보면 불경기 아닐 때가 어디 있어요?"
 "하긴 그래요. 불경기에도 팔릴 수 있는 물건만 생산할 수 있다면…"
 "그런 물건을 만들면 되잖아요?"
 "뭔가 좋은 아이템이 있어야지요."
 "있으면 만들 겁니까?"
 "당연하지요. 그런 것이 있기만 하다면야.
 "그래요? 그럼 내가 좋은 아이템을 하나 드릴까요?"
 "뭐지요? 그게…어서 이야기해 봐요. 근사하게 한잔 살 테니."
 "그럽시다. 피차간에 도우며 살아야 할 사이니…"
 그렇게 되면 이야기는 이미 끝난 것이나 다름없다. 최근에 일본에서 히트되고 있는 상품(물론 그 업자의 업종에 맞는 것으로) 정보에 자기의 아이디어를 가미시켜 자상하게 설명해주면 업자는 존경에 가득 찬 눈빛으로 김동명 씨를 보며 껌벅 죽어버리고 만다. 그럴 수밖에 없는 것이 물건을 파는 재주는 얼마니 뛰어난지 모르겠지만 상품을 개발하는 재주까지 가지고 있지는 못할 테니…그에겐 김동명 씨가 무궁무진힌 재주를 가진 마술사처럼 보일 것이 너무나 당연한 일이다.

따라서 그 자리에서 '원고 청탁을 시키는 관계'가 성립되는 것이다. 그리고 그런 관계이니만큼 원고료 문제 같은 것은 큰 문젯거리가 되지 않는다.

하지만 독자들이 섣불리 이런 방법을 사용하지는 말기 바란다. 몇 년 전까지의 이야기이고 그보다 최신 정보를 가지고 있다고 해서 누구나 할 수 있는 일도 아니다.

어쨌든 김동명 씨는 그만이 가지고 있는 재능과 성실성, 그리고 끈질긴 집념으로 뿌리를 내린 업체<주식회사 별나라>를 만드는 데도 성공했다.

나는 그가 더욱 커질 것이라고 생각한다. 그가 말한 것처럼 한 인간의 미래는 그가 걸어온 과거를 보면 알 수 있다니까, 하지만 그는 만화가로는 성공하지 못한 것 같다.

나와 그의 사이를 알고 있는 사람들은 이렇게 말하곤 한다.
"그 사람은 만회가가 아니야. 자기가 그린 주인공 하나 없잖아."
"요즈음 경기가 어떻대? 집장사를 해서 많이 벌었다던데?"
나는 그런 말도 맞는 것 같다고 생각한다.
그는 진주가 고향인 사람이다.
삼성. LG. GS. 효성 가문을 배출한 진주가 그의 고향이다.

1980년대 한국의 100대 기업인 중 이 고장 출신이 33명이다. 이 기적 같은 마을 이야기가 궁금해 세계 47개국의 150여 명이 진주에 모여 국제포럼을 열기도 했다. 이 마을이 배출한 기업가들이 이룬 매출액은 연간 800조 원에 이른다.
 때문에 김동명 씨가 애초부터 만화가가 아닌 다른 방법으로 돈을 벌 운명을 타고나지 않았을까 하고 엉뚱한 생각을 해본다.

김수연

*. 기록화

 말을 타고 싸우는 기사들이 등장하는 만화를 특히 잘 그리는 작가로 우리는 김수연 씨를 꼽는다. 그가 젊은 시절에 그린 원탁의 기사 '써 트리스탄과 이졸데 공주'의 애절한 사랑이야기는 지금은 어느덧 노년이 된 독자들의 가슴에 남아 있으며 어문각 크로바 문고에는 모임을 가진 독자들도 있다.
 1975년도에 나는 중구 회현동, 남산 올라가는 삼거리(지금의 힐튼 호텔 부근)에 있었다. 이른바 <영 화실>이라는 사무실이었고, 거기에는 그림을 그리는 화가들이 열 명 가까이 상주하고 있었다. 그들의 반 정도는 유화를 그리는 사람들이었고, 나머지는 만화를 그리는 사람들이었다.

 당시 강남의 아파트 붐이 일어나 벽에 거는 유화가 제법 팔렸으며 나는 이상한 우연으로 상업용 유화를 판매하거나 미국 쪽으로 수출하는 일에 종사하고 있었다. 하지만 만화계는 엉망이어서 할 일 없는 작가들이 찾아와 식객 노릇을 하기도 했다. 말하자면 남산의 영 화실은 목마른 만화가들이 부담 없이 찾아와 쉬어가는 오아시스 같은 곳이기도 했다.
 굳이 열거하자면 알 만한 사람들도 몇 있다. 하지만 그런 이야기를 하려고 이 글을 쓰는 것이 아니니 김수연 씨 한 사람에게 핀트를 맞추기로 한다.
 김수연 씨는 차를 타고 오가는 집이 같은 동네(경기도 백마)였기에 서울에 나오면 가끔 우리 화실에 들렀다 가곤 했는데

그날도 저녁 무렵에 우리 화실을 찾아왔다. 때는 추석 명절을 얼마 남긴 가을이었으며, 김수연 씨는 술을 좋아하기에 술을

몇 병 사다가 마시고 있는데 뜻밖의 손님이 왔다.
 영창 피아노에서 온 사람이라고 했는데 그가 원하는 것은 300호 정도의 큰 그림이었다. 영등포에 있는 6관구 사령부에 추석선물로 보낼 6.25를 소재로 한 그림을 원하는데 크기는 300호 정도라고 했다. 크기(1호가 우편엽서 한 장 정도의 크기) 가 엄청나게 컸고 소재가 정해져 있어서 시간적인 여유는 둘째 치고 국군이 한강을 넘어 서울로 진격하는 모습을 상상으로 그려야 하는 문제점이 있었다.
"아, 이건 정말 머리 아픈 일인데…"
"우리가 할 수 있는 일이 아니야."
 우리는 단번에 포기하는 반응을 보였다. 우선 우리가 그릴 수 있는 작품의 크기가 아니었으며(일반적으로 가정용의 그림 사이즈는 30호였음), 그림을 오리지널로 그릴 수준이 안 되었기 때문이었다. 당시에 내가 본 상품화 화가들의 수준은 그림을 그대로 복사할 수는 있었지만 내용을 생각해서 독창적으로 그릴 수 있는 수준은 아니었던 것이다. 아니, 당시 우리 화실에 김유천이라는 능력 있는 무명 화가가 있었지만 상상으로 그리는 데생 능력은 가지고 있지 않았다.
 나는 곰곰이 생각하다가 김수연 씨에게 물었다.
"형, 국군이 한강을 넘어오는 장면을 그릴 수 있겠소?"
"응?"
"한강 다리가 물에 떨어진 상태에서 진격해오는 국군들을 그릴 수 있느냐 이거요?"
"글쎄, 참고할 수 있는 고증만 있으면 못할 것도 없겠지 뭐."
"그럼 됐소."
"어, 뭐가?"
 나는 즉시 그 그림을 약속된 날짜 안에 완성시켜 납품하겠다고 계약을 했다. 그리고 즉시 김유천을 한강으로 보냈다. 자료가 될 부서진 한강 다리를 사진으로 찍어오게 했다.

작업은 그렇게 갑자기 시작되었다. 유화를 그리는 화가들은 불가능한 일이라며 만류했지만 나는 만화가들의 능력을 알고 있었기에 작업을 밀어붙였다. 김수연 씨가 4H 연필로 커다란 종이에 데생을 하듯 캔버스에 그림을 그리고, 김유천 씨가 컬러를 바르는 작업을 하면서 그림은 거짓말처럼 빠르게 완성되어 갔다.

며칠 후 그림은 드디어 완성되었다.

그림이 끝난 날, 우리는 화실의 한쪽 창을 뜯었고, 영창 피아노 측에서는 타이탄 트럭을 끌고 와서 그림을 싣고 갔다.

내 말이 믿기지 않는 사람들은 6관구 사령부 프론트층에 가서 확인해 보기 바란다. 당시가 1976년 무렵이었으니 김수연 씨와 김유천 씨가 그린 거대한 그림은 아직까지 벽의 한 면에 걸려 있을 것이다. 거의 50년 전에 배고픈 만화가가 그린 그림이.

*. 장난을 즐기는 만화가

예술가들 중에는 성격이 괴팍하고 자존심이 강해 주위 사람들과 충돌하는 경우가 많은 사람들이 있다. 한데 재미있는 것은 자기가 못마땅해 하는 사람들을 작품 속에 등장시켜 톡톡히 보복을 하는 사람도 있다는 것이다.

미켈란젤로가 그린 <최후의 심판>을 본 비아지오라는 장관이 이렇게 중얼거렸다.

"이 그림은 교회에 거는 것보다 목욕탕에 거는 게 더 어울리겠어."

<최후의 만찬>에는 벌거벗은 군상이 그려져 있기 때문이었다. 그 말을 들은 미켈란젤로는 노발대발했으며 지옥에 빠진 미노스 왕을 구할 때 그의 얼굴을 비아지오의 얼굴로 그려 넣었다. 그렇게 되자 비아지오는 교황에게 찾아가 협조를 구했다. 어떻게 좀 손을 써 달라고…. 그러자 교황은 이렇게 말했다고 한다.

"내 힘으로도 지옥에 빠진 사람은 어떻게 할 수가 없다네."
듣기 좋게 거절한 것이다.

그리고 호머의 서사시에 등장하는 텔시테스라는 이름은 원래 호머의 후견인이었던 사람의 이름인데, 그가 자기의 재산을 횡령한 사람이었기 때문에 작품 속에 오만불손하고 추악한 사람으로 그려 넣은 것이다.

김수연 씨도 그런 장난을 즐기는 만화가라고 할 수 있다.

그의 작품들에는 악역 엑스트러 역만을 전문으로 맡는 캐릭터들이 자주 등장하는데 그것들은 실존하는 작가의 얼굴 바로 그것이다.

그들이 맡는 역은 항상 시시하며 치사한 것들이다. 왜놈의 첩자라든가, 너저분한 사기꾼, 실수를 연발하는 깡패의 똘마니 등…그 작품에 굳이 없어도 상관이 없는 배역들이다.

그런데 '미켈란젤로'나 '호머'의 경우와 근본적으로 틀린 것은 그들이 김수연 씨가 못 마땅해 하는 사람들이 아니라 누구보다도 가깝게 지내는 사람들이라는 것이다. 말하자면 김수연 씨는 그들을 사랑하기 때문에 그들의 얼굴을 자기 작품 속에 그려 넣는 것이다.

예; 채일병 선생은 김수연 씨의 <홍의장군 곽재우>에서 노개에게 죽은 왜군 장수(케야무라)의 앞니 빠진 졸개로 등장했다.

*. "다섯 권이 아니야"

내가 김수연 씨의 만화 스토리를 쓴 것은 많지가 않다. 홍의장군 곽재우, 벤허, 원탁의 기사(써 트리스탄과 이졸데), 아라비안 나이트이다.

어쨌든 김수연 씨는 자신의 그림에 대해 무서울 만큼 엄격한 사람이다.

그는 항상 정확한 고증에 의한 정확한 데생을 하기 위해 최선을 다 한다. 만화가들 중에는 싼 원고료를 받는 원고는 대충대충 그리는 사람들이 더러 있다.

하지만 그의 경우는 단연 예외다. 원고료가 많건 적건 간에 일단 청탁받은 원고는 최선을 다해서 그린다.

한데 그는 그림 그리는 일 외에도 해야 할 일이 많은 사람이다. 강으로 저수지로 투망을 들고 찾아가 물고기를 잡아야 하고, 동네 사람들의 일에 참견도 해야 한다. 그리고 공적으로 사적으로 두루두루 술도 마셔야 한다.

그러다 보니 그의 원고 진행 속도는 항상 느림보 거북이의 그것이다. 한 술 더 떠서 그의 원고에는 수정 작업이라는 과정이 있다. 대개의 작가들의 경우 원고가 탈고되면 원고료를 받으러 출판사로 직행하는데 그는 탈고된 원고를 뒤적거리며 마음에 들지 않는 장면을 다시 손보는 것이다.

그러다 보니 그의 작품은 양질이기는 했지만 많이 만들어지지 못했다. 하지만 세상의 일이라는 것은 어느 것이나 일반적인 기준이라는 것이 있다.

제대한 뒤의 어느 날 문득 생각이 나서 내가 군대 생활을 하는 동안 그가 그린 작품을 헤아려보니 5권이었다. 일반적으로 작가들이 한 달에 그리는 양이 1권(100페이지 기준) 정도이니 그건 너무도 적은 양이었다.

때문에 며칠 뒤 그를 만났을 때 농담 삼아 말했다,

"3년에 다섯 권밖에 안 그렸으면서도 굶어죽지 않고 살았으니 참 재주가 좋소."

그랬더니 김수연 씨는 펄쩍 뛰며 내 말을 부정했다.

"야! 너 지금 무슨 소리를 하고 있는 거야? 다섯 권밖에 안 그렸다니…"

"아니, 그럼 다섯 권이 아니란 말이요?"

나는 혹시 내 계산이 틀렸나 하며 다시 물었다. 그러자 김수연 씨는 멋적게 싱긋 웃더니 기어들어가는 목소리로 말했다.

"그래! 다섯 권이 아니라 여섯 권이야."

*. 검문소의 초소장

군대에 간 지 6개월 만에 첫 휴가를 받아 서울에 온 나는 어느 날 김수연 선배의 집을 찾아갔다. 그의 집은 그 당시 구파발 삼거리 검문소(옛날에는 그랬음) 뒤쪽 지축리에 있었다.

그는 나를 보더니 무척이나 반가워하며 다짜고짜 술집으로 끌고 갔다.

그렇게 되어 정오 무렵부터 술 마시기는 시작되었다.

황 씨는 내가 군대 생활을 하는 동안 술을 마시지 못해 환장이라도 한 것으로 생각했는지 이 술집에서 한 잔, 저 술집에서 한 잔 계속해서 술을 마셨는데 세 번째인가 네 번째로 들어간 집에서 예기치 않았던 일이 벌어졌다.
 갑자기 문이 열리더니 느닷없이 헌병이 들어섰다. 동시에 나는 반사적으로 생각했다.
 '맞아, 이제 생각하니 여기는 검문소 바로 뒤쪽에 있는 술집이야. 그리고 나는 지금 군복을 입고 있는 것이고… 이거 정말 큰일 났군.'
 아아, 새카만 졸병이 정신이 없어도 유분수지, 하필이면 호랑이 굴 앞에서 술을 마실 게 뭐람, 밤도 아닌 훤한 대낮에.
 헌병은 나를 쏘아보며 즉시 동행해 달라고 말했다. 한데 김수연 씨가 불쑥 끼어들며 곱지 않은 한마디를 던졌다.
 "이봐, 서울 놈이 전방에 가서 고생하고 온 것 같기에 한 잔 먹이고 있는 거야. 그런데 그것이 잘못되었다는 거야? 엉?"
 그러자 헌병은 냉랭한 목소리로 대꾸했다.
 "나는 이 군인에게만 볼일이 있습니다. 민간인인 당신에게는 볼일이 없습니다."
 그리고는 나를 잡아끌었는데 헌병의 말은 맞는 것이어서 김수연 씨는 "어…어…"하고 더듬거렸을 뿐 나를 위한 아무런 도움도 줄 수가 없었다.
 나는 검문소로 연행되었는데 초소장이라고 생각되는 중위 계급장을 단 장교가 들어서는 나를 힐끗 보며 "그녀석인가?"하고 중얼거렸다. 그리고는 지극히 사무적으로 말했다.
 "진술서를 작성해."
 "네!"
 나는 즉시 작은 책상 앞에 앉았고 내 앞에는 진술서 용지가 놓여졌다. 볼펜을 든 나는 먼저 상단에 있는 인적 사항 난부터 메우기로 했다. 아, 그런데 이런 낭패가 있을 수 있나. 볼펜을 종이에 대기는 했지만 내 이름을 쓸 수가 없었다. 너무 많이 마셨기 때문이었다.
 초소장인 중위는 그런 나의 모습을 한동안 바라보다가 딱하다는 표정을 지으며 중얼거렸다.
 "흐음, 마셔도 웬만큼 마신 것이 아니로군."
 "…"
 내가 아무런 대꾸도 하지 못하자 그는 앞으로 다가서며 설교하듯이 말했다.
 "이봐, 우리 헌병은 술에 취한 사병이 있을 때는 만약에 발생할지도 모를 사고를 미연에 방지하기 위해 문제의 사병이 술에서 깨어날 때까지 보호하는 것을 원칙으로 하고 있네."
 그러고는 나를 연행해온 헌병에게 명령했다.
 "수경사에 연락해서 데려가게 해."
 "네!"
 그 말을 듣는 순간 나는 취중이었는데도 불구하고 아찔해지는 현기증을 느끼지 않을 수 없었다. 수경사라는 곳이 술에 취한 사병들을 곱게 재워주는 곳은 아니지 않은가?
 나는 빠르게 술에서 깨어나고 있었다. 헌병은 이미 전화기를 돌리며 교환병을 부르고 있었다. 한데, 바로 그때 초소의 문이 부서져 나가는듯한 소리를 냈다.
 "콰앙—"
 "아니, 이게 무슨 소리지?"
 초소장이 묻자 전화를 걸던 헌병이 수화기를 놓으며 대납했다.
 "그, 글쎄요. 즉시 알아보겠습니다."
 헌병은 빠르게 문을 열며 밖으로 나갔다. 그러고는 1분도 채 지나지 않아 다시 들어오며 보고했다.
 "이 친구와 술을 마시던 민간인입니다. 당장 이 친구를 내놓으라고 문을 찬 것입니다."
"뭐라고?"
 놀라는 초소장의 얼굴을 보며 나는 질근 눈을 감았다. 그야말로 엎친 데 덮친 격이 되었다고 생각되었다.
 헌병들이 김수연 씨를 멀리 데리고 갔는지 문을 차는 소리는 다시 들려오지 않았다. 초소장도 잠시 무엇을 생각하는지 입을 다물고 있었다. 안과 밖이 모두 기분 나쁠 정도로 조용했다.
 이윽고 초소장이 입을 열었다.
"너, 고향이 어디야?"
"네? 서울입니다."
 내가 더듬거리며 대답하자 그는 몇 마디 질문을 계속해서 했다.
"학교는 어디를 다녔나?"
"군대 가기 전에는 뭘 했지?"
"방금 문을 찬 사람, 직업이 뭐야?"
 내가 사실 그대로 대답을 해주자 그는 담배를 한 개비 꺼내 입에 물며 천천히 웅얼거렸다.
"너를 보내 줄 수도 있어. 하지만,"
"네?"
 그것은 귀가 번쩍 뜨이게 만드는 소리였다. 내가 눈을 크게 뜨며 놀라는 반응을 보이자 그는 머리를 흔들며 다시 웅얼거렸다.
"하지만 넌 너무 취했어. 집에까지 제대로 갈 수 있을 것 같지가 않아."
"그, 그렇지 않습니다. 충분히 갈 수 있습니다. 술도 이젠 다 깼고요."
"다 깼다고?"
 그는 믿기 곤란하다는 얼굴로 말했는데 이상하게도 그 얼굴은 웃고 있는 것 같았다. 때문에 나는 이유는 알 수 없지만, 일이 갑자기 잘 풀리는 쪽으로 돌아섰다고 느꼈다. 그래서 슬며시 문 쪽으로 걸어가며 더듬거렸다.
"저, 정말이라니까요. 한 번 보시겠습니까?"

나는 재빨리 문을 열고 밖으로 나갔다. 나이 먹은 사람들은 다 아는 사실이겠지만 옛날에는 거기가 바로 구파발 노선버스의 종점이며 시발 정류장이기도 했는데 마침 버스 한 대가 출발하려하고 있었다.

나는 허우적거리며 그 버스에 올라탔고 버스는 출발했다. 초소 밖까지 나오며 거기까지의 상황을 보던 초소장은, "아니, 저…저 녀석이…" 하고 제법 큰 소리로 말했지만 헌병들에게 나를 잡으라는 명령을 내리지는 않았다.

그렇게 되어 나는 호랑이 아가리 속까지 들어갔다가 나온 경험을 하게 되었는데 정확히 말하자면 그것은 나온 것이 아니

내가 만나고 들은 만화가들 이야기 245

라 그 초소장이 놓아준 것이었다.
 그리고 나를 내보내준 이유는 그 지역 주민들과의 마찰을 피하기 위해서였을 거라고 생각한다.
 하지만 김수연 씨가 만일 그날 검문소의 문을 발로 차는 성깔을 보여주지 않았다면 그들이 그대로 나를 보내 주었을까? 그리고 젊은 초소장이 헌병의 임무만을 내세우는 융통성 없는 장교였다면…나를 그대로 보내주었을까?
 나는 이따금 그때의 아슬아슬했던 일을 생각하며 혼자서 소리 없이 웃고는 한다.

* 연필값

 세상을 살아가다 보면 종종 머리가 갸우뚱해지게 되는 이야기를 듣게 된다.
 일부의 주부들에 해당되는 이야기겠지만 그녀들은 미용실에 가서 턱턱 팁을 주는 것은 아까워하지 않으면서 몇 푼 안 되는 콩나물 값은 악착스럽게 깎는다고 한다.
 김수연 씨도 비슷한 일면을 가지고 있다. 작품이 좋기 때문에 그는 대체로 높은 수준의 원고료를 받으며 돈을 쓰는 데도 인색하지 않은 사람이다. 술을 마실 때도 그렇고 다방에서 만나 차를 마실 때도 먼저 일어나 지갑을 꺼내 든다.
 한데 그는 정작 만화를 그리기 위해 필요한 연필을 살 때는 인색한 사람으로 변한다.
 만화가들은 일제인 돔보(잠자리)표 연필을 많이 사용했다. 물론 질이 좋기 때문이었는데 값이 비싸다. 하지만 소주 한 잔이나 커피 한 잔만 덜 마시면 살 수 있는 물건이었다. 그런데도 김수연 씨는 원고료를 타면 항상 옛날의 국제 극장 뒤에 있는 문방구로 가서 연필 값을 깎기 위해 애썼다는 것이다. 아래와 같이 입씨름을 하면서

"이봐요, 백 원만 깎읍시다."
"에이, 안 돼요. 이거 팔아서 얼마나 남는다고."
"그러지 말고 좀 깎읍시다. 난 이 집의 물건을 애용하는 단골이잖소. 한 자루 더 살 테니까."
"글쎄, 안 된다니까요."
"그럼 오늘 사는 것만 깎읍시다. 다음에 올 때는 깎지 않을 테니…"

이 글을 쓰면서 다시 한 번 생각해봐도 그럴 듯한 답이 나오지 않는다. 김수연 씨는 어째서 그렇게 집요하게 연필 값을 깎았을까?

*. 도망자

내가 제대한 뒤 광희동에 있는 친구 김월성의 사무실에서 먹고 자는 '별 볼일 없는 생활을 하고 있을 때 난데없이 불청객이 찾아들었다. 그는 바로 김수연 씨였는데 경찰서에서 도망쳐 나오는 길이라고 했다. 그는 나와 함께 사무실에서 지내는 생활에 합류했는데 마침 여름이어서 별 어려운 문제는 없었다.

그가 경찰서에 연행된 이유는 다음과 같았다.

그는 그즈음 서대문 근처인 현저동에 살고 있었다. 한데 어느 날 기분 좋게 취해 집이 있는 현저동 언덕길을 올라가고

있었는데 포장마차를 하는 젊은 부부가 길에서 말다툼을 하고 있었다. 그런데 지나가면서 보니 여자가 남자를 너무 몰아세우고 있었다.

그래서 김수연 씨는 발걸음을 멈추며 혀 꼬부라진 목소리로 한마디를 던졌다.

"이봐요, 아주머니. 보아하니 남편이신가 본데 그렇게 막말을 해도 되는 겁니까?"

그랬더니 잔뜩 화가 난 여자가 앞뒤 가리지 않고 내뱉었다.

"이봐요, 술에 취했으면 집에 가서 발 씻고 잠이나 자요. 남의 집안싸움에 참견하지 말고."

"뭐라고?"

"뭐? 뭐라고라니? 너 누구한테 반말이야. 새파랗게 젊은 녀석이."

"뭐라고? 아니 뭐 이따위가 다 있지?"

다음 순간 성격이 불같은 김수연 씨는 화악 다가서며 여자의 뺨을 후려갈겼다. 여자가 죽어가는 소리를 내며 두 손으로 얼굴을 감싸 쥐자 그녀와 싸우던 남편이 으르렁거리며 달려들었다.

"야, 이 ○○야, 네가 뭔데 남의 여편네한테 손찌검을 하는 거야?"

"얼씨구, 마누라한테는 꼼짝도 못하는 것이."

"뭐가 어째?"

남편은 두 주먹을 휘두르며 사납게 덤벼들었다. 하지만 김수연 씨는 여유 있게 주먹을 피하며 그의 턱과 복부에 강한 훅을 작렬시켰다.

"욱-"

"털퍼덕-"

남자는 비명과 함께 열십자 모양이 되며 나자빠졌고 사건은 드디어 시작되었다.
 노점상을 하는 사내가 진단서를 떼다가 김수연 씨를 폭행죄로 고발한 것이다. 술이 깬 그는 뒤늦게 후회했지만 때는 이미 늦어져 있었다. 김수연 씨의 큰형이 나서 합의를 하려고 했지만 그들 부부는 한 건 올렸다고 생각했는지 들은 척도 하지 않았다.

 때문에 일단 파출소로 연행되었던 김수연 씨는 서대문 경찰서의 보호실로 옮겨져 구속되었다.
 김수연 씨의 큰형은 다음 날 경찰서로 왔으며 합의하기 위해 다시 노점상 부부를 설득하기 시작했다. 한데 그들이 원하는 보상액은 의외로 큰 것이었다. 그들은 상처가 아물 때까지 장사를 못하는 데 대한 보상까지 원하고 있었다. 산 넘으니 또

산이라는 표현이 딱 어울리는 상황이었다.
 그즈음의 김수연 씨 형제는 형편이 매우 좋지 않았다. 벌어서 저축해 놓은 돈도 없었고 수입들도 그다지 좋지 않았다. 그러니 해결책은 오직 한 가지 피해자에게서 합의를 받아내는 방법뿐이었다.
 옆자리에서 조서 쓰기를 끝낸 김수연 씨는 합의를 하려고 애쓰는 형의 모습을 보며 답답해하고 있었다. 자기의 실수로 인해 낯모르는 사람들에게 굽실거리고 있는 형의 모습을 옆에서 보는 것은 그에게 있어서 매우 괴로운 일이었다. 때문에 담배라도 한 대 피울까 하여 그 방에서 나왔는데 그의 행동을 제약하는 사람은 아무도 없었다. 하긴 그것은 매우 당연한 일인지도 몰랐다. 그는 사기를 친 것도, 흉악한 범죄를 저지른 것도 아니었다. 때문에 그의 손목에는 수갑도 채워져 있지 않았다.
 김수연 씨는 본관 건물 밖으로 나와 천천히 담배를 빨았다. 경찰서의 정문이 눈 앞에 보이는 위치였다. 문 앞에 선 택시에서 내리는 사람이 보였고 이어서 택시는 다른 손님을 태우고 떠났다. 그것을 보며 그는 생각했다.
 '내가 저걸 타고 도망쳐버리면 형이 그 사람들에게 굽실거리지 않아도 되겠지.'
 그러한 생각이 그를 정문 쪽으로 밀었다. 아주 강하게.
 '그래 좋아, 해보는 거야. 007이 따로 있나 뭐. 마침 택시비 정도는 있으니까.'
 그는 태연한 얼굴을 가장하며 천천히 택시 승강장 쪽으로 걸어갔다. 보초를 서고 있는 경찰관이 있었지만 그를 볼일을 보고 돌아가는 방문객으로 생각했는지 부르지 않았다. 그리고 일이 되느라고 그랬는지 손님을 태운 택시 한 대가 달려오더니 그의 앞에서 멎었다. 손님은 내리고 그는 타고…당연한 절차가 끝나자 택시는 지체하지 않으며 경찰서를 빠져나갔다.

위의 내용이 김수연 씨가 우리 사무실로 도망쳐 오기까지의 과정인데, 그와 연락이 닿은 그의 동생이 다음과 같은 소식을 전해 주었다고 한다.

즉, 뒤늦게 그가 도망쳤다는 것을 알게 된 경찰서에서는 큰 소동이 일어났다고 한다. 특히 그 사건의 담당 형사는 상관에게 심한 질책을 받았다고 했다. 그럴 수밖에 없는 것이 파출소에서 넘겨준 피의자를 경찰서에서 놓쳤으니…그래서 담당형

사는 그를 잡기위해 두 눈에 불을 켜고 나섰다는 것이었다.
때문에 김수연 씨는 심각하게 고민하며 사무실의 남쪽에 해

당하는 창문 옆의 책상 위에 앉아 대부분의 시간을 보내게 되었다.
 무슨 이야기인가 하면 당시에 우리가 쓰던 사무실은 개인주택의 이층 맨 구석방이었는데 문제의 창문 앞에서는 대문이 내려다보였다. 김수연 씨는 창문 앞에서 보초를 서다가 누군가 밀고라도 하여 형사가 찾아오는 모습을 먼저 발견하면, 그가 층계를 올라오는 동안 창문 밖으로 나가 옆집의 지붕을 통해 도망치겠다는 생각을 가지고 있었다.
 하지만 그는 이틀도 채 지나지 않아 지루해하며 짜증을 내기 시작했다.
 "아, 이거 정말 미칠 일이로군. 셰퍼드 노릇을 하는 것도 쉬운 일이 아니야. 젠장! 아, 답답하다, 답답해!"
 나는 영화나 소설을 통해 보았던 쫓기는 사람의 심정을 김수연 씨의 당시 상황을 보며 조금이나마 이해할 수 있었다.

 한데 그 다음 날이었다.
 김수연 씨와 함께 아침 식사를 하러 갔던 친구 W씨가 굳어진 얼굴이 되어 혼자 돌아왔다.
 "김수연 씨는 왜 안 오지요?"
 이상하게 생각하며 내가 묻자 그는 힘없이 대답했다.
 "잡혀갔어."
 "네? 누구에게?"
 "누구긴, 형사지."
 "형사?"
 드디어 닥칠 것이 닥친 것이었다. W씨의 설명에 의하면 형사들은 그들이 식사를 끝내고 숟가락을 놓는 순간 바람처럼 들이닥쳐 김수연 씨의 손에 수갑을 채웠다는 것이었다. 그리고 이렇게 말했다는 것이다.
"임마, 내가 너 때문에 얼마나 피가 말랐는지 알아?"
 당연히 식사를 하던 손님들은 모두 놀라며 김수연 씨 쪽으로 시선을 돌렸다. 그러자 김수연 씨는 그런 와중에도 큰 소리로 이렇게 말했다고 한다.
"보긴 뭘 보쇼. 난 흉악한 놈은 아니니 어서 식사들이나 계속하쇼…"
 그리고는 식당 주인에게 메모지를 얻어 거기에다 나에게 남기는 글을 썼다.
'선배로서 도움은 주지 못하고 폐만 끼치고 가는 것을 미안하게 생각한다.'
 라는 글과 함께 그가 사인 대신으로 사용하는 턱이 튀어나온 자기의 얼굴이 솜씨 좋은 캐리커처로 그려져 있었다.

 그날 오전은 도무지 일이 손에 잡히지 않았다. 김수연 씨의 얼굴이 자꾸만 눈앞에 어른거렸고, 마음은 싱숭생숭하기만 했다.
'그나저나 김수연 씨가 여기에 있는 것을 형사들이 어떻게 알았을까? 정말로 귀신이 곡을 할 노릇이로군,'
 한데 점심때가 조금 지나서 사무실로 걸려온 전화가 나를 놀라게 만들었다. 전화를 건 사람이 바로 김수연 씨였기 때문이다.
"아니, 이 전화 지금 어디서 거는 거요?"
"응, 경찰서 안이야."
"그, 그래요? 한데 어떻게…?"
"하하하, 내가 금방 가서 얘기해 주지."
"금방 와 가지고?"

통화는 거기서 끊어졌는데, 나는 갑자기 도깨비에 홀린 것 같은 기분이 되었다. 수갑을 찬 채 끌려간 사람이 도대체 어떻게 돌아온다는 것인가?
그런데 김수연 씨의 말은 사실이었다.
그는 30분도 채 지나지 않아 커다란 수박까지 한 통 들고서 '돌아온 황야의 무법자'처럼 모습을 나타냈다.
"도대체 뭐가 어떻게 된 거요?"
내가 궁금해서 견디지 못하며 말하자 그는 씨익 웃으며 말했다.
"지옥에서 부처님을 만난 거지 뭐."

그가 들고 온 수박을 먹으며 들은 이야기는 다음과 같다.
형사에게 끌려가던 김수연 씨는 경찰서 복도에서 낯익은 사람과 만났다. 김수연 씨는 고등학교에 다닐 때 축구를 했었는데 그 사람은 가끔 찾아와 불고기를 사주곤 하던 후원회 선배들 중의 한 사람이었다. 김수연 씨를 알아본 그 사람은 화난 얼굴로 그의 뺨을 후려갈기며 말했다.
"한심스러운 녀석, 동창생이 이런 곳에서 이런 모습으로 만나야 되나?"
이어서 그는 김수연 씨를 연행하는 형사에게 물었다.
"이 자식 왜 잡혀온 거야? 죄명이 뭐야?"
그는 김수연 씨가 파렴치한 범죄를 저지른 것이라고 생각하고 있었다. 그리고 그의 직책은 수사 과장이었다.
한데, 보고를 받은 그는 어이없어하며 웃지 않을 수 없었다.
"뭐…?"
"제가 보기에 많이 다친 것 같지는 않은데…아무래도 돈을 뜯어내려고 엄살을 부리는 것 같습니다."
"그래? 그럼 별것 아니잖아?"

잠시 후 수사 과장은 안도의 한숨을 내쉬며 두 눈을 껌벅거렸다. 그리고는 자기가 책임질 테니 그 사건을 기각시키라고 했다. 이어서 김수연 씨에게 말했다.
"임마, 남의 집 부부 싸움에 왜 참견을 해서 이 모양이 되는 거야? 앞으로는 네가 하는 일이나 열심히 해."
그리고는 지갑에서 만 원짜리 한 장을 꺼내 주며 말을 끝냈다.
"이걸로 점심이라도 사먹고 들어가라."
말하자면 우리가 먹고 있는 그 수박은 수사 과장께서 준 돈으로 산 것이었는데 유난히 달고 시원했다. 내 머리 속에는 한 가지 의문이 남아 있었지만 그 문제는 더 이상 생각하지 않도록 했다.
'형사는 어떻게 그 식당에 찾아올 수 있었을까?'

* 캐리커처

작품에 대한 의논 문제로 채일병 선생을 만나야 했는데 마침 그 때는 사무실에서 철수한 뒤였기에 연락할 방법이 없었다.
가끔 서울에 나오는 채 선생의 집이 의정부라는 것만 알았지 주소를 알지 못했다. 하지만 주소를 알고 있었다고 해도 결과는 마찬가지였다. 길을 가다가 우연히 채 선생을 만났다는 친구의 말에 의하면 채 선생은 얼마 전에 다시 근처로 이사를 했다고 말했다는 것이었다.
때문에 우연히 만난 김수연 씨에게 그 이야기를 했더니 이렇게 대답했다.
"그렇다면 할 수 없지. 채 선생의 얼굴을 그려 가지고 다니면서 사람들에게 물어 보는 수밖에…"
"에이, 농담도 유분수지. 그런 방법으로 어떻게 그 양반을 찾는다는 거요? 의정부라는 데가 시골의 작은 동네도 아니지 않소?"
 내가 핀잔을 주듯이 말하자 김수연 씨는 진지한 얼굴이 되며 힘주어 말했다.
"농담을 하는 것이 아니야. 그 양반이 전에 세 들어 살던 집에 한 번 가 본 적이 있어. 갑자기 살판이 나서 이사 가지 않았다면 그 부근의 어딘가로 이사를 갔을 거야. 아무래도 서민들은 살던 곳에서 사는 것이 여러 모로 편하니까…"
"그, 글쎄… 하긴, 채 선생이 사시던 곳을 알고 있다면…"
 그렇게 되어 우리는 신대륙을 찾아 떠나는 콜럼부스 일행처럼 의정부를 향해 떠났다. 물론 김수연 씨는 심혈을 다해 닮게 그린 채 선생의 캐리커처를 준비하고 있었다.
 우리는 드디어 의정부에 도착했고 채 선생이 살았었다는 집을 찾아갔다. 그리고 다음과 같은 대답을 얻어냈다.
"글쎄요, 12번 버스 종점 부근으로 이사한다고 들은 것 같은데, 그 뒤로는 다시 본 적이 없으니…"
 우리는 즉시 그곳으로 달려갔으며 탐문 수사(?)를 시작했다. 복덕방과 구멍가게 등에 들어가 채 선생의 얼굴이 그려진 종이를 보여 주며 본 적이 있느냐고 물었다. 하지만 그들은 한결같이 머리를 저었으며, 그 그림을 그린 사람의 솜씨에 대해서만 관심들을 보였다.
"햐아, 그 그림 정말 잘 그렸는데."
"이거 도대체 누가 그린 거요?"
 성질 급한 김수연 씨는 빠르게 지치기 시작했다.
"젠장, 역시 엿 장사 마음대로 되는 일이 없군!"

"이 동네에 살면 얼굴이라도 본 사람이 있을 텐데…더구나 콧수염이 있는 특이한 얼굴이니…"
"그렇지 않을 수도 있겠지. 방구석에 틀어박혀 그림을 그리는 직업을 가지고 있으니…"
우리는 다시 채 선생을 찾아 나섰다. 하지만 똑같은 결과들만 되풀이되었고 김수연 씨는 진짜로 지쳐버리고 말았다.
"아아, 난 이제 포기했어. 아무래도 그 양반은 이 동네에 사는 것 같지가 않아."
맥 빠진 목소리로 웅얼거린 김수연 씨는 마침 눈앞에 보이는 대폿집 문을 열고 들어가며 말을 이었다.
"소주나 한 병 마시고 돌아가자. 다리도 아프고 더 걸을 힘도 없어."
"그럽시다. 세상의 일이라는 건 억지로 되는 것이 아니니…"
"그래, 내 말이 바로 그거야."
김수연 씨는 한쪽에 있는 의자에 털퍼덕 주저앉더니 들고 있던 그림을 탁자 위에 던졌다. 그리고는 벽에 붙은 차림표 쪽으로 눈길을 돌렸다.
한데 바로 그때였다. 행주를 들고 탁자 앞으로 오던 여주인이 그림을 보더니 눈이 휘둥그레지며 중얼거렸다.
"어머, 이 사람, 그림 그리는 아저씨잖아?"
"네?"
"이 사람을 아세요? 아주머니."
김수연 씨와 내가 전기에 감전된 것처럼 놀라며 묻자 여주인은 종이를 집어 자세히 보며 머리를 끄덕였다.
"잘 알지요. 며칠에 한 번씩 우리 집에 오시니까요."
"집이 어디지요?"
"문 밖의 왼쪽에 있는 골목의 맨 끝집이에요."

"그, 그래요?"
김수연 씨는 어느 샌가 몸을 일으키며 나를 잡아끌고 있었다.
"어머, 술을 드시러 오신 분들이 술은 시키시지 않고."
"잠깐만 기다려요. 그 털보양반을 데리고 다시 올 테니."
"알았어요, 꼭들 오셔야 해요."
여자의 목소리를 뒤로 하며 대폿집에서 나온 우리는 빠르게 골목길로 뛰어 들어갔다. 막다른 집이 화악 달려들 듯이 가까워졌다.
낡아빠진 그 집의 나무문은 약간 열려져 있었다. 김수연 씨

는 크게 심호흡을 하더니 문을 두들겼다.
"잠깐 실례하겠습니다. 안에 누구 계십니까?"
"…"
"안에 누구 계십니까?"
김수연 씨가 두 번째 불렀을 때 "드륵—"하고 방문 여리는

소리가 났다. 이어서 걸쭉한 목소리가 뒤따랐다.
"누구시오?"

그 순간 김수연 씨와 나는 누가 먼저랄 것도 없이 대문을 밀며 안으로 들어갔다. 그것은 틀림없이 우리가 찾고 있는 채 선생의 목소리였기 때문이다.

김수연 씨의 그림이 움직이는 것 같은 채 선생의 얼굴은 툇마루가 있는 왼쪽의 방 안으로부터 밖으로 내밀어지고 있었다. 이어서 깜짝 놀라는 얼굴로 표정이 바뀌며 입을 열고 있었다.

"아니, 이게 누구야? 그나저나 여기를 어떻게 알고…"

김수연 씨가 그린 캐리커처가 소기의 목적을 확실하게 달성하는 순간이었다.

*. 차장의 임무

구파발 근처의 지축리에서 살던 김수연 씨가 백마로 이사를 가게 되었다. 지금은 아파트 단지가 들어서고 서울 시내까지 들어오는 버스들이 많아 서울 못지 않게 편리한 곳이 되었지만 당시만 해도 매우 불편한 시골이었다.

김수연 씨는 거래하는 출판사의 위치 관계상 항상 신촌 역을 통해 기차를 타고 시울에 드나들었다. 한데 어느 날 문제가 생겼다. 오랜만에 친구들을 만나 한잔 마시고 경원선 열차를 타기는 했는데 깜박 졸다가 그만 종점인 문산까지 가버린 것이다.

당연히 완장을 찬 차장이 나타나 그를 깨우더니 추가 요금을 내리고 요구했다. 하지만 그는 김수연 씨에게서 소기의 목적을 달성하지 못했다. 김수연 씨는 "꺼억-"하며 부스스 눈을 뜨더니 차장을 노려보며 이렇게 말했다는 것이다.
"이봐, 당신 지금 무슨 소리를 하고 있는 거야? 차장의 임무가 도대체 뭐지? 술에 취한 승객이 있으면 깨워서 내릴 곳에 제대로 내리게 해주는 거라고 생각하는데, 뭐가 어째? 나를 엉뚱한 곳까지 오게 해놓고 차비를 더 내라고?"
"아니, 뭐라고요?"
차장이 어이없어하며 언성을 높였지만 결국 이론가(?)인 김수연 씨에게 패했다고 한다. 아울러 그가 지나쳐온 목적지(백마)까지 되돌아갈 수 있는 확인증을 만들어 주었다는 것이다. 때문에 김수연 씨는 목에 잔뜩 힘을 주며 다시 서울행 기차를 탔는데 그는 그날 밤 집에 들어가지 못했다.
서울행 기차의 좌석에서 다시 곯아떨어져 내려야 할 기차역을 다시 지나쳤기 때문이다. 물론 서울역에 내린 김수연 씨는 다시 문산 행 기차를 타려고 했지만 뜻대로 되지 않았다. 막차는 이미 끊어져 있었고 당시는 통행금지 시간이 있었던 시절이었다. 때문에 김수연 씨는 어쩔 수 없이 무궁화호텔(파출소 보호실)에서 무료 숙박을 해야만 했다.
얼마 후 나와 만난 김수연 씨는 그 이야기를 해 주며 이렇게 덧붙였다.
"그래도 B씨의 경우보다는 낫지 뭐."
B씨는 술에 취해 춘천까지 가게 되었던 분이시다.
그 당시만 해도 강원도 쪽으로 가는 시외버스터미널이 마장동에 있었는데, 술에 취해 귀가하던 B씨는 터미널에서 나오는 버스를 집 쪽으로 가는 시내버스로 착각하고 타게 되었다. 그리고 자리에 앉자마자 잠이 들었다
그러다가 차장 아가씨가 흔들어 깨우기에 눈을 떠보니 어이

없게도 그 곳은 그 버스의 종점인 춘천이었다는 것이다.

*. 잉어

 백마로 가서 살게 된 김수연 씨는 언제부터인가 근처의 수로(水路)로 민물고기들을 잡으러 다니는 재미에 빠져들게 되었고 거기서 좀 더 발전하여 투망(投網) 던지는 법을 습득하게 되었다.
 김수연 씨는 채일병 선생처럼 새로운 놀이에 열중하게 되면 만사를 잊고 그 일에 열중하는 사람이다. 무슨 이야기인가 하면 그는 아예 어부가 되어버리기로 작정했는지 투망 던지기 연습에 많은 시간을 할애했다. 뿐만 아니라 진짜 꾼들이나 사용할 수 있는 대형 투망을 던지는 법을 습득하게 되었으며, 명검을 소유한 무사처럼 자기 소유의 투망을 거금을 주고 구입하게 되었다. 한데 어느 날 그의 집을 찾아갔더니 그는 더 없이 안타까워하는 얼굴로 말했다.
 "아아, 너 어제 오기만 했어도 그걸 볼 수 있었을 텐데…."
 "보다니, 뭘 말이요?"
 "어린애만큼이나 큰 잉어!"
 "에이, 그렇게 큰 잉어가 어디 있어요? 거짓말도 원."
 "맞아, 그 정도까지는 안 되고, 1미터짜리 정도 되는 놈인데 내가 잡았어."
 "투망으로요?"
 "그렇다니까!"
 내가 시들하게나마 반응을 보이자 그는 단번에 흥분한 얼굴이 되며 묻지도 않은 잉어를 잡게 된 과정에 대해서 설명하기 시작했다.

"아, 글쎄 말이야, 며칠 전에 고기를 잡으러 수로에 나갔었는데 말이지. 이상하게도 붕어 한 마리도 잡히지 않았어. 비가 온 뒤니 한강의 물고기들이 올라왔을 거라고 생각했는데 말이야. 당연히 김이 확 샜지. 그래서 한 번만 더 던져보고 그래도 잡히지 않으면 그대로 돌아가야겠다고 생각하면서 투망을 던졌지. 한데, 너 말이야. 대형 투망이라는 것은 아무나 던질 수 있는 것이 아니야. 익숙하지 못한 사람이 던지면 부채처럼 펼쳐지지 않고 그대로 일(1)자로 떨어지지."

"지난번에 들었으니 잉어 얘기나 하쇼."

"아, 그랬었지."

김수연 씨는 쑥스러워하며 머리를 긁적이더니 헛기침을 하며 다시 말을 이었다.

"그리고 나서 나는 물속에 가라앉은 투망을 조심스럽게 잡아당겼지. 한데 그것이 제대로 당겨지지 않는 거야. 수로 밑바닥의 커다란 돌에 걸리기라도 했는지. 그래서 나는 '빌어먹을, 재수가 없으려니 고기를 잡는 건 고사하고 비싼 투망만 하나 작살나게 생겼군.' 하고 생각하며 다시 그것을 당겼는데 뭔가 꿈틀거리는 것 같은 이상한 감이 오는 거야."

"잉어가 움직인 거군요?"

"그렇지. 정신이 번쩍 든 나는 촉각을 곤두세우며 투망을 당겼지. 그랬더니 그놈이 잠수함이 떠오르는 것처럼 스윽 떠오르는 거야. 갑자기 세상을 사는 맛이 나더군. 어쨌든 나는 천천히 투망을 당겨 그놈을 물가로 끌어냈지. 한데 갑자기 걱정이 되는 거야. 커다란 물고기가 요동칠 때의 힘은 의외로 강하거든… 꼬리 부분에 잘못 맞으면 갈비가 나가는 수도 있다더군."

"사람의 갈비가…?"

"그렇다니까. 그래서 근사한 아이디어를 냈지. 물가에 이른 그 놈을 끌어안는 순간 벌렁 누우면서 발로 밀어 뒤쪽으로 던져 버린 거야. 유도 선수들이 그러는 것처럼…그 놈, 땅바닥에 떨어지더니 얼떨떨했는지 세차게 푸드덕거리더군."

"으음, 확실히 크기는 컸나보군요."

"그렇다니까, 잠시 후, 그 놈의 아가미에 새끼줄을 꿰어 들고 돌아오는데 어찌나 큰 지 꼬리가 땅에 닿으면서 질질 끌리더군. 지나가다가 그걸 본 사람들이 한결같이 "어휴!, 어휴!", 하면서 감탄사를 토해 내더라니까."

"그 잉어는 지금 어디에 있소?"
"아, 그거. 그저께까지만 해도 쌩쌩했는데 어제 아침부터 빌빌거리더군. 그래서 동네 사람들과 함께 끓여먹었어."
 그렇게 말하는 그는 툇마루의 기둥에 걸어놓은 긴 투망 쪽으로 눈길을 돌리더니 혼잣말을 하는 것처럼 중얼거렸다.
"내일 다시 거기에 가 볼 생각이야. 그만한 잉어가 또 있을지 모르니까.
 때문에 나는 동감의 뜻을 표하는 대신 슬며시 외면하며 한숨을 쉬어야 했다. 내가 그날 그를 찾아간 이유는 내가 잘 아는 잡지사 편집장의 부탁으로 그에게 청탁한 원고 진행을 독촉하기 위해서였는데, 원고에 대한 이야기는 한마디도 않고 투망과 잉어 이야기만 하고 있으니.
 그의 대표작이라고 말할 수 있는 원탁의 기사(트리스탄과 이졸데)는 이러한 진통을 겪으며 탄생되었다.

 #. 김수연 씨는 <벤허>, <홍의장군 곽재우>, <아라비안나이트> 외에도 <예수님의 생애>, <만화 성경> 등 성서만화를 그린 독실한 기독교인이다.

황○주

* 공연한 걱정

　일본의 인기 만화가 지바 데스야가 그린 <나가라 철병아>라는 만화에 다음과 같은 장면이 소개된다.
　주인공인 철병이가 계속해서 말썽을 부리자 선생님이 벌을 준다. 운동장을 30바퀴 돌게 한 것이다.
　철병이는 강인한 체력을 가진 악바리지만 운동장을 30바퀴나 돈다는 것은 엄청난 고통을 수반하는 일이라고 선생님은 생각했다. 아니나 다를까 20바퀴까지 달리던 철병이가 달리기를 멈추며 선생님에게 다가왔다. 땀투성이가 된 얼굴로.
　"저어 말이지요. 선생님…"
　철병이가 멋적어하는 얼굴로 중얼거리자 선생님은 회심의 미소를 지었다. 너무 힘이 들어 포기하는 것이라고 생각하며.
　"뭐냐?"
　선생님은 목소리에 잔뜩 힘을 실으며 물었다. 그러자 철병이는 가늘게 실눈을 뜨며 이렇게 말했다.
　"저어, 나머지 열 바퀴는 반대방향으로 뛰면 안 될까요? 시계바늘이 움직이는 방향으로 말예요. 한쪽 방향으로만 뛰니 지루해서."
　"뭐, 뭐라고?"
　선생님은 어이가 없어서 할 말을 잃고 만다.

　위의 이야기와 비슷한 상황을 연출한 분이 계시다. 바로 황○주 씨이다.

시내에 나갔다가 돌아오다가 길에서 황O주 씨를 만났는데 오랜만에 만나 반갑다며 술집으로 끌고 들어갔다. 그렇게 되어 많은 이야기들을 나눈 것까지는 좋았는데 문제가 생겼다. 술값을 생각하지 않고 너무 많이 마셔 버린 것이다. 당시의 나는 입만 가지고 다니는 백수였고, 황 씨가 가지고 있던 돈은 술값을 지불하기에는 많이 부족했다.

"이거 난처하군, 단골집이 아니니 외상으로 달아놓자고 말할 수도 없고."

"글쎄 말이요. 나도 우리 동네가 아니니 어디 가서 빌려올 수도 없고…"

"흐음, 이 노릇을 어떻게 처리해야 똑똑하다는 소리를 들을까?"

얼굴을 찡그리며 끙끙대던 황 씨는 결국 불독(bulldOg)처럼 생긴 술집 여주인에게 선처를 바라게 되었다.

"저어, 죄송한 말씀입니다만 술값이 모자라서 말이지요. 사무실이 이 부근에 있으니 내일 갖다 드리면 안 될까요? 함께 일하는 사람들이 퇴근을 했을 테니 빌려다가 드리기도 뭣하고…"

"안 돼요!"

여주인은 즉각적으로 단호하게 말했다.

'으이그, 이거 잘 나가다가 삼천포로 빠지는군!'

나는 너무나도 나쁜 반응에 당황하며 낯선 술집에서 망신당하는 꼴을 상상했다.

한데 황 씨는 다시 말을 던지고 있었다.

"안 되면 어쩌지요?"

"어쩌긴, 돈이 모자라면 바지라도 벗어 놓고 가셔야지요."

그 순간 황 씨의 눈은 '번쩍'하고 빛을 발했다.

그는 특유의 쏘아보는 눈을 반짝이며 다시 말했다.

"그러니까 바지를 벗어놓고 가기만 하면 된다는 건가요?"
"그렇다니까요. 그러기 싫으면 당장 술값을 가지고 와요."
 여자는 궁지에 몰린 쥐를 놀리는 것처럼 말했다. 하지만 황 씨는 그녀의 말을 끝까지 듣지 않으며 내게 말했다.
"야, 됐어. 바지를 벗고 가면 되지 뭐. 에이, 간단하게 해결되는 일을 가지고 공연히 진땀 뺐네."
 그는 커다란 고민이 해결된 것처럼 환하게 웃고 있었다. 이어서 바지의 벨트를 풀었고 지켜보던 여자의 눈은 함지박만큼이나 커졌다.
 그 후의 상황은 독자 여러분의 상상에 맡긴다.
 하지만 그로부터 몇 시간 뒤에 벌어진 상황까지 소개하고 이야기를 끝내야 할 것 같다.

 술도 취했고 때마침 여름이어서 나는 그의 사무실 소파에서 잠을 자게 되었는데, 자다가 깨어보니 한쪽 의자에 앉아 잠자던 황 씨의 모습이 보이지 않았다.
 '어딜 간 거지? 화장실에라도 갔나?'
 벽에 걸려있는 유리가 깨진 시계의 바늘이 이미 새벽 2시를 가리키고 있었다.
 '혹시 화장실에? 그렇겠군. 많이 마셨으니…'
 나는 뒤늦게 안심하며 담배 한 개비를 갑에서 꺼내 입에 물었다. 한데 그 담배를 다 피울 때까지도 황 씨는 돌아오지 않았다.
 '어럽쇼? 소변이 아니라 큰 거라도 시간이 너무 걸리는 것 같은데…뭔가 잘못된 거 아냐?'
 나는 그제야 비척거리며 일어나 복도 끝에 위치한 화장실로 가 보았다. 노크를 했지만 대답이 없었다.

'어?'

그래서 살며시 문을 열고 안을 들여다보니 그야말로 만화의 한 장면 같은 광경이 나를 기다리고 있었다.

황 씨가 웅크린 자세로 얌전히 변기 옆에 엎드린 채 잠들어 있었던 것이다. 아마도 볼일을 끝낸 순간 잠이 쏟아져 그곳을 잠잘 수 있는 곳으로 착각한 모양이었다.

*. 술 구경 값

황O주 씨가 오랜만에 찾아왔는데 주머니 사정이 영 좋지 않을 때였다. 때문에 잔돈까지 탈탈 털어 사무실 부근의 빈대떡집에서 간단하게 술 한잔을 대접했는데 이 양반이 어디 가서 한잔 더 마시자는 것이었다.

나는 당황하지 않을 수 없었다. 잔돈까지 다 지불해 완전히 빈털터리가 되어 있었기 때문에… 한데 이 양반이 빙그레 웃으며 말했다.

"더 사라는 것이 아니라 내가 한잔 사 주겠다는 거야. 술값은 있으니 부담 갖지 말고 괜찮은 데 가서 한잔 더 마시자."

그가 말하는 '괜찮은 데'는 여자들이 있는 술집을 말하는 것 같았다. 가슴을 턱 내밀며 호기를 부리는 것을 보니 어디서 원고료라도 받은 모양이었다.

때문에 나는 '잘됐다'하고 생각하며 그를 따라나섰다. 그 즈음 이상하게 하는 일마다 제대로 되는 것이 없어서 술이라도 실컷 마시고 자빠졌으면 하는 생각을 하루에도 몇 번씩이나 하고 있었기 때문이다.

우리는 급한 볼일이라도 있는 사람들처럼 서둘러 택시를 잡아탔고, 잠시 후 이대 앞의 방석집 골목에서 내렸다.
 시간은 초저녁을 막 지나 있었고 술집들은 저마다 잠에서 깨어나 기지개를 켜고 있었다.
 황 씨와 내가 들어간 집은 그것들 중에서 아주 요란하게 치장한 네온 빛이 환하게 빛을 발하는 집이었다.
 "어서 오세요!"
 "어서 오세요, 사장님들!"
 야들야들한 목소리들과 함께 홀에 앉아 있는 아가씨들의 모습이 화악 눈에 들어왔고 우리들은 즉시 한 방으로 안내되었다.
 "뭘로 드시겠어요?"
 우리를 안내한 아가씨가 방석을 내밀며 묻자 황 씨는 윗옷을 벗어 그녀에게 주며 말했다.
 "우선 맥주하고 마른안주를 좀 주지."
 "네!"
 잠시 후 술과 안주가 대령되었다. 이어서 속살이 훤히 들여다보이는 미니스커트를 입은 아가씨 둘이 들어왔다. 그들은 우선 자기들에 대해서 소개했다.
 "김 양입니다."
 "이 양입니다."
 소개를 마친 김 양이라는 아가씨가 맥주병 마개를 따기 위해 오프너를 집어 들었다. 그 순간 황 씨가 갑자기 한 손을 들어 보이며 말했다.
 "잠깐!"
 "…?"
 아가씨는 움찔하고 놀라며 동작을 멈추었다. 그리고 의아해하는 얼굴로 황 씨를 보았다.

"왜 그러세요?"
"응, 저어 말이야. 이 집에서는 안주 값이 얼마나 되는지 알고 마시려고."
"네?"
아가씨는 어이없어하는 얼굴이 되며 내 옆에 앉은 동료의 표정을 보았다. 그러더니 약간의 땅콩들과 몇 개의 밤들이 담겨있는 접시로 시선을 돌리며 시큰둥하게 대답했다
"안주 하나에 만 원씩이에요.".
"뭐, 만 원?"

황 씨는 반문하며 놀라는 표정을 지으며 내 얼굴을 보았다. 당시가 정확히 1981년이었으니 그 안주 값은 분명히 비싼 것이었다. 하지만 이미 술상이 나왔는데 술값을 따져서 어쩌겠다는 것인가? 한데 황 씨는 보통의 술꾼들처럼 평범하지가 않았다.

잠시 뭔가 생각하던 그는 바지주머니를 뒤져 천 원짜리 지폐 석 장을 꺼내더니 술상 위에 터억 놓으며 또렷한 목소리로 이렇게 말했다.

"아가씨, 우리는 술을 마시지 않았고 안주를 먹지도 않았어. 그냥 보기만 한 거야. 그러니 술 구경 값만 내고 그냥 나가겠어."

"네?"

두 아가씨는 뭔가에 홀린 것 같은 얼굴들이 되며 황 씨를 보았다. 하지만 황 씨는 그들의 대답을 기다리지 않고 자리에서 일어났다. 그리고 앞장서서 밖으로 나가며 투덜거렸다.

"돌대가리 같은 O들, 바가지를 씌우려면 꼭지가 돈 다음에 씌우든가 해야지, 정신이 말짱한 놈들에게 그게 무슨 바보짓이야?"

그리고 나는 그 소리를 들으며 마음속으로 혼자 투덜거렸다.

'젠장, 되는 일이 없으려니, 술 한 잔 얻어 마시는 것도 제대로 되지 않는구나.'

어쨌든 그 집에서 나온 황 씨는 다시 주위의 방석집들을 여기저기 기웃거렸다. 말하자면 바가지 쓰지 않을 집을 찾는 것이었는데 그런 집을 찾아내 봤자 무엇 할 것인가? 술값이 우리가 들어갔던 집보다 싸 봤자 오십 보, 백 보 사이일 것이고,

미리 술값을 정해 놓고 마시는 술이 맛이 있어 봤자 얼마나 맛있을 것인가?
 싸구려 술집에 들어가 한 잔 더 마시기를 권했고, 황 씨는 못이기는 척하며 내 의견에 따라주었다.
 내 말은 조금도 과장된 것이 아니다. 생각해 보시라. 세상을 살아가면서 술값이 아닌 술 구경 값을 내는 사람을 보게 되는 것이 그리 쉬운 일인가?

고무창

*. 어떤 이야기

 한때 만화가들 사이에 심심치 않게 오가던 재미있는 이야기가 있다.
 다방에서 처음으로 만나게 된 어떤 만화가와 출판사 사람이

통성명을 하게 되었다. 만화가가 먼저 악수를 청하며 자기소개를 했다.
 "처음 뵙겠습니다, 고무창이라고 합니다."
 "아, 네. 저는 구두창이라고 합니다."
 "네? 구두창? 꽤나 특이한 이름이군요? 그거 진짜로 신생님

의 이름입니까?"

"아뇨, 선생님이 초면인데도 농담을 하시는 것이 재미있게 생각되어서 저도 농담을 한 것입니다."

"저는 농담을 하지 않았는데요.

"네? 그럼…, 아, 이거 죄송하게 되었습니다. 이 노릇을 어쩌지요?"

독자들은 본인이 무슨 이야기를 하는 것인지 잘 아실 것이다. '리라'라는 예쁜 이름을 가진 아가씨의 성이 '고'씨여서 '고리라'라는 엉뚱한 이름이 되었다는 것과 비슷한 이야기다.

고무창 씨는 원로 작가 박광현 선생 문하에서 그림을 그렸다.

이정O

*. 분화구(?)

 인기 작가가 아니면서 인기 작가처럼 행동하려고 노력한 작가가 있었다.
 '이정O'라는 작가 명을 쓰는 분이셨는데 그는 자기의 책이 시중에 깔리면 자기의 책을 자기가 사기 위해 바쁘게 돌아다니곤 했다(어떤 출판사의 작가가 써먹기도 했던 방법인데, 다음 작품의 원고료 책정에 영향이 있다고 한다). 어쨌든 그는 그렇게 해서 번 원고료로 쏠쏠이 좋은 인기 작가들처럼 멋지게 쓰고 다녔는데, 그는 술을 마실 때도 호기 있게 돈을 썼다.
 한 번은 어떤 룸살롱에서 친구들과 술을 마셨는데 그는 분명히 재벌의 아들이 아닌데도 불구하고 고액권 다발을 풀어 선풍기에 던져 호스티스들로 하여금 아우성을 치며 그것을 줍게 만들기도 했다고 한다.
 그는 확실히 평범하지 않은 만화가였다. 하지만 그런 행동은 후배들이 그를 존경하지 않는 원인으로 작용하기도 했다. 그가 끝내주게 사용한 돈의 많은 부분은 그의 제자들에게 지불되어야 하는 원고료였던 것이다.
 이 씨는 어렸을 때 마마를 앓아 얽은 얼굴을 가지고 있었는데, 그의 밑에서 일하던 Z라는 친구는 자기가 그리는 원고를 통해 편치 않은 자기의 기분을 나타냈다.
 그는 당시 SF만화 원고에 손을 대고 있었는데 스토리 전개상 꼭 필요하지도 않은 장면을 삽입시켰다. 그것은 자신을 닮은 우주선의 조종사가 여러 개의 분화구들이 있는 달의 표면을 내려다보며 비웃듯이 미소 짓고 있는 모습이었다.
 이 씨에게 받지 못한 원고료 액수를 계산하고 있는 것이었을까?
 어쨌든 셋방살이를 하며 '에쿠우스'를 타고 다니는 것 같은 생활이 탈 없이 유지될 수가 없었다. 그는 결국 어려운 입장이 되어 고전하다가 타계했다. 그리고 아주 나쁘게 장례식을 치렀다고 한다.
 이미 고인이 된 사람의 이야기를 소개하는 행위는 바람직하지 않다는 것을 잘 알고 있지만 헛된 기분에 빠져 방황하는 작가들에게 경종을 울릴 수 있는 작은 이야기라고 생각되어 감히 소개하는 바이다.

이○동

*. "올려!"

 만화가라는 직업의 좋은 점이라면 일단 샐러리맨들처럼 정해진 시간에 맞춰 출근하지 않아도 된다는 것이다. 그리고 복장 상태에 신경 쓰지 않고 자기 집에서 일할 수 있다는 점이다.
 인기 작가까진 못 되었던 이 작가는 자기 집이 아닌 자기 방(하숙방)에서 동료들과 열심히 일하고 있었는데 팬츠차림이었다. 이유는 그날이 무척 더운 여름날 밤이었고, 더위를 많이 타는 체질이었기 때문이다. 한데 한창 일의 스피드가 오르는 판인데 정전(당시에는 흔히 발생했다)이 되었다. 건너편 집의 전등은 그대로 빛을 발하고 있는데…
 "젠장, 또 접촉 불량인가?"

내가 만나고 들은 만화가들 이야기 277

이 작가는 투덜거리며 의자를 끌어다 놓고 그 위에 올라가 전등을 손보기 시작했다. 만화 그리기보다 전기 분야에 더 실력이 있었는지 불은 다시 들어왔고 그는 마무리 손질에 들어갔다.

그때, 의자를 잡아주고 있던 동료가 갑자기 장난기가 발동했는지의 그의 팬티를 스윽 내렸다. 당연히 작은 고구마처럼 생긴 그의 심벌이 작은 숲과 함께 노출되었다.

이 글을 쓰는 나의 생각도 그렇고 그런 장난을 한 동료도 똑같은 반응을 계산에 넣고 그런 짓을 했을 것이다. 물론 여자 같은 것은 그 방에 없었지만 속옷이 벗겨진 당사자는 본능적인 부끄러움에서 벗어나기 위해 후다닥 팬티를 끌어올릴 것이라고…

한데 그는 놀랍게도 그렇게 하지 않았다.
그는 조금도 흐트러지지 않은 자세로 마무리작업을 계속하며 이렇게 말했던 것이다.
"올려!"

*. "항복이야, 내가 졌네!"

"올려!"라는 이야기의 주인공인 이 작가는 걸레 스님 '중광'과 비교하기는 뭣하지만 일종의 기인적인 면이 있었다. 세수도 하지 않은 얼굴로 원고를 옆구리에 끼고 출판사에 나타나시는 것도 그렇고, 구두 대신에 슬리퍼를 신고, 누룽지를 씹으며 신촌 거리를 배회하는 것도 그렇고, 그러다 보니 그가 거래하는 출판사의 사장님께서 이 작가라는 인간에 대해 야릇한 호기심을 갖게 되었다.

어느 날, 탈고시킨 원고를 옆구리에 끼고 이 작가가 나타나자 원고료를 지불한 사장님께서 그에게 이렇게 말했다고 한다.

"이봐요, 이 작가. 듣자 하니 당신은 평범한 사람이 아닌 것 같은데…"

이 작가는 그 말을 기다리고 있었던 사람처럼 "그런 것 같아요." 라고 작은 소리로 대답했다. 그러자 사장님께서는 단도직입적으로 이렇게 말했다고 한다.

"그래서 하는 이야기인데 말이요."

"뭔데요?"

"이 작가 같은 강심장이면 이화여대 앞에서 오줌을 쌀 수도 있을 것이라고 생각되는데…"

"못쌀 것도 없겠지요. 뭐…"

"그래? 그럼 이야기가 나온 김에 내기를 해 볼까요?"

"예? 무슨 내기인데요?"

"방금 말했잖소. 이대생들이 몰려나오는 시간에 정문 부근에서 오줌을 쌀 수 있겠소?"

요즘 같으면 말도 안 되는 큰 일 날 소리였지만 시간이 남아도는 출판사 사장님은 집요하게 이 작가를 꼬드겼다.

"…"

"자신이 없으면 그만 둡시다. 장난삼아 해본 소리니까. 하지만 해볼 생각이 있으면 내 차를 옆에 세워 두지. 상황이 위험해지면 당신을 태우고 도망쳐야 하니까. 어때요? 해보겠소? 당신이 진짜로 그렇게 할 수 있다면 내가 멋진 곳에 가서 한 잔 사지."

두 눈을 껌벅이며 듣고 있던 이 작가는 이윽고 청결하지 못한 손가락으로 얼굴을 긁으며 대답했다.

내가 만나고 들은 만화가들 이야기 279

"해 보지요. 뭐…"

"그리하여 '엔테베 작전'을 방불케 하는 상황이 연출되었다.

지금은 하도 세월이 흘러 많은 것들이 모두 바뀌었지만, 이 작가는 그 당시에는 지금보다 많이 한적했던 이대 앞의 어떤 옷가게 앞에 모습을 나타냈고, 과히 좋지 않은 출판사 사장의 차는 시동을 끄지 않은 채 부근의 전신주 옆에 대기했다.

시간은 오후 2시를 막 지나고 있었다. 이대의 여학생들은 삼삼오오 짝을 지은 채 재잘거리며 교문 앞으로 쏟아져 나오고 있었고, 우리의 주인공 이 작가는 나사 한 개가 빠진 클린트 이스트우드 같은 폼으로 그녀들을 보며 서 있었다.

그녀들의 무리가 가까워지자 그의 손은 권총을 향해 움직이는 총잡이의 그것처럼 바지의 지퍼를 향해 움직였다.

'으응?'

 가까워지던 여학생들이 경계하지 않으며 의아해하는 순간 그의 오른손은 번개처럼 지퍼를 내렸다. 권총을 뽑아들려는 건 맨처럼.

"어머!"

"으응?"

 그 광경을 출판사 사장님은 소스라치게 놀랐다. '설마, 네가…'하고 생각하며 느긋하게 승용차 안에 앉아 있던 사장님은 기겁을 하며 비명을 질러댔다.

"이봐, 됐어! 항복이야, 항복! 내가 졌소! 그만!"

 자동차에서 손을 내뻗은 그는 이 작가의 어깨를 끌어당기고 있었다.

*. 겁이 없는 사나이

 토머스 B. 코넬리는 <뉴욕 헤럴드>지의 편집부장으로 재직했을 당시 동물원의 위생 상태와 맹수들의 관리가 제대로 되어 있지 않다고 비난한 적이 있었기 때문에 센트럴 파크 동물원과의 사이가 원만치 않았다.

 코넬리는 동물원 측이 마이동풍 격으로 약간의 반응도 보이지 않자 1874년 11월 4일 자의 <헤럴드>지에 시민들의 가슴을 서늘하게 만드는 특별 기사를 게재했다. 그 기사의 내용은, '동물원의 맹수들이 우리를 부수고 도망쳐 나와 호랑이, 퓨마, 사자 등이 뉴욕 시내를 휩쓸고 다니며 시민들을 마음 내키는 대로 물어 49명이 사망하고 200명이 부상당했다. 이 원고가 인쇄에 들어갈 즈음에는 더욱 많은 사상자들이 생길 것

이다. 대부분의 동물들은 붙잡았지만 가장 위험한 12마리의 맹수들이 아직까지 방치된 상태에 있다.'
라고 목격자의 담화를 섞은 족히 5단은 차지한 기사가 사실인 것처럼 게재되었고 맨 끝에는 '이것은 동물원 측이 합당한 예방 조치를 강구하지 않는 한 언제 일어날지 모르는 사태이다'라는 설명을 덧붙였다.

하지만 이 기사를 끝까지 읽은 사람들은 거의 없었으며 뉴욕 시내는 별안간 수라장이 되었다.

<헤럴드>지의 사장 고든 베네트는 자택에서 이 기사를 읽고 졸도했다가 집 밖으로 나오기를 거부하며 창문에 판자를 대고 못을 쳤다.

회사의 직원들은 요란스럽게 무장을 하고 맹수들을 추적하기 위해 신문사로 달려왔다. 종군기자인 조지 호즈머는 2정의 리벌버를 휘두르며 뉴스 편집실에 뛰어들어 "지금 막 달려왔습니다!" 하고 큰 소리로 외쳤다.

시민들은 집이나 교회에 틀어박히고 기마경찰들까지 출동하는 소동이 벌어졌으며, 라이플이나 총기를 든 경찰관들은 피에 굶주린 맹수들을 잡으려고 샌트럴 파크 안을 필사적으로 수색하며 다녔다.

한편 시 당국과 동물원 측은 물론 다른 신문사들은 그저 멍하니 얼이 빠진 채 누구 하나 도망쳤다는 동물들에 대해 아는 사람이 없었다.

이 엉뚱한 기사는 <뉴욕 타임즈>지의 시내 편집자 조지 F. 윌리엄즈도 끼어들게 만들었다. 그는 <헤럴드>지의 기사를 보자마자 경찰본부로 달려가 "고르고 골라 라이벌지에만 특종을 취재케 한 것은 무슨 이유냐?"고 항의했다. 경찰은 문제의 기사가 지어낸 이야기였다고 그를 납득시키기까지 몇 시간을 소요해야 했다.

 그 사건이 해결된 후, 소란을 일으킨 기사를 쓴 장본인인 코넬리의 목은 달아나지 않았고 아무런 문책도 당하지 않았다.

 그 기사 덕분에 발행부수가 5천부쯤 급증했기 때문이었다.

 코넬리와 비교하는 것이 우스울지 모르겠지만 우리 만화계에도 그에 버금가는 분이 계셨다고 한다.

 아마도 "항복이야, 내가 졌네"의 주인공과 동일 인물이라고 생각되는, 확인하지 못한 사람의 이야기인데 한 마디로 말해서 그는 겁이 없는 사나이라고 밖에 말할 수 없다.

 때는 어느 늦가을의 밤이었다.

 그는 그날 밤, 청량리역 부근의 포장마차에서 친구와 함께 술을 마시고 있었다. 한데 잠깐 화장실에 다녀오겠다며 자리를 뜬 친구가 많은 시간이 지났는데도 함흥차사가 되었는지 돌아오지 않았다.

 때문에 이 작가는 엉뚱한 생각을 잘 하기로 유명한 머리를 굴리다가 술에 취한 친구가 근처에서 서성거리는 창녀들에게 끌려갔을지도 모른다는 확실한 근거가 있는 생각을 하게 되었다. 하지만 아무리 친구를 찾기 위해서라지만 어찌 창녀들의 방을 일일이 두들기며 친구를 찾아다닌단 말인가?

 때문에 그는 그 나름대로의 아이디어를 냈다. 막 그쪽으로 걸어오며 순찰 임무를 수행중인 두 경찰관을 불러 간첩으로 생각되는 수상한 사람이 창녀촌으로 들어갔다고 말한 것이다.

 당연히 청량리 588번지에는 큰 소란이 벌어지게 되었다. 창녀들의 방을 상대로 불심검문이 시작되었다. 한창 일을 치르다가 나오는 연놈들, 막 일을 시작하려다 말고 내다보는 연놈들, 그야말로 아수라장이 따로 없었다.

 물론 경찰들 옆에는 문제의 이 작가가 있었다. 자신이 본 수상한 자가 누구인지 경찰관들에게 확인시켜 주어야 했으니까.

배○길

* 호랑이? 고양이?

먼 옛날, ○○○이라는 출판사가 있었는데 어느 해의 입사시험에 '편집(編輯)'이라는 글자를 한문으로 쓰라는 문제를 냈다. 그런데 놀랍게도 많은 응시자들이 제대로 된 답을 쓰지 못했다고 한다. 정말로 기가 막히는 이야기이다. 문제가 편집부 직원을 뽑는 것이었는데 그런 불상사가 생겼으니.

그런데 이 출판사에서는 또 한 번 엉뚱한 사건이 벌어졌다. 이 출판사는 문학 서적들 외에 만화책을 발간하는 부서를 가지고 있었는데 정말이지 눈물이 날 정도로 기가 막힌 사건이 벌어진 것이다.
그림이라는 좀 더 직접적인 표현 수단을 가지고 있으면서도 만족할 만한 장면을 그려내지 못했던 어떤 만화가의 이야기이다.

물론, 만화가들은 일반적으로 모두 다 감탄할만한 그림 실력을 가지고 있다. 한데 내가 여기서 소개하려는 배O길 씨는 말하자면 만화가로서의 실력이 부분적으로 약간 부족한 작가였다.

그는 언젠가 그림 이야기 식으로 만들어진 <히말라야의 범>이라는 일본 작품을 참고로 하여 그림으로만 진행되는 만화 <히말라야의 범>을 그리게 되었다.

한데 그는 동물을 그리는 실력이 매우 약하다는 핸디캡을 가지고 있었다. 그러나 출판사의 편집장이 모처럼 만들어 준 기회를 놓칠 수는 없었다.

때문에 그는 '죽기 아니면 살기'라는 각오로 원고를 그리기 시작했는데, 역시 걱정했던 대로 호랑이가 제대로 그려지지 않았다.

온갖 자료들을 다 동원하여 정확한 생김새의 호랑이를 그리려고 애썼지만 그의 원고를 본 친구들은 모두 이렇게 말하고는 했다.

"야, 이게 고양이지 호랑이냐?"

"하지만 고양이라고 볼 수도 없군. 몸집이 사람만큼이나 크니."

"허, 그 고양이 정말 요상하게 생겼네요."

'하 이,이거 정말 미쳐서 펄쩍 뛸 일이로군. 이 난제를 어떻게 해결해야 똘똘하다는 소리를 듣지?'

배 씨는 심각하게 고민하지 않을 수 없었다.

호랑이란 자고로 용맹하며 늠름한 느낌을 던져줘야 하는데 그가 그린 호랑이는 몇 번을 다시 그려도 경망스러운 요물처럼 생긴 고양이였다. 호랑이의 배역이 한두 번 나타났다가 없어지는 역할이라면 한두 번 나타났다가 호랑이를 잘 그리는 친구에게 술 한 잔 사 주고 부탁하여 해결할 수도 있겠지만 그럴 수도 없었다. 호랑이가 주인공이니….

 때문에 그는 고생만 뭣 빠지게 하다가 그 작품을 포기하게 되었다. 뿐만 아니라 그것이 커다란 충격으로까지 작용하게 되었는지 얼마 지나지 않아 고향인 부산으로 내려가 기획 사무실을 차렸다고 한다. 아예 직업을 바꿔 버린 것이다.

 후에 들은 소식에 의하면 그의 기획실 사업은 꽤나 인정을 받으며 성업 중이라고 한다.

 하긴, 만화왕국 일본에서는 만화 스토리를 쓰다가 인정받지 못하면 우리나라와 달리 소설가나 방송국의 드라마 작가가 된다고 하니, 그는 어쩌면 적절한 시기에 자기의 능력에 맞는 무대를 찾아간 것인지도 모른다.

공○현

*. "O을 한 개 더 붙여!"

공 선생에게는 화상 노릇을 하는 친구가 하나 있었다.
　일간지의 <문화면>에 이름이 소개되는 정도의 큰 화상은 아니었고, 무명작가들의 작품을 취급하는, 말하자면 C급 화상이었다.
　당시에 그는 일본인 관광객들을 대상으로 영업을 하는 호텔의 벽에 그림(유화)들을 전시하여 판매하는 영업을 하고 있었는데 재미가 좋은 편이었다. 그림 전시기간이 끝나 그림들을 철수하게 되면 호텔 측에서 어느 정도의 그림들을 사주기 때문에 (벽에서 그림들을 떼어내게 되면 벽이 이상할 정도로 허전하게 보인다는 것이다. 빈 벽이었을 때 느껴지지 않았던 썰렁함이 느껴져 벽의 빈 공간을 채우고 싶다는 기분이 생긴다고 함) 최소한 손해는 보지 않는다는 것이었다.
　당시에 그는 H관광호텔의 3,4층 복도와 벽을 이용하여 그림을 전시, 판매하고 있었는데 어느 날 다방에서 만난 친구인 공 선생에게 지나가는 말처럼 말했다.
　"3층에서 4층으로 통하는 계단의 벽에 100호짜리 추상화 한 점을 걸어 놓았는데 많이들 보기는 하지만 사려고 하지를 않아."
　"값은 얼마를 붙였어?"
　듣고 있던 공 선생이 건성으로 말하는 것처럼 묻자 그는 담배를 피워 물면서 대답했다.
　"30만 원."

그러자, 공 선생은 과히 크지도 않은 눈을 반짝이며 중얼거렸다.
"바보 같은 짓을 하고 있군! 그림은 싸다고 해서 팔리는 물건이 아니야. 당장 호텔에 전화를 해서 가격표의 금액에 0을 한 개 더 붙이라고 해."
"0을 한 개 더? 그럼 가격이 10배로 바뀌는데…?"
"그렇게 되겠지."
그 친구는 한 순간 머리를 갸우뚱했지만 밑져봤자 본전이라고 생각했는지 공 선생의 의견에 따르기로 했다.
그로부터 이틀 뒤 공 선생은 그 친구에게서 문제의 그림이 팔렸다는 전화를 받았는데 그 친구는 이렇게 말했다고 한다.
"어떤 일본 녀석이 그 그림을 사 갔는데 그림 값을 좀 깎자고 하더라는군. 그러자 판매를 맡은 벨 보이가 "그림은 값을 깎아서 사는 물건이 아니랍니다."라고 점잖게 대꾸했다는 거야. 내가 시킨 대로 말한 거지. 어쨌든 그 일본 친구 얼굴이 빨개지더니 배달을 부탁하며 한 푼도 깎지 않고 전액을 지불했다더군."

나하나 (노윤생)

* 고스톱

'나'라는 성씨를 가진 순정만화작가가 있는데, 약간 과장해서 말하자면 고스톱을 치자고 하면 자다가도 벌떡 일어날 사람이다.

그는 원래 술도 잘 마시지 않았고 화투라는 것에 대해서도 아예 몰랐었는데, 가수로 일했을 때, 후배가 심심풀이삼아(대기하는 시간의 무료함을 달래는 방법으로) 고스톱을 가르쳐주면서 적지 않은 수업료(?)를 챙겨가는 바람에 제대로 고스톱을 알아야겠다고 생각하게 되었다. 그것이 결국 떼어버릴 수 없는 취미 생활의 일부, 아니 생활의 일부가 되어버렸다는 이야기이다.

말하자면 뒤늦게 배운 도둑질 날 새는 줄 모르게 된 경우인데, 그는 도박에 대한 감각이 예민하기 때문인지 잃는 경우보다 따는 경우가 많다고 한다. 그래서 그의 집에서 고스톱을 치게 되면 사람들은 최소한 푸대접을 받지는 않는다. 푸대접은커녕 그의 안사람께서 그 때가 설사 늦은 밤이라고 할지라도 안주들이 푸짐한 술상까지 마련하여 선수(?)들의 사기를 북돋운다.

그는 한 자리에서 계속 28시간 동안 고스톱을 친 기록을 가지고 있다고 한다. 밤을 새워 고스톱을 쳐서 제법 많은 돈을 땄기에, 제일 많이 잃은 건설업을 한다는 선수(?)에게 개평을 주려고 했는데, 그가 자존심 때문인지 그것을 받지 않고 계속해서 고스톱 치기를 원했기 때문이었다.

그래서 나 씨는 지극히 타의적으로 좀 더 많은 돈을 땄고, 그 돈으로 그의 밑에서 일하는 후배에게 가불을 해주는 생색을 내기도 했다. 따라서 그는 이왕이면 포커의 세계까지 섭렵해 보면 어떨까하는 야무진 생각을 가끔 하게 되었는데, 그렇게 된다면 돈이 문제가 아니라 소모하는 시간이 너무 많아지게 될 것 같다.

그는 원래 무대에서 노래를 부르던 가수였기에 친구들과의 술자리에 참석하여 노래 실력을 자랑해야 하는 시간이 따로 필요하기 때문이다.

차아성

*. 입이 화근

 차아성이라는 친구가 오랜만에 놀러왔다.
 마침 주머니에 잔돈이 얼마 있었기에 소주라도 한 잔 할까 하고 사무실 근처에 있는 보쌈집에 갔는데, 이 친구 시키지도 않은 엉뚱한 소리를 하기 시작한다.
 "아, 이 맛이 아닌데, 보쌈김치는 역시 청계천 8가에 있는 할머니 집에 가야 먹을 맛이 나."
 정말 이상한 친구다. 때마침 여주인이 서비스 안주를 들고 오는데 그런 소리를 하니 제대로 손님 대접을 해줄 리가 있나. 결국 돈을 내지 않고 얻어 마시는 것처럼 그 아주머니의 눈치를 보면서 맛없게 술을 마시고 나왔다.

 차아성과 버스를 타고 어딘가 갈 때였다.
 공교롭게도 황단보도를 건너갈 때마다 녹색 신호등이 켜져 버스가 정차했다. 그러자 그는 입술을 씰룩이면서 씨부렁거렸다.
 "밥통 같은 OO, 저 운전수 OO 머리가 나빠서 이래. 한 템포만 더 빨리 가면 계속해서 통과, 통관데 말이야."
 "야, 시끄럽다."
 "시끄럽긴 뭐가 시끄러워. 내가 지금 틀린 말을 하냐?"
 아, 정말로 헷갈리게 만드는 친구다. 맨 뒷자리에 앉았기 때문에 운전기사가 듣지 못한 것 같아 천만다행이지. 듣고서 시비가 붙어 싸움이라도 벌어지면 어쩌겠다는 건가?"

아아…차아성과 다니면 언제 터질지 모르는 시한폭탄을 안고 다니는 것 같아서 겁이 난다.

오래 전, 동대문 근처에 있는 동묘에 놀러 갔을 때도 왜 그런 소리를 하나?
아이들이 던져 주는 먹이를 먹고 있는 비둘기들을 보며, 난데없이 내뱉는 말.
"흐음, 저것들을 다섯 마리만 잡아다가 기름에 튀기면 소주 두 병 정도 먹을 수 있는 안주가 충분히 될 텐데…"
모이를 주던 아이들이 놀라서 돌아보더니 일제히 차아성을 째려보았다. 무엇 때문에 공연한 소리를 해서 아이들에게서까지 눈총을 받지?

볼일이 있어 의정부에 갔을 때, 그 곳에 있는 구멍가게에서 포천 막걸리를 한 병 샀으면 시원하게 쭈욱 들이키기나 할 것이지.
"이 술, 우리 동네에서는 7백 원씩 받는데."
그 소리를 들은 구멍가게 주인이 이맛살을 찌푸리며 말했다.
"아저씨, 다른 데 가서 그런 소리하면 욕먹어요."
말은 그렇게 했지만 한 대 쥐어박았으면 시원하겠다는 얼굴이었다. 그러니 얻어맞은 뒤에 후회하지 말고 얻어맞기 전에 조심해야 할 거다.

김○진

* 보는 눈과 못 보는 눈

　김동명 씨가 자주 가는 공중목욕탕에 손님들의 때를 밀어주기도 하면서 잔심부름을 하는 아이가 있었다. 꽤나 붙임성이 있고 총기도 있는 아이였는데 그 아이가 그림에 관심이 있는 것을 우연히 알게 되었다. 김 씨는 남의 등이나 밀어주며 나이를 먹는 것보다는 많이 나을 것 같다고 생각되어 그 아이를 집으로 데리고 와서 함께 생활하게 되었다.
　다행스럽게도 그 아이에게는 만화가가 될 수 있는 소질이 있었다. 그 아이는 얼마 후 애니메이션 계통의 회사로 일자리를 옮기게 되었는데 그 아이의 재능은 거기서 비로소 빛을 발하게 되었다. 그 아이는 마치 애니메이션계에서 일하기 위해 태어난 것처럼 빠른 속도로 실력이 향상되었으며, 엄청난 양의 작업량을 하자 없이 처리하여 많은 선배들을 놀라게 만들었다. 당연히 그의 수입은 웬만한 회사의 사장보다도 많아지게 되었으며 얼마 후에는 감독이라는 직책까지 얻게 되었다. 놀라운 이야기라고 말하지 않을 수 없다.

　위에 소개한 김동명 씨가 인재를 볼 줄 아는 눈을 가지고 있었음에 비해 만화출판사랍시고 운영하고 있는 김영진 씨는 그렇지 못한 것 같다.
　안사람에게 사촌동생이 하나 있는데 오랫동안 시골에서 살아온 처녀였다. 부인은 남편에게 그녀가 보통이 넘는 그림 재주를 가지고 있으며, 애니메이션 계통의 회사에서 일하고 적당한 곳을 주선해 달라고 했다. 하지만 김영진 씨는 머리를 갸우뚱하며 선뜻 응해주지 않았다.
"글쎄, 하지만 농사를 짓다가 만화를 그린다는 것은 쉬운 일이 아닐 텐데…"
라고 중얼거리며

그러자 문제의 아가씨는 스스로 뛰어다니며 실력을 닦아 유능한 애니메이터가 되기에 이르렀다. 물론 더없이 성실한 아가씨여서 수입도 웬만한 남자들의 그것을 훨씬 앞지른다.

때문에 김O진 씨는 가끔 들르시는 늙은 장모님에게서 질책 비슷한 설교를 듣게 되는데 내용은 다음과 같다.

"이 사람아, 시골에서 농사를 짓던 오득이도 만화라는 것을 그려서 돈을 벌어 시골에 있던 어머니까지 서울에 모셔다놓고 큰소리치며 사는데 자네는 어째서 항상 그 모양에 그 타령인가…"

김O성

*. 열매를 맺지 못한 인재

　작은 키에 가냘픈 몸매를 가진 김O성.
　스무 살 때 이미 대학교수들을 주축으로 한 단체를 만들어 시청각 교육 분야의 사업을 시작했다. 하지만 사업이 실패하자 집에도 못 들어가고 추운 겨울을 사무실에서 보내며 이불 대신 칸막이 문을 떼어 덮고 자기도 했다(사무실이 대형 음식점처럼 칸막이가 되어 있는 일본식의 다다미방이었음).
　사업을 새로 시작할 때마다 그는 책상을 가급적이면 최고로 큰 것을 구입했는데, 이유들 중의 하나는 빚쟁이들이 찾아오게 되는 경우가 생겼을 때 작은 몸을 숨기는, 온몸이 들어가는 공간이 매우 커서 쾌적하기 때문이다.
　그의 몸은 진짜로 여자들보다도 적다. 그 즈음에 병역 미필자들이 자수를 하는 기간이 만들어졌기에 이 친구도 서류상으로는 병역 미필자였기에 파출소로 신고를 하러 가게 되었다.
　파출소에 들어서는 그를 보며 경찰관 하나가 물었다.
　"무슨 일로 오셨지요?"
　"저어, 자수를 하러 왔는데요."
　그가 기어들어가는 목소리로 말하자 경찰관의 말투가 대뜸 바뀌었다.
　"그래? 그런데 당신 양복쟁이야, 이발사야?"
　어쨌든 그는 얼마 후 신체검사를 하게 되었는데, 몸무게를 재러 저울 위로 올라가자 검사관이 머리를 갸우뚱하며 이렇게 말했다고 한다,

"야, 너 잠깐 내려와 봐."

검시관은 자기가 저울 위에 올라가더니 몸무게를 가리키는 바늘을 보며 중얼거렸다.

"거참, 저울은 이상이 없는데! 세상에 이럴 수도 있는 건가?"

저울의 바늘이 47킬로그램을 가리키고 있었기 때문이다.

이윽고 검시관은 김○성 씨에게 물었다.

"너 솔직히 대답해 봐! 군대에 가고 싶으냐? 가고 싶지 않으냐? 대답해 봐, 네가 원하는 대로 해 줄 테니."

아마 47킬로그램이 입영하고 안 하고를 결정짓는 기준선이었던 모양이다. 김○성 씨는 물론 가고 싶다고 대답하려 했지만, 그건 너무나 속 보이는 대답 같아서 가고 싶지 않다고 솔직히 대답해버렸다. 그랬더니 검시관은 그에게 '입영 불가' 판정을 내려 주었다고 한다.

어쨌든 그는 쓰러지면 다시 시작하고, 다시 쓰러지면 다시 시작하는 사업을 평생 동안 계속했는데 운이 없어서였는지, 본인이 알지 못하는 결정적인 문제점이 있어서인지 그의 천재성(?)은 오늘까지 결실을 맺지 못하고 있다.

결국 그로 인해 금전적인 손해를 입은 사람들만 양산하는 결과를 만들었다. 때문에 언젠가 그를 만난 김수연 씨는 이렇게 말했다.

"정말 답답한 일이구나. 어느덧 인생의 황혼기에 접어들었는데 그 모양이니, 그나저나 돈을 투자한 사람들이 조용히 있는 것만도 다행이다. 그 사람들이 나쁜 마음을 먹고 사기를 당했다고 주장하며 걸고넘어지면 너는 팔다리에까지 수갑을 찼을 거야. 아니, 그것들만 가지고는 모자라지. 아마 불알에까지 찼어야 했을 거야."

한 마디로 김O성 씨는 충분히 재미있는 이야기의 주인공이 될 수 있는 인물이다.

* 승용차

지금은 세월이 많이 좋아져서 고장을 일으켜 길에 서 있는 승용차를 보게 되는 일이 거의 없다. 하지만 옛날에는 그렇지 않았다.

김O성 씨가 작가 생활을 하다가 갑자기 출판업자가 되었다. 충분한 자본금과 치밀한 사업 계획을 가지고 출판사를 차렸다면 옆에서 이러쿵저러쿵 할 것이 없는데, '남들이 책을 찍어서 버니 나도 그래서 벌지 말고 찍어서 벌자'고 충동적으로 을지로 2가 쪽에 만든 허술한 출판사였다.

때문에 거래처인 총판들에게 우습게 보이지 않으려고 승용차도 한 대 마련했다. 아는 사람이 타고 다니던 폐차 직전의 고물 승용차를 거금(?) 30만 원을 주고 구입한 것이다.

도대체 30만 원짜리 승용차가 존재한다는 것 자체가 희한한 일이다.

때문에 그 승용차는 가급적 운전사 한 사람만 타고서 움직이지 않게 되었다. 앞에서 소개한 것처럼 어디선가 멈춰 섰을 때에 대비하여 뒤에서 밀어 줄 사람이 확보되어 있어야 했으니까.

하지만 김○성 씨는 그토록이나 커다란 결함이 있는 승용차를 출판사가 문을 닫을 때까지 처분하지 않았다. 이유는 간단하다. 체면상 자가용 승용차를 타고 다녀야 하는 사장님이었기 때문이다.

장O철

*. 커피포트

 남의 작품을 그려주느라고 자기 작품을 제대로 발표하지 못했던 장O철씨가 이를 악물었다. 뒤늦은 감이 있지만 인기작가라는 목표를 향해 칼을 빼든 것이다.

 한데, 기분 내기 좋아하는 기질 덕분에 버는 대로 써 버려서 그에게는 저축해 놓은 돈이 없었고 후원자도 없었다. 당연히 고생길이 훤했다. 하지만 이미 칼을 뽑았으니…
 그는 결국 싸구려 독신자 아파트 하나를 빌려 라면을 끓여먹는 자취생활을 하며 작업을 시작했다. 글자 그대로 악전고투….
 하지만 그는 결국 원고를 완성시키는 데 성공했고, 그것은 야구의 2루타 정도 되는 히트를 하여 그를 만족시켰다. 한데 재미있는 사실은 그가 그 동안 라면을 끓여먹은 기구가 커피

포트였다는 사실이다. 때문에 어쩔 수 없는 궁금증이 생겨나게 된다.
 그렇다면 커피는 어디에다 물을 끓여 타 먹었을까? 냄비에다 물을 끓여 타 먹었을까?

조규덕

*. 5분만 가는 손목시계

지금은 신용카드라는 편리한 물건이 있어서 찾아가는 사람들의 발길이 거의 끊어졌지만 옛날의 전당포에는 젊은 고객들이 많이 찾아갔다. 그리고 그들이 맡기는 물건들 중에 손목시계가 매우 많았다고 생각된다.(고려대학교 앞, 형제가 운영하는 세느, 미라보 주점에는 학생들이 맡겨 놓은 시계들이 많이 있었다.)

급히 써야 할 돈(?)이 없어서, 반가운 친구를 만나 술을 한잔 마시기 위해서…이유는 대충 그런 것들이었는데, 여기서 소개하는 조규덕 씨도 그런 사람들 중의 하나였다.

그는 고물인 '부로바' 손목시계를 가지고 있었는데, 그것은 시간을 보기 위해 차고 다니는 것이 아니었다. 말하자면 그 시계는 폼을 잡기 위해, 그리고 비상용으로 차고 다니는 물건이었다.

한데 그가 비상금을 조달하기 위해 그 시계를 전당포에 맡기게 될 때는 최소한 5분 이내에 볼일을 마무리 짓는 뛰어난 실력을 발휘해야 했다. 왜냐하면 그 시계는 일단 태엽을 감으면 5분 정도만 바늘이 움직이다가 다시 멎기 때문이었다. 아무리 부로바 시계라도 기능을 상실한 시계를 잡고 돈을 빌려 줄 정신 나간 전당포 주인은 없을 것이 아닌가…

그래서 조규덕 씨는 시계를 맡기게 될 때는 항상 전당포 문 앞에서 태엽을 감은 뒤 빠르게 안으로 들어가 시계를 풀어 유리 구멍 앞에 놓고는 했다. 5분이라는 짧은 시간을 최대한 효과적으로 활용하기 위해, 그런데 그러한 시도는 단 한 번도 실패한 적이 없다고 한다. 지금 생각해봐도 감탄의 말밖에 나오지 않는 아득한 옛날에 있었던 이야기다.

나는 조규덕 씨에게 두 가지의 큰 도움을 받았다. 남들에게 말하기 부끄러운 일이지만 하나는 군대 생활을 할 때 바보처럼 출장 증명서를 분실해 귀대하지 못했던 적이 있는데, 정말 고맙게도 그가 아득하게 먼 강원도의 해안 도시 거진(복무하던 부대가 있는 곳)까지 찾아가서 출장 증명서를 새로 받아다 주었던 것이다. 덕분에 탈영병이 되는 신세를 면할 수 있었다.

그리고 다른 한 가지는 할 일이 없어 놀고 있었던 나를 삼양문화사의 편집장으로 취직시켜 준 것이다. 내 인생에 있어서 정말 고마운 친구이다.

신택구

*. 동물 이름들

 시치미를 뚝 떼고 엉뚱한 장난하기를 좋아하는 신택구라는 친구가 있었다. TBC 동화부 1기생 출신인데, 혼잡한 버스를 타고 출퇴근하는 것이 귀찮아서 회사를 그만 두었다고 한다. 주로 같은 동네(현저동) 출신인 김수연 씨 일을 많이 도왔기에 만화계에 많이 알려지지 않은 인물이다.
 한번은 이런 일이 있었다고 한다.
 그에게는 막 말을 배우기 시작한 신지라는 어린 조카가 있었는데, 어느 날 그는 동물들이 그려져 있는 그림책을 보며 이렇게 물었다.
"너 이게 뭔지 아냐? 사자다, 사자."
"사자?"
"그래!"
"이건 기린이다."
"기린?"
"그래."
 한데 그가 사자라면서 가리킨 그림은 기린이었고, 기린이라며 가리킨 그림은 사자였다. 말하자면 심심풀이 삼아 어린아이에게 이것저것 헷갈리는 교육을 시킨 것인데, 혹시나 하여 다음 날 복습을 시켜보니 조카는 또랑또랑한 목소리로 "사자"하고 말하며 호랑이를 가리켰고 기린을 가리키며 "다람쥐"라고 말했다.
 신택구는 자신의 장난이 주책스럽다고 생각했지만 그쯤에서 장난을 멈추지 않았다. 뿐만 아니라 교육의 범위를 넓혔다.
 한데 며칠 뒤 조카의 이모가 놀러 왔는데, 그녀는 방에 굴러다니는 책을 뒤적거리다가 물었다.
 "신지야, 너 여기 있는 동물들의 이름을 아니?"
 "응!"
 "그럼 이모가 가리키는 것이 무엇인지 맞춰 볼래? 다 맞추면 맛있는 과자를 사줄 테니까."
 "응!"
 때마침 할 일 없이 건넌방에 누워 있던 신택구는 회심의 미소를 지으며 벌떡 일어나 앉았다. 배꼽을 쥐며 웃어댈 장면이 벌어질 것이라고 기대하면서.
 이모는 드디어 그림책의 호랑이를 가리키며 물었다.
 "이게 뭐지?"
 "호랑이!"
 '어?'
 이모는 다시 기린을 가리켰다.
 "이건?"
 "기린!"
 '아니?'
 지켜보고 있던 신택구는 헷갈리기 시작했다. 조카는 이모가 가리키는 동물들의 이름을 정확히 맞추고 있었다.
 '이상하군, 도대체 어디서부터 뭐가 잘못된 거지?'
 조카는 그날 동물들의 이름을 모두 맞춘 데 대한 상으로 과자를 얻었다. 그리고 이모가 돌아간 뒤에 신택구는 조카를 마주하고 앉았다.
 잘못된 일(?)의 진상을 밝히기 위해서였다.
 신택구는 이모가 그랬던 것처럼 그림책을 펼쳤다. 그리고 기린을 가리키며 잔뜩 힘이 들어간 목소리로 물었다.
"이게 뭐지?"
그러자 조카는 "아삭아삭" 소리를 내면서 과자를 먹으며 대답했다,
"호랑이!"
"이건?"
신택구가 이어서 호랑이를 가리키며 묻자 그는 다시 대답했다.
"기린!"
신택구는 그제야 비로소 알 수 있었다. 어린 조카는 그가 물었을 때만 그에게 배운 대로 동물들의 이름을 틀리게 말했다는 것을, 다시 말하자면 신택구가 조카를 가지고 논 것이 아니라, 조카가 신택구를 가지고 놀았었다는 사실을….
하지만 그가 내게 만들어 준 천 점짜리 당구 실력자에 대한 건은 들통이 나지 않은 것 같다.

언젠가 그의 집에 놀러 갔다가 당구장에 따라가게 되었고 그는 그곳에서 만난 후배들과 당구를 치게 되었는데, 나는 당구를 칠 줄 모른다. 때문에 한쪽에 있는 소파에 앉아 구경만 하게 되었는데 그의 후배 하나가 나를 보며 말했다.
"저어, 형님도 같이 치시지요."
그러자 큐대를 집어 들던 신택구가 한마디 했다.
"임마, 그 친구는 우리하고 놀 당구 솜씨가 아니야. 천 다마야. 천!"
"천 다마요?"
그 후배와 친구들은 놀란 얼굴들이 되며 내 쪽으로 얼굴을 돌렸다. 그러자 신택구가 다시 천연덕스럽게 쐐기를 박았다.
"임마. 공을 보는 저 눈을 척 보면 모르겠냐. 어서 시작하자."
"아, 네."
"… "

그들은 잠시 나를 바라보다가 당구대 쪽으로 돌아섰다. 신택구의 말대로 천 점짜리 당구 실력자와 함께 놀자고 말하는 것은 매우 실례되는 행동이라는 것을 수긍하는 몸짓으로…그리고 고수 앞에서 하찮은 실력을 보이는 하수들처럼 조심스럽게 당구를 치기 시작했다. 그리고 나는 하수들의 실력을 봐주는 고수처럼 이따금 당구대쪽으로 시선을 보내곤 했다. 입에서 유유히 담배 연기를 내뿜으며….

*. 청바지 값

신택구와 함께 남대문 시장에 볼일을 보러 가게 되었는데, 시장에 온 김에 청바지를 하나 사야겠다며 어떤 청바지 가게 안으로 들어섰다.

그는 몇 개인가의 청바지들을 만지며 칫수를 확인해 보기도 하다가 하나를 집어 들며 주인에게 말했다.

"이거 얼마지요? 싸주세요."

"네."

주인은 익숙한 솜씨로 청바지를 접어 포장해 주었고, 신택구는 그것을 받아 들며 돈을 지불했다. 한데 우리가 돌아서서 막 밖으로 나갈 때 주인이 갑자기 소리쳤다.

"이봐요, 잠깐!"

"네?"

신택구가 돌아보며 묻자 주인은 손에 들고 있는 천 원짜리 지폐 석 장을 가리키며 소리치듯이 말했다.

"돈을 덜 줬잖아요."

"덜 드리다뇨?"

"난 분명히 청바지 값이 오천 원이라고 말했는데 이건 삼천 원밖에 안 되지 않소?"

"그럼 됐잖아요."

"됐다니, 뭐가?"

주인이 잔뜩 인상을 쓰며 목소리를 높이자 신택구는 그의 앞으로 다가서며 중얼거렸다.

"정말 딱한 아저씨로군요."

"딱하다니? 내가 왜?"

"아저씨, 여기가 어디요? 물건 값 많이 깎아 주기로 유명한 남대문 시장이잖아요. 내가 청바지 값을 깎으면 결국 삼천 원까지 내려가게 될 텐데, 이 더운 날에 청바지 값 깎느라고 쓸데없이 땀 흘릴 일 있어요?"

나는 그제야 신택구가 무슨 말을 하는 것인지 이해할 수 있었다. 점포 주인의 얼굴도 나와 비슷한 표정으로 바뀌고 있었다.
"지금부터 깎을까요? 그냥 갈까요?"
신택구가 답답해하며 묻자 주인은 짧게 대답했다.
"그만 가보시오."

청바지에 얽힌 이야기가 하나 더 있다.
P는 월남전에 참가했던 맹호 부대 출신인데 어느 날 동료와 함께 근처에 있는 시장 구경을 하게 되었다. 그리고 그곳에서 마음에 딱 드는 청바지를 보게 되었는데 영어를 할 줄 몰랐던 그가 그것을 사겠다는 의사 표시를 한 방법이 매우 재미있다. 그는 말 두 마리가 그려진 그 청바지 뒷주머니 부분에 붙은 '리바이스' 상표를 가리키며 "따그닥 따그닥 2(투)"를 달라고 말한 것이다. 가격을 말할 때는 굳이 힘든 영어가 필요하지 않았다.

오달수

*. 동양화

오랜만에 오달수의 집에 놀러갔더니 그가 벽에 묻어 있는 먹물 자국을 보며 투덜거렸다.
"빌어먹을, 저게 은근히 신경 써지게 만들어. 며칠 전에 집사람이 바가지를 긁어대기에 성질이 끓어서 나도 모르게 먹물 병을 벽에 던졌더니…에이, 저것 때문에 도배를 다시 할 수도 없고."
듣고 보니 그것은 확실히 신경이 써질 만한 일이었다.
보기 흉한 먹물 자국을 그대로 놔 둘 수도 없는 일이고, 그것 때문에 도배한 지 석 달밖에 안 된다는 벽지를 모두 뜯어낸다는 것도 우스운 일이었다.
똑같은 무늬의 벽지를 사다가 그 부분만 발라버릴 수도 있겠지만 3개월 동안 변색된 벽지와 눈에 띠게 차이가 나니 그렇게 하면 헝겊을 대서 꿰맨 심청이 아버지의 바지처럼 보일 것이 뻔했다.
때문에 나는 쓸 만한 아이디어를 주지 못한 채 돌아올 수밖에 없었다.
한데 그로부터 얼마 후 볼일이 있어 그의 집에 다시 찾아가게 되었는데, 그는 문제의 고민을 말끔히 해결한 상태였다.
먹물이 묻어 있던 벽에는 석양 속의 돛단배가 분위기 있는 모습으로 그려져 있었는데, 그는 그 그림을 가리키며 이렇게 말했다.
"한석봉이 별 건가 뭐. 먹물 자국을 이용하여 그림으로 바꾸었지. 어때? 저 동양화, 액자가 없어서 좀 허전한 것 같지만."

심진호

***. 심술 백단**

 짠돌이라는 소리를 들으며 저축을 열심히 일한 심 선생이 드디어 자기 집을 장만했다.
 창문을 열면 수려한 모습의 도봉산 자락이 한 눈에 들어오는 크지는 않지만 정이 느껴지는 아담한 집이었다. 한데 심 선생은 입주한 지 이틀이 채 지나지 않아 자기 집에 커다란 문제점이 있다는 것을 알게 되었다.
 서재의 창문을 통해 보이는 맞은편 산기슭은 분위기 있는 소나무 숲이었고, 때는 바야흐로 늦여름이었는데 문제는 데이트 족들이 대낮부터 그곳에 찾아든다는 것이었다. 심 선생은 본의 아니게 그들이 하는 짓거리들을 보게 되었고, 이따금 낯 뜨거운 장면도 심심치 않게 목격하게 되었다 동시에 그것은 자녀들의 교육상 지극히 위험한 요인이 될 수 있다고 생각했다. 물론 다른 곳으로 이사를 간다면 간단히 해결될 수 있는 문제였지만 그는 마음에 딱 드는 집을 팔기는 싫었다. 때문에 집을 판다는 해결책은 제외한다는 전제 하에 대책을 강구하게 되었는데 묘안은 쉽사리 떠오르지 않았다.
 무더운 여름철에 시원한 산바람이 들어오는 창문을 막아버릴 수도 없는 일이었고, 산림녹화 운동에 앞장서야 할 대한민국 국민으로서 그곳의 소나무들을 모조리 베어버릴 수도 없는 일이었다.
 때문에 심 선생은 이러지도 저러지도 못하고 고민을 계속했는데, 어느 날인가부터 문제의 소나무 숲에 데이트 족들이 찾아오지 않게 되었다. 아니, 찾아오기는 했지만 즉시 도망치듯이 그 숲에서 떠나가게 되었다.
그것은 물론 심 선생이 뒤늦게 마련한 대책 덕분이었는데,

'심술 백 단'이라는 별명을 아울러 가지고 있는 그의 별명에 어울리는 방법으로 문제를 해결한 것이다.
심 선생이 화장실의 오물을 퍼다가 숲의 소나무에 발라 놓은 것이다. 숲의 모습은 조금도 바꾸어지지 않았지만 여기저기서 구린내가 풍기게 되었으니 분위기를 제일 따지는 연인들이 다시 찾아올 필요가 없지 않은가.
원하는 결과는 얻었지만 공개하기 창피한 짓을 했다고 생각한다.

문○○

*. 무인도의 쥐

 B가 라면을 끓여먹으며 일하는 악전고투를 계속하며 드디어 원고를 탈고시켰다. 한데 뚜껑을 열어 보니 결과는 물거품, 그의 작품의 판매 결과는 만화계의 용어로 죽이었다. B씨는 술에 취한 얼굴로 문 선생을 찾아와 하소연했다.
 "형님, 나는 능력도 없고 운도 없나 봐. 아, 나는 왜 이럴까? 왜 이렇게 되는 일이 없을까?"
 문 선생은 그윽한 눈빛으로 후배의 얼굴을 바라보고 있었다. 최 선생은 이윽고 부인에게 말해 간단한 술상을 차리게 했다. 그리고는 몇 잔인가 술을 마신 후 엉뚱한 이야기를 꺼냈다.
 "누구에게선가 이런 이야기를 들은 적이 있네. 어느 무인도에 식량이 될 만한 것이 아무것도 없었는데 그 섬의 쥐들은 잘도 생명을 보전하고 있었다는 거야. 식량도 물도 없는 무인도에서 쥐들이 어떻게 생명을 유지할 수 있었다고 생각하나?"
 B는 빤히 문 선생의 얼굴을 바라보고 있었다.
 "난데없이 무슨 소리를 하는 거요?"
 "노력하는 자는 어떤 악조건 속에서도 살아남을 수 있다는 이야기야."
 "…?"
 "그 무인도의 쥐들은 배가 고프면 해안의 바닷가로 나갔다. 바닷가 바위틈의 조개들은 이따금 입을 벌리고 있었는데 쥐들은 그 조개를 잡아먹었다."
 "아니, 어떻게요?"

"쥐는 패각을 벌리고 있는 조갯살 속에 자기의 꼬리를 집어넣는 거야. 그러면 조개는 당연히 우악스럽게 껍데기를 닫아 버리겠지. 그리고 꼬리가 물리게 되겠지?"
"꼬리가 잘라지진 않나요?"
"물론 잘라지는 경우도 있겠지. 하지만 그곳의 쥐들은 매우 단련이 되어 있으니까. 어쨌든, 꼬리가 조개의 패각에 완전히 물린 것을 확인한 쥐는 그 조개를 매단 채 뜨거운 바위 위로 기어 올라간다. 그리고 그곳에서 조개를 뜨거운 태양 아래에다 긴 시간 동안 놓아두지."
"호오…?"
B는 탄성을 질렀다.
"조개는 당연히 뜨거움을 견디다 못해 패각을 벌리게 되지. 그렇지 않으면 그대로 푹 익어 버리겠지. 그러면 쥐는 그제야 꼬리를 추스려 놓고 조개를 먹는 거야."
"정말로 지독한 쥐군요."
"암, 지독하지.
"영리해서 그런 방법을 쓰는 걸까요? 아니면 간악해서 그런 방법을 쓰는 것일까요?"
"글쎄, 두 가지 모두 해당되지 않을까?"
"그렇다면 처음에 말하신 노력하는 사람은 어쩌고…한 것과는 아무래도 핀트가 맞지 않는 이야기잖아요?"
"그렇게 생각하나? 꼬리가 잘려나가는 아픔을 참을 만큼의 인내심이 있었기 때문에 그런 방법을 쓸 수 있었다고 생각할 수는 없을까?"
"…!"
"너는 무인도의 쥐만큼 노력했는데도 목적을 이루지 못했다고 생각하나?"

"…!"

 B는 아무런 대답도 하지 않았다. 하지만 그의 얼굴에 드리워졌던 그늘은 빠르게 걷혀지고 있었다. 물론 죽어가는 사람의 유언처럼 읊어대던 넋두리도 더 이상 되풀이되지 않았다.
 문 선생은 그러한 B의 반응을 지켜보며 마음속으로 중얼거렸다 '예상했던 대로 근사한 성과를 얻었어. 이래서 작가는 아는 것이 많아야 한다는 거야. 오늘 밤에 마저 읽어야지.'
 문○○ 선생이 읽으려는 책은 이틀 전부터 읽기 시작한 친구에게서 빌려와 흥미 있게 읽고 있는 '천금성'의 해양소설 <남지나해의 끝>이었다. '무인도의 쥐' 이야기는 그 책의 후반부에 소개되는 내용이다. 그는 아무 때나 유식한 냄새가 나는 말씀을 하실 수 있는 분이 아니셨다.

오세영

*. 요절한 천재

 내가 오세영을 처음으로 만난 때는 1980년 여름이었다. 오명천 선생이 운영하는 출판사 삼양문화사의 편집부장으로 일할 때였는데, 당시 오세영은 어느 날인가부터 나타나 사무실 한 구석에 앉아서 출판사의 별로 중요하지 않은 일들을 맡아서

(아니 어쩌면 아주 중요한 일이었는지 모른다) 처리하고 있었다. 다른 사람도 아닌 오명천 선생 같은 분이 그를 그렇게 취급한 이유를 알 것 같으면서도 모르겠다.

그가 안양에 살 때 그의 집을 방문한 적이 있는데 당시에는 매우 가난한 생활을 하고 있었지만 그렇다고 해서 돈에 욕심을 내지는 않는 것 같았다.

그를 당시에 창간된 <만화광장>에 소개시켜 작품을 발표하게 만든 기억이 있는데, 그는 후에 김수연 씨가 그린 장편 성경만화를 그리는 일을 돕다가 서울문화사에서 <남생이>, <메밀 꽃 필 무렵>, <동백꽃> 등의 단편만화를 그린 것으로 알고 있다.

그러니까 오명천 선생 문하에서 이름이 알려진 만화가는 박봉성 씨 하나가 아니라 오세영까지 두 명이라고 말해야 하는 것일까? 글쎄다.

어쨌든 젊은 나이에 요절한 그의 그림 실력이 매우 아깝게 여겨진다.

그의 그림 실력은 친구인 김철수도 아끼며 부러워하고 있다.

김철수

*. 숙명(1)

 동대문 부근 동묘 옆에 있는 '풍물시장'은 내가 자주 찾아가는 곳이다. 청계천 쪽으로 붙어 있는 숭인 상가 옆에는 OO서점이라는 헌책을 취급하는 가게가 있는데 동묘에 가게 되면 꼭 그 집에 들르게 된다. 심심풀이삼아 헌책들을 뒤지다 보면 의외로 쓸모가 있는 좋은 책들을 만나게 된다. 책값은 특별한 경우를 제외하고는 대개 권당 '천원'에 구할 수 있다. 한데 내가 OO서점을 찾는 이유는 한 가지가 더 있다. 날마다 그 서점에 찾아오는 참새들을 만나기 위해서다.
 참새들은 항상 점심때가 되면 그 집 앞에 길가에 있는 가로수로 찾아오는데 숫자는 50마리가 훨씬 넘으며 요란하게 떠들어댄다.
 "짹 짹 짹-"
 "짹 짹 짹-"
 "짹 짹 짹 짹-"
 그들은 그 서점의 아들을 찾아오는 것이며 먹이를 달라고 요란하게 떠들어대는 것이다. 사람 좋아 보이는 그 서점의 아들은 30살쯤 되어 보이는데 참새들과 이상한 관계를 맺게 된 것은 1년 정도 된다고 한다.
 "처음에는 가로수에 날아와 쉬어가는 녀석들에게 먹이를 주던 것이 습관이 되면서 차츰 좀 더 많은 녀석들이 날아오기 시작했는데 이제는 친구들까지 데려오는 것 같아요. 요즘은 숫자가 너무 많아서 녀석들의 먹이 값을 대는 것도 부담이 된다니까요. 허허허…"
 참새들이 떼 지어 날아오는 이유를 묻는 나에게 그가 대답해 준 말이다.
 하긴 부담이 되기도 할 것이다. 항상 의자에 누워 있는(?) 그의 아버지와 그를 보살피는 어머니와 그가 함께 운영하고 있는 서점은 언제 보아도 불경기에 시달리고 있는 것 같다. 요즘 같은 불경기에 몇 천 원어치씩 팔리는 책으로 가게의 운영이 제대로 될 것 같지 않으니 작은 돈인 새 먹이 값을 대는 것도 힘드는 일일 것이 분명하다.
 때문에 나는 가끔 풀 수 없는 의문에 휩싸이곤 한다. 잘 되지도 않는 서점을 운영하느라고 세 식구가 매달려 있어야 할 이유가 있는 것인가? 서점을 처분해 버리거나 아들이라도 다른 직업을 구해 서점의 임대료라도 벌어야 될 것이 아닌가? 혹시 그의 아버지가 몸이 아파서 책을 운반할 사람이 없어 서점을 떠나지 못하는 것이 아닐까? 그리고 그의 어머니는 몸이 불편한 남편을 곁에서 항상 돌봐야 하기 때문에.
 나는 그것이 풀 수 없는 이상한 숙명이 아닌가 하고 생각한다.

*. 숙명(2)

 숙명이라는 것에 대해서 문득 생각하다 보니 부산 출신의 미남 사나이 김철수라는 친구가 생각난다.

 지금으로부터 30여 년 전 그는 파주에서 만화를 그리고 있었다. 그 즈음의 그의 생활은 아주 나쁜 상태였다. 나는 가끔 그의 집을 찾아가 원고 진행 상태를 보고는 했는데 그즈음의 원고 진행은 제자리 상태였다.
 그는 아들이 둘 있었는데 작은아들이 몸이 아파 보건소를 찾아갔더니 의사가, 백혈병 같으니 큰 병원을 찾아가 보라고 말한 것이었다.
 "헉ㅡ"
 기기 막힐 일이었다. 하지만 돈이 없어 병원을 찾아갈 수도 없는, 아니 병원을 찾아가 보기도 겁이 나는 어려운 상황이었다. 그러니 제대로 일이 될 리도 없었다. 그래서 김철수와 나는 밖으로 나와 낚시질을 하러 갔다. 집에서 나와 용미리 쪽으로 가는 길에 유료 낚시터가 하나 있었고, 낚시터의 둑 아래로 떨어진 물이 고여 있는 커다란 물웅덩이가 있었다. 말하자면 돈을 내지 않는 낚씨꾼들은 그곳에서 낚시질을 하는 것이었다.
 "김 부장님, 얼른 몇 마리 잡아서 매운탕이나 끓여먹읍시다."
 "그렇게 하세."
 대답은 그렇게 했지만 물고기를 잡아 매운탕을 끓여먹을 기분이 아니었다.
 '아, 작은아이의 병이 백혈병이리니……혹시 오진을 한 것이 아닐까? 하지만 병원엘 가 봐야 확실히 알 것이 아닌가.'
 혼자서 복잡한 상념에 젖어 있는데 곁에서 낚시찌를 바라보던 김철수가 갑자기 큰 소리를 냈다.
 "어, 걸렸다!"
 "어, 정말!"
 나는 함께 소리치며 지리에서 벌떡 일어났다. 길다란 찌가 물속으로 사라지고 있었다. 잠시 후 그것을 끌어냈는데 놀랍게도 팔뚝만한 붕어였다. 건너변에서 낚시질을 하던 낚시꾼들도 환호성을 지르고 있었다.
"와, 크다."
"우우-"
"이거 한 마리만 넣고 끓여도 근사한 매운탕이 되겠는데요!"
 김철수가 망에서 퍼덕이는 고기를 보면서 말했다. 그리고 이어서 나도 시키지도 않은 이상한 소리를 했다.
"이봐, 철수, 매운탕은 무슨 매운탕이야, 그놈은 이 웅덩이의 수호신인 것이 틀림없어. 그러니 살려주고 대신 철수의 아들을 살려달라고 빌자."
"네?"
"어서 살려줘!"
"그, 그럴까요?"
김철수는 한 순간 뭔가 생각하더니 그 물고기를 꺼내 웅덩이의 물에 휙 던졌다.
"첨벙-"
"아니, 저 붕어를 던졌잖아!"
"아니, 저런 미친 것들이 있나?"
웅덩이 건너편에서 바라보던 낚시꾼들이 떠들어대기 시작했다.
 이 이상한 이야기는 여기서 끝난다. 그 웅덩이가 그렇게 큰 붕어가 살만한 곳도 아니었고, 다음 날 김철수가 병원에 찾아가 진료를 했더니 아들의 백혈병은 보건소 직원의 오진이었다는 것이다. 하지만 나는 그 웅덩이의 신(?)이 김철수 아들의 병을 고쳐 준 것이라고 생각한다.
 한데 그의 이상한 그림 수업의 내용은 고쳐지지 않는 것 같다.
 대개의 경우 만화가들은 활발하게 활동하는 작가들의 작업을 거들어주며 자기가 원하는 목적을 달성하고자 한다. 너무나 당연한 이야기지만 일단 먹고 사는 문제를 해결하면서 때를

(푸바오판다 자이언트판다는 형제다.)

기다린다는 것이다. 한데 김철수의 경우는 매우 별나다고 생각할 수밖에 없다.

그는 고시공부를 하는 청년들처럼 절간이나 외딴 시골에 처박혀 그림에 대한 연구를 하기도 하는데, 그의 방에는 어디서 구했는지 모를 틀니도 있고 의대생들이나 볼 골격 모형 등도 서있다. 그리고 동물의 것이라고 생각되는 뼈다귀들도 보인다. 물론 인체의 기초를 충분히 다지기 위한 자료들이다.

그는 완전히 성숙된 작품을 만들게 된 후에 정상의 자리를 향해 도전하겠다는 생각을 가지고 있다. 그러니 그의 집안 형편은 말이 아니었다. 하지만 그도 결국 어쩔 수 없었는지 서울을 버리고 부산의 박봉성 씨 팀으로 들어가 돈을 벌게 되었다. 그래서 이 친구가 이제야 정신이 들었구나 하고 생각했다. 그런데 몇 년 동안 잠잠했던 그가 다시 이상한 짓을 시작했다.

박봉성 씨 집에서 나온 그가 난데없이 강원도로 들어가 원주 박경리 선생 집 부근에 작은 집을 장만했으며 상지대학 미술과에 입학한 것이다. 그리고 4년 만에 졸업을 했는데 계속해서 다시 난데없이 영어 공부를 시작했다.
 아아, 나이를 먹은 뒤에 젊은 시절에 못다 한 공부를 하는 것은 절대로 잘못된 일이 아니다. 하지만 그는 어느덧 성장한 두 아들을 결혼시켰으며, 본인의 나이도 예순 살이 넘은지 이미 오래다. 얼마 전에 몇 년 만에 그의 집에 갔더니 어럽쇼, 오랫동안 자리 잡고 인체 골격의 머리 부분이 보이지 않았다.
 "어, 이거, 머리 부분이 어디로 사라졌지?"
 내가 놀라며 묻자 그가 어색하게 웃으며 대답했다.
 "손주 녀석이 무섭다고 해서 떼어서 따로 두었어요."
 "그래?"

나는 놀란 목소리로 대답했지만 순간적으로 머리가 없는 인체 골격이 더 무섭게 느껴진다고 생각했다. 생각해 보라. 머리가 없는 사람이라니, 마치 막 참수(斬首)형을 당한 죄수의 모습이 아닌가.
　그가 목표로 하는 모든 것을 제대로 갖춘 훌륭한 작가가 되었을 때 그의 나이는 과연 몇 살이 될지 궁금하다. 공연한 걱정을 하는 것인지 모르지만 그때는 이미 그가 활약할 무대가 사라진 뒤가 되지 않을까 하는 생각이 든다.
　그는 오늘도 열심히 새로 시작한 영어 회화 공부를 하고 있다. (원주시에서 박경리 기념관을 만들어 주위가 개발된 바람에 최근에 그의 집값이 덩달아 많이 올라갔다고 한다. 그래서 복잡한 시내에 있는 집을 팔고 변두리의 넓은 땅을 사서 조용히 살 생각을 하고 있다고 한다. 웅덩이의 신이 아들의 백혈병을 오진으로 만들었던 것처럼 이번에는 그를 성공한 집 장사로 만들려는 징조가 아닌지 모르겠다).

남문O

*. 육사생

 술이 이 세상에 등장한 것은 5천 년 전이라고 한다.
 기원 전 3세기경, <이라크>의 북부 지방에서 처음으로 만들었다는 기록도 있다고 한다. 먹다가 남은 빵을 물속에 넣어 두었더니 발효되어 맥주가 되었을 거라는 추측이다. 당연히 먹다 남은 포도가 발효된 것은 포도주가 되었을 것이다.
 술의 역사는 이처럼 오랜 세월 동안 인간과 함께 흘러왔다고 볼 수 있다.
 몇 해 전 미국의 U.C.L.A 대학교에서 한 심리학 박사가 연구한 결과를 보면 쥐도 술을 매우 좋아하는 것으로 나타났는데, 쥐들 중의 9% 가량은 알콜 중독 증세를 보이고 있었다고 한다.
 그 연구의 목적은 술이 사교성에 어떤 영향을 미치는지에 대해 알아보기 위한 것이었다. 말하자면 술 때문에 비사교적으로 되는 것인지, 비사교적이기 때문에 술을 마시는 것인지 밝혀내겠다는 것이었다.
 우스갯소리로, '쥐가 슬에 취하면 어떻게 되는지 아느냐?' 라는 말이 있는데, 쥐는 그 때, "야! 고양아 너 이리 좀 나와 봐!"하고 큰소리를 친다고 한다.
 어쨌든 술은 우리의 생활과 밀접한 관계를 가지고 있는 것이 사실이지만 적당하게 즐거운 마음으로 마시는 것이 가장 바람직하다고 말할 수 있다.
 한데 즐거운 마음으로 마시기는 했는데 그 결과가 좋지 않은 친구가 있다. 바로지금부터 소개하는 남문O이라는 친구이다.

그는 인기작가가 되지 못해 큰돈을 벌지는 못한 것 같지만 열심히 일해서 번 돈으로 아파트도 하나 장만했고, 아내와 딸을 지극히 사랑하는 가장이다. 한데 딱 하나 문제점이 있다. 세월이 흘러가도 고쳐지지 않는 그의 별난 술버릇이다.

남문O을 처음으로 만난 것은 서대문 부근의 한 다방에서였다. 편수가 제법 긴 작품의 공동 작업에 대한 의논 때문이었는데, 내가 그에게서 받은 첫 인상은 육군사관학교의 생도 같다는 느낌이었다.

뒤통수를 툭 치면 굴러 나올 것 같은 부리부리한 눈, 짧게 깎은 머리와 단정한 옷차림… 어쨌든 우리들의 이야기는 좋게 끝났고 근처의 술집에 들어가 술을 한잔 마시게 되었다. 한데, 몇 병째인가의 술병이 비워졌을 때 그에게 갑자기 변화가 생겼다.

두 눈이 게슴츠레하게 풀린 것은 술을 마셨으니 당연히 나타날 증상이니 그다지 이상할 것이 없었는데, 그는 커다란 눈을 허옇게 치뜨며 횡설수설하기 시작하고 있었다. 육사생도 같다는 느낌은 그의 몸 어디에서도 찾아볼 수 없었고, 그의 몸은 갑자기 뼈가 없는 연체동물로 변하기라도 한 것처럼 제멋대로 흐느적거리고 있었다.

'그거 참, 아무리 술에 취해서라지만 저렇게까지 변할 수도 있는 건가? 그나저나 참 난처한 일이군.'

나와 합석했던 신택구라는 친구도 같은 느낌을 받았는지 기분 상하지 않게 그를 보내려고 했다. 한데, 남문O도 마침 함께 일어났다. 우리에게서 받은 3권에 해당하는 원고를 들고 비척거리며….

우리는 술집에서 나왔다.

하지만 그를 보내고 한잔 더 마셔야겠다는 생각에 근처에서 머뭇거리고 있었는데 매우 이상한 일이 벌어졌다.

남문O은 원고가 제법 무거웠기 때문인지 그것을 발밑에 내려놓고 버스를 기다리는 것 같았다. 한데 갑자기 몸을 돌리더니 한쪽으로 걸어가기 시작했다.

"어, 저 친구 어디로 가는 거지?"

"글쎄, 아마 화장실에 가나 보지?"

"하지만 아무리 그래도 그렇지. 원고 보따리를 길바닥에 놓고 쉬를 하러 가면 어떻게 해? 정말 큰일 낼 친구로군."

친구와 나는 후다닥 그가 서 있던 곳으로 가서 원고 보따리를 집어 들고 그가 돌아오기를 기다렸다.

한데 5분이 지나고 10분이 지나도 그는 돌아오지 않았다. 결국 그가 갔을 만한 변소를 찾아 나섰는데 그는 하늘로 떠올랐는지, 땅 속으로 사라졌는지 보이지 않았다.

그래서 우리는 원고 보따리를 들고 집으로 돌아갈 수밖에 없었다.

다음 날이 되었지만 남문O에게서는 아무런 연락도 없었다.

"아니, 이 친구 도대체 어떻게 된 거야?"

"혹시, 어젯밤에 어떻게 된 거 아냐?"

"글쎄."

그때는 요즈음처럼 전화가 남아도는 시대가 아니었고, 셋방살이를 하던 그는 통신문명의 혜택을 받지 못하고 있었다. 때문에 신택구와 나는 그가 다방에서 만났을 때 낙서하듯이 그려준 약도를 들고 태릉 불암산 아래에 있다는 그의 거주지를 찾아 나섰다.

 그로부터 몇 시간 후 우리는 많은 땀을 흘린 끝에 그가 사는 집을 찾았다. 집 주위에 많은 배나무들이 심어진 별장 같은 집 뒤쪽의 구석진 방이 그의 거처였다.
 한데, 우리를 맞는 그는 낮부터 술에 취해 있었고 다 죽어가는 몰골이었다. 그는 우리가 뭐라고 말하기 전에 머리를 떨구며 먼저 말했다.
 "원고 때문에 오신 거지요? 실은 그걸 잃어버렸어요. 그래서 아침부터 이렇게 마시고 있는 거예요. 아, 죽어버릴 수도 없고 이 노릇을 어쩌면 좋지요?"
 그에게는 술에 취한 채 발밑에 내려놓았던 원고에 대한 기억이 없는 것 같았다. 어쨌든 우리가 들고 간 원고를 내밀자 그는 지옥에서 부처님을 만난 것 같은 얼굴이 되었고 그 사건으로 인해 우리는 빠르게 친해졌는데 그때 그 원고를 잃어버리지 않은 것은 정말로 천만다행이었다. 펜 터치를 해야 했던 그 원고를 챙기지 않았다면 그가 스스로 죽기 전에 출판사의 사장이 달려가 그의 목을 졸랐을 테니까.

*. 위기

 사건은 다시 서대문 부근에서 벌어졌다.
 당시 우리들은 원고 진행의 속도를 높이기 위해 서대문 근처에 여관방 하나를 잡아놓고 일을 하고 있었다. 그리고 그날 밤, 술을 한 잔 마시고 나온 것까지는 좋았는데 문제가 생겼다. 우리 뒤에서 따라오던 그가 어디론가 사라진 것이다.

술에 취하기만 하면 마음이 놓이지 않는 친구라 왔던 길을 다시 걸어 찾으러 갔는데 공사장의 자갈더미 옆에 여러 사람들이 모여 있는 것이 보였다.
'무슨 일이지?'
하고 생각하며 가까이 가서 사람들 사이로 보니 한 사나이가 그보다 어려보이는 청년을 노려보며 살기 찬 얼굴로 으르렁거리고 있었다.
"겁대가리 없는 새끼같으니, 네가 감히 선배의 마누라를 …"
"…"

나이 어린 청년은 대꾸도 하지 못하며 떨고 있었다. 아마도 선배라는 사나이의 여자를 건드렸다가 들통이 난 상황 같았는데, 선배라는 자의 옆에는 곱지 않게 생긴 친구들이 저승사자들처럼 버티고 서 있었다.
"꿇어! 이 새끼야!"

사나이가 다시 소리치자 체념한 자세로 서있던 나이 어린 청년은 자갈더미에 꿇어앉았다. 한데, 바로 그때 땅땅한 체격의 한 남자가 구경꾼들을 헤치고 나서며 둘 앞으로 다가갔다. 아아, 그는 바로 우리가 찾고 있는 술에 취한 남문O이었다.
"뭐야? 넌…"
잔뜩 성질이 난 사나이가 의아해하며 묻자 남문O은 "끄윽-" 하고 트림을 하고는 더듬거렸다.
"아, 나 말이요?"
"그래, 뭐냐고?"
"보시다시피 구경꾼이요. 한데 보고 있자니 당신 좀 지나친 것 같아요. 잘못하긴 했지만 이 추운 날에 자갈더미에 꿇어앉으라는 건 좀… '끄윽-' 불쌍하잖아요?"
"뭐가 어째?"
내뱉는 사나이는 주먹을 움켜쥐고 있었다. 보아하니 동네의 건달들 같았는데 난데없는 술주정뱅이가 나타나 불난 집에 부채질을 하고 있으니…. 때문에 나는 '으, 남문O이 결국 임자를 만났구나!' 하고 생각했지만 그 자리로 뛰어 들어가 남문O을 끌고 나오지 못하는 용기 없는 나 자신을 원망하기만 했다.
한데 무의식중에 앞을 보니 건너편의 구경꾼들 사이에 신택구가 서 있는 것이 보였다. 그는 그 동네에서 오래 살았고 후배들과외 사이가 원만하여 동네의 많은 사람들에게 얼굴이 알려져 있었다. 때문에 나는 '아, 다행이구나!' 하고 생각하며 두 사람 앞으로 가서 남문O을 잡아끌었다
"너 여기서 뭘 하고 있는 거야? 택구가 저기서 부르잖아!" 하고 태연하게 말하며.
택구라는 이름이 들렸기 때문인지, 내가 너무나 자연스럽게

행동했기 때문인지, 당장이라도 주먹질을 할 것 같던 그 사나이는 두 눈을 껌벅이며 우리를 보고만 있었다.
  한데 우스운 것은 내가 신택구라고 보았던 사람은 가까이 가서 보니 다른 사람이었다. 내 눈이 나쁜 탓에, 그리고 밤이어서 비슷한 사람을 신택구로 보았다는 이야기인데, 그 사람을 신택구로 알고 자연스럽게 행동할 수 있었으니 그의 덕을 보았다는 점에 있어서는 달라질 것이 없을 것이다. 아울러 그 날 밤 남문O의 운도 좋았다고 말할 수 있는데 그것은 엉뚱한 봉변을 당할 수도 있었던 사건이었다.

*. 병이야, 병!

버스에 안내양이 있었던 1970년대의 이야기다.
그 날은 늦은 밤이었다.
오랜만에 시내에서 만나 술을 마신 나는 행선지가 같은 남문O과 함께 버스를 타게 되었는데 늦은 시간이어서 그랬는지 손님들이 많지 않았고, 안내양은 문에 기댄 채 꾸벅꾸벅 졸고 있었다.
한데, 운전기사의 뒷자리에 앉아있던 남문O이 불쑥 안내양을 불렀다.
안내양은 하품을 하며 남문O에게 물었다.
"손님, 왜 그러세요?"
그러자 기분 좋게 취한 남문O은 안내양의 얼굴을 스윽 훑어보더니 말릴 틈도 없이 말했다.
"얘야, 넌 왜 그렇게 못생겼지?"
"뭐, 뭐라고요?"

잠이 확 달아난 얼굴이 된 안내양이 어쩔 줄 몰라 하며 소리치자 운전 중이던 운전기사도 차를 세우고는 합세해서 떠들어 댔다.
"이봐요, 손님! 그게 도대체 무슨 소립니까? 밤늦게까지 일하는 동생 같은 아가씨에게 고생이 많다고 위로의 말은 못해줄망정…"
"…"
남문O은 머쓱해하는 얼굴이 된 채 아무런 대꾸도 못하고 앉아 있었다. 뒷자리에 앉아 있는 나도 난데없이 뒤통수를 맞은 얼굴이 되어 바보처럼 마음속으로 한탄했다.
'아, 이상한 일이야. 정말 이상한 일이야. 어째서 술을 마시기만 하면 밑도 끝도 없이 저런 말을 할까? 병이야, 병…'

그로부터 몇 년 후, 나는 서초동에서 작은 출판사를 운영하게 되었다.
당연히 찾아오는 만화가들이 많아지게 되었고 그들을 접대해야 하는 경우도 많아졌다.
어느 날 인사차 왔다며 남문O이 찾아왔으며, 잠시 후에 M이라는 작가가 찾아왔다.
M은 우리 출판사와 거래를 하는 작가였으며 술을 한잔 하자고 약속이 되어 있었다. 그래서 남문O도 술자리에 합석하게 했는데 그것이 나의 큰 실수였다. 나는 양쪽이 선후배가 되는 만화가들이니 그렇게 해도 큰 실례는 되지 않을 것이라고 생각하고 있었다.
한데, 술이 한 순배 두 순배 돌아가면서 혹시나 하고 걱정하던 일이 벌어졌다. 공연히 쓸데없는 이야기하지 말고 조용히 술만 마시라고 그토록 당부했는데도, 술이 취한 남문O이 그 사실을 망각한 것이었다.
 취기로 인해 눈의 초점이 흐려진 남문O이 갑자기 비웃는 것 같은 미소를 흘리며 이렇게 말한 것이다.
 "이봐, M씨. 당신은 왜 그렇게 그림 실력이 없지? 그림을 그린 것이 한두 해가 아닐 텐데 말이야."
 "뭐?"
 "보긴 뭘 봐! 내 말이 틀렸어? 틀렸으면 틀렸다고 말을 해 봐!"
 "뭐, 뭐라고?"
 선배이며 그림 실력도 좋았던 M씨는 말을 제대로 잇지 못할 정도로 흥분했다.
 결국 작가에게 술대접을 하려던 자리는 때리는 선배와 얻어터지는 후배를 말리는 자리로 변했고 나는 똑같은 소리를 되풀이해야 했다.
 "아, 병이야. 병…"

나오미

*. 따뜻한 우유(?)

어느 날인가부터 우리 화실의 분위기가 바뀌어졌다.
만화가 지망생인 나오미라는 아가씨가 나오기 시작하면서 그런 분위기는 갑작스럽게 형성되었다. 나 양은 매우 예쁘고 귀엽게 생긴 아가씨였다. 때문에 작업실의 막내인 정 군은 단번에 그 아가씨를 좋아하게 되었다.
한데 그 아가씨 나오미는 먹는 것을 꽤나 밝히는 아가씨였다. 그녀는 하루 중의 많은 시간을 먹는 시간으로 사용하고 있었다. 어떤 때는 오징어를 씹고 있었고, 어떤 때는 "오도독-"하고 소리를 내며 사탕을 씹어 먹고 있었다. 그리고 그녀를 좋아하게 된 정 군은 그녀가 원하는 먹을 것을 공급하는 역할을 부여(?)받게 되었다.
그즈음 H라는 친구가 원고 문제로 우리 사무실에 자주 드나들고 있었다. 그러니까 그 친구 H가 연이어서 이틀째 우리 작업실에 찾아왔을 때도, 정 군은 나 양이 먹을 우유와 과자를 사오고 있었다.
"정 형, 정말 정성이시오."
H가 농담을 던지자 정 군은 머쓱해하며 웃더니 나오미 양쪽으로 다가갔다.
H는 나와 마주앉아 원고에 대해서 이야기하기 시작했는데, 나 양이 아작거리며 과자 씹는 소리를 내자 등을 보인 채 큰 소리로 말했다.
"거 혼자만 먹지 말고 나도 좀 먹읍시다. 나도 그런 거 먹을 즐 아는데…"

그러자 한쪽에서 묵묵히 일하고 있던 C가 슬며시 몸을 돌리더니 난로 위의 물주전자를 들었다. 이어서 컵에다 더운 물을 붓더니 잽싸게 하얀 색깔의 물감을 넣고는 저었다. 그리고는 H의 옆구리를 쿡쿡 찌르며 그것을 내밀었다.

"어…이게 뭐지요?"

나와 이야기하다가 몸을 돌린 H가 영문을 몰라 하며 묻자 C는 목소리를 낮추며 말했다.

"어서 마셔요. 나오미 양이 먹을 것인데 슬쩍 가지고 왔어요."
"그, 그래요? 하지만 난 그저 농담으로 그런 소리를 한 건데."
"아무러면 어때요? 마시는 사람이 임자지."
"그럼 당신이 마셔요."
"난 우유를 좋아하지 않잖아요."
"그, 그랬던가? 하지만 미스 나가 화를 내면 어쩌지?"
"화를 내면 한 병 사다 주지요, 뭐."
"아, 알겠어요. 하지만 이거 미안해서…"

H는 그렇게 말했지만 따뜻한 우유(?)가 담긴 컵을 입으로 가져가고 있었다. 그리고는 단번에 주욱 마셔 버렸다. 한데 그의 표정은 갑자기 쓴 약을 마신 것처럼 일그러졌다. 그리고 그의 입에서는…. 그 다음 장면에 대한 상상은 이 글을 읽고 있는 당신에게 맡긴다.

*. 외상 오입권

현재 힐튼 호텔이 자리 잡고 있는 땅의 아래쪽은 십여 년 전까지만 해도 유명한 사창가였다. 그 이름하여 '양동'.
 공교롭게도 양동의 길 건너편에 해당되는 남창동에서 화실을 운영한 적이 있었는데 어느 날 친구인 박 군이 찾아왔다.
 오랜만에 만났기에 자연스럽게 술판이 벌어졌는데, 술들이 거나해지자 화실에서 같이 일하는 오 군이 천연덕스럽게 장난을 걸었다.
 "이봐요, 박 씨. 이왕 취했으니 오입이나 한 번 하고 가요."
 "네, 오입? 어디서…?"
 "어디긴 어디겠어요. 길 건너 '양동'이지."
 "그래요? 하지만 나는 돈이 없는데…"
 박 씨는 법이 없어도 살만큼 착한 친구였는데 독약 같은 술이 들어갔기 때문인지 호기심에 찬 눈빛으로 오 씨의 다음 말을 기다렸다.
 "돈 걱정 같은 건 하지 말아요. 외상으로 하면 되니까."
 "네? 외상? 그런 것도 외상이 되나요?"
 "되지 않으면 어쩌겠습니까. 가끔 여자 생각이 나지만 며칠마다 돈을 받는 직업이 아니니…. 그래서 원고료를 탈 때 일시불로 계산해주기로 거래를 터놨어요."
 "호오, 그래요?"
 박 씨는 약간 놀라는 표정을 지으며 머리를 끄덕거렸다. 그리고는 히죽 웃으며 말했다.
 "그럼 이야기가 나온 김에 신세 한 번 집시다. 한데 나는 얼굴을 모르니 돈을 내라고 할 텐데. 그러면 어쩌지요?"
 "어쩌긴, 이걸 가지고 가면 돼요."
 오 씨는 천연덕스럽게 대꾸하더니 책상 위에 있던 작은 종이 조각에 웬 도장 하나를 찍어 스윽 내밀었다.

"아하, 역시…그러니까 이건 말하자면 식당을 외상으로 거래할 때 쓰는 식권 비슷한 거로군요?"
"그렇다고 볼 수 있지요. 한데 조심해야 해요."
"네? 뭘…"
종이쪽지를 소중한 수표처럼 셔츠 주머니에 넣던 박 씨는 게슴츠레해진 눈을 들어 오씨를 보았다.
"무조건 아무 집으로나 들어가면 안 된다는 이야기지요. 그건 우리하고 거래하는 집에서만 통하는 거니까…"
"그, 그야 당연히 그렇겠지요. 한데 어느 집으로 가야 하지요?"
"파출소 옆에 ○○여관이라고 있어요. 그 집으로 들어가면 돼요. 근처에서 제일 큰 집이니 쉽게 찾을 수 있을 거예요."
"그래요? 큰 집이니까 아가씨들도 많겠네요?"
"당연하지요. 그래서 그 집을 단골집으로 정했어요."

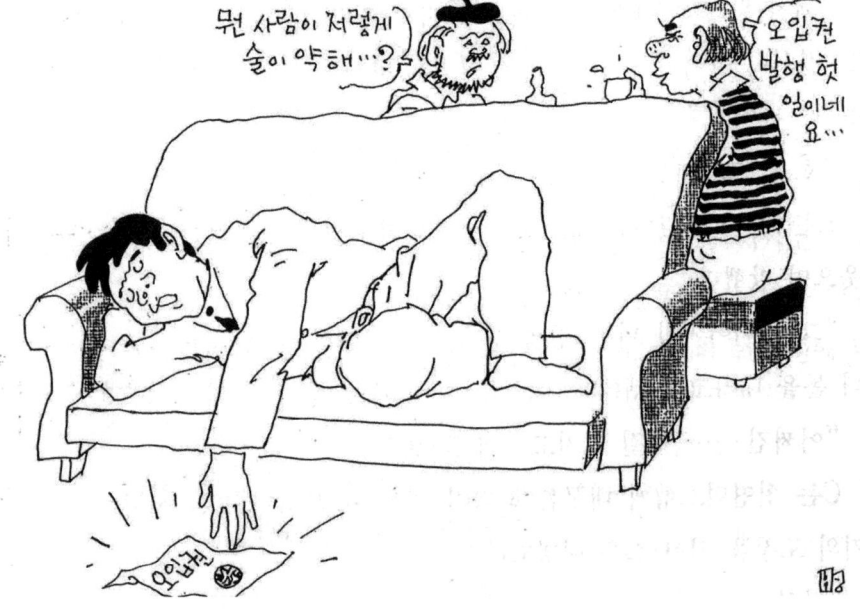

"맞아요. 잘했어요. 그럼 슬슬 가보실까?"
"에이, 벌써 가서 뭘 해요? 아직 초저녁인데…천천히 더 마신 뒤에."
"글쎄, 하지만 너무 취하면…"

박 씨는 약간 걱정스러워하며 더듬거렸다. 그는 이미 많이 취해있었다. 거기에다 오랜만에 만난 친구들이 곁에 있으니.

그는 결국 이놈이 권하는 술 저놈이 권하는 술 다 받아 마시다가 화실 밖으로 나가지도 못한 채 소파에 쓰러져 잠들고 말았다. 모처럼 얻은 '외상 오입권'을 사용해 보지도 못한 채, 말하자면 그는 남산타워가 미사일이라고 믿었던 사람과 비슷한 사람이었다.

제2장
만화같은 에피소드

맞는 이야기

*. 유식한 마담

M씨가 어떤 술집에서 술을 마시고 있었는데 옆에 앉았던 접대부가 술잔을 건드려 술이 쏟아졌다. 때마침 그 광경을 본 마담이 근엄한 표정을 지으며 이렇게 나무랐다.
"거봐라, 내가 전에 말했었잖니. 한 번 쏟아진 물은 다시 주워 담을 수 없다고, 그러니 항상 조심해야지."
(맞는 말인 것 같기는 한데 어쩐지 헷갈린다.)

*. 인심 좋은 약사

Y씨가 세 들어 사는 주인집 아주머니가 이웃집에 아픈 사람이 생길 때마다 되풀이하는 추천의 말.
"약을 사려면 시장 입구에 있는 ○○약국으로 가세요. 약사가 인심이 좋아서 다른 약국들보다 약을 많이 준다고요." (즛쯧, 약이라는 게 배추나 채소라면 몰라도…여기서 말하는 Y씨는 '얼룩 기병대'를 그린 왕현 선생이시다.

*. 너 손잡이 똑바로 잡지 않을래?

신나게 달리던 버스가 급정거하는 바람에 친구와 재잘거리며 이야기를 하던 여학생이 손잡이를 놓치며 운전사 쪽으로 처박히듯이 고꾸라졌다. 여학생이 울것 같은 얼굴이 되어 비척거리며 일어서자 운전기사가 스윽 얼굴을 돌렸다. 한쪽 자리에 앉아 있던 P씨는 '여학생에게 사과하려나 보지' 하고 생각했다. 한데 그게 아니었다. 운전기사는 대변이 급한 사람처럼 인상을 잔뜩 쓰며 여학생에게 호통을 쳤다.
"야! 너 손잡이 똑똑히 잡지 않을래?"
(쯧쯧, 똑똑히 잡고 있지 않았기 때문에 고꾸라졌겠지. 하지만…)

*. 만두가 다섯 개인 이유

어떤 분식집에서 점심식사를 하게 되었다.
왕 만둣국을 시켰는데 다섯 개가 들어있었다.
"사장님, 이거 어째 만두가 좀 많은 것 같은데요. 왕 만두라서 그런가?"
그러자 주인이 웃으며 대꾸했다.
"다른 손님들에게서도 많이 듣는 이야기입니다. 하지만 왕 만두를 다섯 개 넣는 이유가 있어요. 네 개를 넣으면 죽을 4(死)가 연상되고, 3개를 넣으면 만둣국이 너무 허전해보이고, 다섯 개를 넣으면 손님의 말씀대로 너무 많아 보이고, 하지만 많다고 하면서도 만두를 남겨 놓고 가는 손님은 아직까지 없었습니다. 그래서 만두를 다섯 개씩 넣는 걸로 정하게 되었지요."

만화의 등장인물 같은 사람들

*. 모택동

 모택동이라는 별명을 가진 대머리의 사나이가 있는데 그는 만화가가 아니다. 그런데도 이 지면을 통해 그를 소개하는 이유는 그가 만화를 좋아하며 하는 짓이나 말투가 만화 계통에서 일하면 딱 어울리겠다는 생각이 가끔 들어서다.
 그는 가끔 술자리에서 술이 담긴 소주잔을 나무젓가락 위에 올려놓고 마시는 묘기를 보이는데, 손을 대지 않고 500cc짜리 맥주를 마시는 재주도 아울러 가지고 있다. 다시 말하자면 입만을 사용하여 술잔을 들어 올려 그대로 마신다는 이야기인데 얼마 전까지만 1,000cc짜리를 즐겨 마셨다는 설명을 덧붙이고는 한다. 한데 술잔을 작은 것으로 바꾸게 된 이유는 정력의 감퇴와 함께 입과 입술의 힘도 빠졌기 때문이라는 설명이다.
 한 번은 어느 다방에서 그를 만나게 되었는데 차를 들고 온 종업원 아가씨와 농담을 나누다가 이상한 말을 던졌다.

"야, 너 고공폭파는 언제 했냐?"
'고공폭파?'
나는 그 말의 뜻을 즉시 이해하지 못했고 야하게 생긴 그 아가씨는 배시시 웃기만 했는데, 나중에 알게 된 그 말의 의미는 '처녀성 상실'이었다.
이런 일도 있었다.
그 친구와 내 친구들이 함께 어울려 단란주점에 가게 되었는데 그는 엉뚱한 이야기를 해서 주인 마담과 금방 친해졌다. 이어서 돼지처럼 살이 찐 여자 종업원에게 즉시 별명을 지어주었다. '물침대'였다.
'물침대라, 흐음…'
솔직히 말해서 나는 진심으로 감탄하며 놀라지 않을 수 없었다. 그것은 보통 사람들의 머리에서 단번에, 그리고 즉흥적으로 나올 수 있는 단어가 아니었다. 때문에 나는 그의 반짝이는 순발력을 사랑하며 그와 만날 때는 만화를 그리는 친구를 만났을 때와 같은 기분이 되고는 한다.

*. 노래나 한 곡씩 부르지

나에게는 인간성 좋고 술 인심 좋은 O라는 친구가 있다.
그의 특징에 대해서 이야기하자면 이 세상의 어느 누구보다도 노래를 좋아하는 사람이라는 것이다.
친구들과 어울려 술을 마시게 되면 그는 얼마 지나지 않아 꼭 이렇게 말한다.
"어이, 이렇게 술만 마실 것이 아니라 노래나 한 곡씩 뽑지."
그리고는 좌중을 스윽 돌아보는데, 선뜻 나서는 사람이 없으면 기다렸다는 듯이 이렇게 말한다.

"으음, 없군. 그러면 내가 먼저 한 곡 부르지."

그리고 그의 노래는 시작된다. 하지만 그의 그러한 멋대로의 행동을 못마땅하게 여기는 친구들은 없다. 그가 천성적으로 착한 사람이며 가까운 사람이 궂은일을 당하면 누구보다도 먼저 팔을 걷어 부치며 나서는 인간이기 때문이다

한데, 이런 일이 있었다.

부친상을 당한 친구네 집에서였다.

밤새워 고스톱을 치기에도 지쳐 친구들과 술을 마시게 되었는데, 몇 잔 들어가다 보니 취해버렸고 그러다 보니 자기가 지금 앉아있는 곳이 초상집이라는 사실을 잊어버리게 되었다. 그리고 어쩔 수 없이 예의 그 버릇이 나오게 되었다.

그는 게슴츠레해진 눈으로 친구들의 얼굴을 스윽 훑어보다가 천천히 말했다.

"어이, 이렇게 술만 마실 게 아니라 노래나 한 곡씩 하지."

"뭐?"

"노래?"

술상 주위에 둘러앉아 있던 친구들은 깜짝 놀라며 그를 향해 눈길들을 모았다. 망발도 유분수지, 고인의 시신이 누워 있는 상가에서 노래라니…하지만 그는 사나워진 친구들의 눈빛을 눈치 채지 못하며 웅얼거렸다.

"왜 그래? 싫다 이거야? 그럼 내가 먼저 부르지."

그는 장단을 맞추기 위해 젓가락을 집어 들었다. 하지만 그보다 먼저 곁에 앉아있던 친구 신택구의 손이 그의 입을 막았고, 다른 한 손은 젓가락을 빼앗았다.

때문에 초상집에서 노래 소리가 들리는 전대미문의 사태는 벌어지지 않았다.

한데 그로부터 몇 년이 지난 후, 그는 결국 초상집에서 노래를 부르는 기록을 세우고야 말았다.

교통사고로 죽은 어렸을 때부터의 동네 친구를 공동묘지에 묻고 내려왔을 때였다. 조객들이 그곳의 식당에서 식사를 하고 있었는데 약간 술이 취한 그가 비척거리며 가운데로 나서더니 큰 소리로 말했다.

"나는 노래를 한 곡 불러야겠어, 태용이가 살아 있을 때 좋아했던 노래를 불러야겠어."

약간은 어수선하던 식당 안은 갑자기 조용해졌다. 이어서 절규하듯이 불러대는 그의 노래 <안개 낀 장충단 공원>이 시작되었다. 노래하는 그의 눈엔 그렁그렁 눈물이 고이고 있었다.

죽은 사람의 형님과 누이동생들이 곁에 있었지만 그의 노래를 막는 사람은 없었다. 그는 친구가 좋아했던 노래를 끝까지 불렀다.

사나이의 약속

서울에서 올림픽이 치러지던 해, 그러니까 1988년에 나는 서초동에서 동방서관이라는 작은 만화출판사를 운영하고 있었다. 부천에서 제빙공장을 운영하시는 고종사촌형님이 돈을 투자해주어(가난한 나를 돕는 뜻에서) 나는 매우 고마워하며 거의 매일 사무실에서 숙식을 하며 일을 하고 있었다. 그런데 어느 날 예기치 않았던 일이 생기게 되었다.

임 사장이라는 분이 전라도 광주 지역의 총판을 맡고 있었는데 볼일을 보러 서울에 왔다가 돌아가는 길에 우리 사무실에 들르게 된 것이다.

토요일이었던 그날, 시간은 정오 무렵이었으며 형님께 전화를 했더니 인사를 나누면서 식사라도 대접할 테니 부천으로 모시고 오라고 했다. 그래서 나는 임 사장을 형님이 있는 부천의 공장 사무실로 안내했다. 형님의 냉동회사는 무척이나 큰 편(500평 이상)이었으며, 형님은 자수성가하여 그 공장을 일구었다.

임 사장은 형님과 인사를 나눈 뒤에 출판 시장에 대한 이야기를 잠깐 나누고 공장을 구경했다. 그리고 형님이 점심식사를 하러 갈 준비를 했는데 갑자기 생각난 것처럼 말했다.

"임 사장님, 점심을 하시는 것도 좋겠지만 마침 토요일이라 시간도 있으니 이왕이면 좋은 곳에 가서서 술이나 한 잔 하시지요? 예쁜 아가씨들과 춤도 추면서."

"예? 술을?"

임 사장은 의외라는 표정을 지으며 눈을 크게 떴지만 강남의 좋은 곳이라는 말이 그의 호기심을 자극한 것 같았다.

머뭇거리는 임 사장을 보면서 형님이 사무실의 여직원에게 말했다.
"미쓰 김, 차 대기시키고 시간 되면 퇴근하지. 자, 우리는 나가십시다."
우리는 잠시 후 마당에 정차해 있는 그랜저 승용차에 올라탔는데, 차 안에는 무전기처럼 생긴 커다란 카폰이 자리잡고 있었다.
"형님, 강남의 술집들이 아직 문을 열지 않았을 텐데요?"
내가 약간 걱정스러워하며 작은 소리로 말하자 형님이 대답했다.
"그건 자네가 걱정할 일이 아니니 자네는 술이나 적당히 마시게."
그리고는 운전기사에게 말했다.
"양 기사, <앙O>에 전화를 해. 30분 정도 후에 도착한다고."
"네, 사장님."
운전기사는 어딘지 알 수 없는 곳으로 전화를 했다.
우리 일행을 태운 그랜저는 그야말로 바람처럼 달려가기 시작했으며 얼마 후에 강남으로 들어섰다. 속도를 줄이며 큰길에서 꺾어 뒷골목길로 들어선 차는 어느 작은 건물 앞에 멈추어 서며 시동을 껐다. 임 사장과 나는 그동안 아무 말도 하지 못한 채 얌전하게 앉아 있었다.
우리가 차에서 내리자 안에서 나온 한 여자가 공손하게 인사를 했고, 작지만 화려하게 생긴 그 건물 안으로 우리를 안내했다.
"꽤 고급스럽게 생긴 집이군요?"
임 사장이 주위를 두리번거리며 말하자 형님이 말했다.
"그렇지요? 전에 리틀 <전>이 자주 출입하던 집이랍니다."

"아, 네. 그렇습니까? 리틀 전이라면……"
임 사장은 비로소 놀랐다는 듯이 고개를 끄덕였다.
우리는 한 방으로 안내되었다.
그리고 잠시 후부터 실로 이해할 수 없는 이상한 일들이 벌어지기 시작했다. 마담으로 보이는 아름다운 여자가 서두르며 나타나 우리가 있는 룸으로 들어와 호들갑스럽게 형님에게 인사를 했다. 뒤이어 호스티스들로 보이는 예쁜 아가씨들도 몇 명 서두르며 모습을 나타냈다.
"화아, 저 마담으로 보이는 여자 되게 예쁘네요."
내가 혼잣말을 하는 것처럼 중얼거리자 형님이 웃으며 중얼거렸다.
"허허, 너도 여자를 보는 눈은 있구나. ○○년도 미쓰 ○○이니 당연히 예쁘지."
"그, 그래요?"
뿐만이 아니었다. 얼마 후에는 밴드가 들어오더니 한쪽에 자리를 잡고 은은한 음악을 연주하기 시작했다. 커다란 탁자 위에는 많은 술안주들이 놓여졌고 우리는 술을 마시기 시작했다.
"자, 임 사장님 많이 드시고 제 동생 출판사 책들에 신경을 좀 써주십시오."
"다, 당연하지요. 그런데 제가 이런 대단한 대접을 받아도 되는지 모르겠습니다."
임 사장은 그처럼 거창한 술자리가 매우 부담스러운 모양이었다. 실은 나도 그와 비슷한 생각을 하고 있었다.
'그거 참, 형님은 도대체 얼마나 이 집의 술을 많이 팔아줬기에 이런 칙사 대접을 받는 거지? 낮에 찾아왔는데도 이렇게 특별한 대접을 하는 걸 보니……'

나는 몇 번이나 생각을 되풀이했지만 도저히 짐작을 할 수가 없었다. 그러는 중에 술자리는 익어갔다. 형님은 임 사장과 노래를 하고 춤을 추고하면서 즐겁게 시간을 보냈다. 그리고 모두들 술이 취해 자기가 갈 곳으로 가고 그날의 이상한 술자리는 그렇게 끝났다.

그로부터 몇 달 후 우리 집안에서는 이종사촌 동생 하나가 결혼을 하는 경사가 있었다. 그래서 피로연을 끝내고 장소를 옮겨 사촌형제들끼리만 모여 한잔을 더 마시게 되었는데 거기서 그날 낮 임 사장과 술을 마신 이야기가 나오게 되었다.

물론 그 이야기를 꺼낸 사람은 나였다. 마침 얘깃거리가 바닥이 났기에 슬그머니 그 이야기로 방향을 바꾼 것이다.

"아, 앙○술집 마담 이야기 말이냐?"

"네, 그 술집에서 굉장한 대접을 하던데요?"

내가 이야기를 꺼내자 큰집 형님이 이어서 장난스럽게 웃으며 이야기를 거들었다.

"그 정도로 투자를 했으면 분명히 그 마담과의 로맨스라든가 그런 것이 있을 텐데, 어서 얘기해 보슈."

"그래요. 순순히 말할 때 이실직고하쇼."

또 다른 고모의 아들인 형도 짖궂은 미소를 지으면서 말했다.

그러자 형님은 마시던 잔의 맥주를 주욱 비운 뒤 천천히 입을 열었다.

"아, 그건 말이지. 대단한 일은 아니고……"

'어………?'

나는 반응이 어째 이상하다고 생각했다. 이야기는 이미 시작되고 있었다.

"너희들도 연말이 되면 텔레비전에서 방송하는 탤런트들의 시상식을 많이 보았을 거다. 한데 말이야, 부모님이 예쁜 얼굴로 낳아주셨으면 감사하면서 분수에 맞는 인기를 누리면 탈이 날 것이 없는데 공연한 욕심을 부리는 애들이 있단 말이야. 특히 신인 탤런트들 중에는 화려한 온갖 장신구들로 멋지게 치장을 하고 시상대에 서고 싶다는 헛된 욕심을 갖고 있는 애들이 있다는 거야. 그런데 그 애들에게 돈이 없을 경우, 돈이 있는 물주를 택해 일정 기간 동안 동거생활을 한다는 약정을 하게 되지. 이 집 마담이 그런 여자들 중의 하나였어."

'아, 그래서!'

나는 비로소 이야기의 전모를 알 것 같았다.

"그 여자의 남자는 공교롭게도 예전에 내가 운동을 할 때 약간 안면이 있었던 후배였어. 어느 날 술자리에서 그 이야기가 나오게 되었는데 기분이 좋지 않더군. 그래서 그 친구에게 말했지. '이봐, 이제 그 여자를 풀어주는 게 어떤가. 앞길이 창창한 나이인데 가엾지 않은가?' 그랬더니 그 녀석이 뭐라고 말했는지 아나?"

"뭐라고 하던가요?"

우리들 동생 삼 형제가 함께 물었다.

형님은 손가락으로 작게 탁자를 툭툭 치면서 말했다.

"'형님, 그동안 저 년에게 내 돈이 얼마나 들어갔는지 아십니까? 풀어주지요. 형님이 대신 내 돈을 갚아주신다면', 그래서 내가 술이 취한 김에 대답하고 말았지. '그래, 내가 갚아주지 모두 얼마냐?', 그랬더니 모두 O억원이라는 거야. 다음 날 아침에 술이 깬 나는 참담한 기분이었어. 요즘 같으면 몇 억을 구하는 것이 힘든 일이 아니지만 그 당시는 사업의 자리가 잡히기 전이었기에. 하지만 남자가 한 약속이었기에 그 돈을 마련해주었고 그녀는 그의 손에서 풀려났지"

"화, 그렇게 되었군요."

"역시 대단하십니다."

두 형님은 큰 감동을 받은 것처럼 말했다. 그리고 큰 집 형님이 다시 물었다.

"그런데 그 후에 어떻게 되었지요? 혹시 그 마담과?"

그러자 얼음공장을 하는 형이 조용히 웃으며 말했다.

"네가 무슨 말을 하는 것인지 안다. 한데 정말 이상하더구나. 그 마담이 그때부터 하도 나를 생명의 은인 대하듯이 하는 바람에 아직까지 제대로 손목 한 번 잡아보지 못했다. 그렇지 않겠느냐? 그 후 밴드 마스터와 연애를 해서 살면서 이 술집을 차리고 내가 온다고 하면 대낮이라도 만사 젖혀두고 달려오니 말이다."

그 이야기를 들으면서 나는 정말로 재미있는 무협지 한 편을 읽은 것같다는 생각을 했다.

만화같은 이야기

*. K씨는 동키호테

 후배의 소개로 알게 된 아가씨와 연애를 하던 노총각 P씨가 결혼을 하게 되었다. 유명한 작가(화가)가 되지 못한 총각은 결혼하지 말라는 법 같은 것은 없으니까. 한데 막상 결혼을 하자니 결혼식 비용이 문제였다. 돈 많은 사람들처럼 호화로운 결혼식을 하겠다는 생각 같은 건 없었지만 그래도 최소한의 비용이라는 것이 있었다.
 그에게는 도움을 줄 부모님이 계시지 않았다. 좋아하는 친구들과 어울려 돌아다니며 술 마시는 것을 좋아했기 때문에 저금통장에 남아있는 돈의 액수는 거의 없는 것이나 마찬가지였다. 가까운 친구들에게 얼마 빌리기는 했지만 충분치가 않았다.

하지만 그렇다고 해서 잡아 놓은 결혼 날짜를 미룰 수도 없었다.
 K씨는 결국 축의금으로 모자라는 부분을 채울 생각을 하며 그들이 낼 축의금 액수를 대충 산출해 보았다.
 "'A'이 녀석과 'M'녀석은 인기 작가이니 적어도 30만 원씩은 내겠지. 그리고 'S', 이 녀석은 내 일이라면 자기 일처럼 걱정하는 친구이니 최소한 20만 원은 낼 것이고, 내가 거래하는 출판사의 U사장도 빌빌거리는 출판사이긴 하지만 명색이 사장이니 10만 원 정도는…'
 K씨는 그들과 자기의 관계를 감안하며 가능하다고 볼 수 있는 액수를 적어 나갔다. 한데 그 금액들을 모두 합해도 자기가 필요로 하는 금액에 이르지 못했다.
 그러자 K씨는 즉시 동키호테 식의 해결 방안을 만들었다. 그들의 축의금 액수를 모자란 만큼 늘린 것이다.
 정신병 환자가 아닌 사람들은 모두 알고 있는 바이겠지만 축의금이나 부의금은 청구하는 것이 아니라 주는 만큼 받는 것이다. 생각했던 것보다 적다고 해서 더 달라고 할 수 있는 성격의 돈이 아니다. K씨의 해결 방안이라는 것은 결국 아무런 의미도 없는 것이었다.
 하지만 K는 확실한 액수의 현금을 주머니 속에 확보해놓은 것처럼 안심하며 결혼식 날을 기다렸다.
 그리고 그 날이 되자 걱정이라고는 하나도 없는 것 같은 얼굴로 축하객들을 맞았다. K씨는 무사히 결혼식을 끝내고 어여쁜 신부와 함께 제주도로 향하는 비행기에 몸을 실었다.
 놀랍게도 그의 엉터리 계산이 맞아 떨어진 것이다.

*. 뱀

엉뚱한 장난을 잘 하는 박 군이 공 선생의 화실에 찾아온 것은 어느 여름 날 오후였다.
　박 군은 소파에 앉더니 들고 있던 투명한 유리병을 탁자에 놓으며 혼잣말을 하는 것처럼 중얼거렸다.
　"정말 놀랐어. 한국 사람들의 장난감 만드는 솜씨가 이 정도로 대단하다니…과연 세계적인 수준이야."
　한쪽에서 작업 중이던 'A'와 'B' 두 아가씨의 눈들은 반사적으로 유리병으로 옮겨졌다. 박 군과 공 선생도 얼떨떨해하며 맞은편 소파에 앉았다. 유리병 안에는 작은 뱀이 한 마리 들어 있었는데 그것은 당장이라도 굼틀거리며 움직일 것 같았다
　"어머나, 진짜 뱀하고 똑같아."
　"이게 정말로 장난감이란 말이지요?"
　탁자 옆으로 다가온 두 아가씨들이 병 안의 내용물을 들여다 보며 감탄사를 토하자 박 군은 진지한 얼굴로 대답했다.
　"그렇다니까. 너무 신기해서 보여 주려고 하나 산거야."
　"그래요? 하지만 믿어지지가 않아요."
　"저도 그래요. 어쩐지 금방이라도 혀를 날름거리며 움직일 것 같아요."
　두 아가씨는 유리병에 얼굴을 가까이하며 장난감을 좀 더 자세히 보기 위해 두 눈을 반짝였다. 박 군은 바로 그때 슬그머니 손을 내밀어 뚜껑을 열며 병을 쓰러뜨렸다. 그러자 병 안으로부터 뱀(장난감)이 스르르 몸을 풀며 밖으로 기어 나오는 것이 아닌가?
　"으아악-"
　"악-"
　기겁을 한 두 아가씨는 튕겨지는 것처럼 뒤로 물러섰다. B라는 아가씨는 허연 허벅지와 팬티가 보이는 것도 아랑곳하지

않으며 책상 위로 뛰어올라갔는데, 감쪽같이 속은 것이 너무나 분했는지 눈에 눈물까지 맺히고 있었다.
 그러자 박 군은 탁자 위의 뱀을 집어서 유리병에 담으며 넉살좋게 중얼거렸다.
 "어제 낚시하러 갔다가 잡은 거예요. 심심풀이 삼아 장난을 한 건데 이렇게 제대로 먹힐 줄은 몰랐어요. 아무래도 다른 곳에 가서 한두 번 더 써먹어야겠는 걸."
 그는 강원도 화천 수몰지구 부근의 산 속에서 약초를 캐면서 생활하는 약초꾼들을 친구로 가지고 있는 괴상한 친구다. 내 생각엔 만화를 그리면 딱 좋을 것 같은데 일 년 중 반 이상을 화천에 가서 그곳 친구들과 어울려 지낸다.

숙명이란?

어떤 역술인이 이런 말을 했다고 한다.
"운명이 앞에서 날아오는 돌멩이라면 숙명은 뒤에서 날아오는 돌멩이다. 앞에서 날아오는 돌은 먼저 발견하고 피할 수 있지만 뒤에서 날아오는 돌은 피할 수 없다.
속수무책인 것이다. 그것이 숙명이다."

나는 어떤 일을 이상한 일을 겪은 뒤 인간들의 세상살이는 운명보다는 숙명에 의해 움직인다고 생각하게 되었다.
그러한 단정을 나에게 심어준 것은 약 50년 전 광화문 근처 내자동에서 이름을 날리고 있던 김봉수라는 성명철학가였다. 나는 처음에 친구를 따라 그의 영업장에 가 보게 되었는데, 그 즈음에 준비 중이던 만화 스토리에 그의 비밀스러운 이야기를 접목시켜 보겠다는 엉뚱한 생각을 했기 때문이다.
아래에 소개하는 것은 내가 거기서 잠깐 보고 들은 신비한 내용을 그대로 옮긴 것이다. 김봉수는 접수하는 사람(조수)이 넘겨준 종이에 적은 이름을 보며 때때로 반말로, 운명을 감정했는데 이름이 좋지 않으면 먹물을 찍은 붓으로 이름에 O 표시를 했다. 어쨌든 그는 몇 마디를 넘기지 않고 손님이 돌아가게 만드는 놀라운 새주를 가지고 있었다.

*. 내용 1

푸짐하게 생긴 몸집을 가진 아주머니가 앞에 앉자 그녀 남편의 이름이 쓰여진 작은 종이조각을 내려다보던 김봉수가 혀를 차며 중얼거렸다.
"쯧쯧… 이 양반 101번지에 가게 되셨군!"
"네? 101 번지라니요? 거기가 어디지요?"
"어디긴 어디야, 서대문구 현저동 101번지, 서대문 교도소지."
김봉수기 핀잔을 주듯이 말하며 이름에 O 표시를 하자 여자의 두 눈은 화등잔만하게 커졌다. 그녀는 자세를 고쳐 앉으며 다급하게 물었다.
"맞아요! 사실은 바깥양반의 사업이 제대로 되지 않아 부도가 나게 생겼어요. 도대체 어떻게 해야 좋지요?"
그러자 김봉수는 여자를 쏘아보면서 차갑게 내뱉었다.
"이 아주머니, 정말 답답하시군. 방법이 달리 있을 수 있나? 부도를 내지 않으려면 친구들 집이라도 찾아다니며 돈을 만들어야지. 나 같은 사람을 찾아다녀서 어쩌겠다는 거야?"
두 사람의 대화는 거기서 끊어졌다. 더 이상 할 이야기가 없는 것이다.

*. 내용 2

평범한 생김새의 중년남자가 김봉수 앞에 앉아 물었다.
"현재 내가 하고 있는 장사가 시원치 않아서 양복지 장사로 바꿔 볼까하는데 잘 될까요?"
김봉수가 대답했다.
"그걸 하면 망하게 돼."
"그럼 뭘 하면 좋을까요?"
"다른 장사를 해도 마찬가지야."
"그럼 저는 앞으로 어떻게 된다는 거지요?"

"내리막길을 걷다가 불알 두 쪽만 남게 되는 거지 뭐, 당신의 운이 그래."
"그래요? 뭔가 좋은 방법이 없을까요?"
중년 남자가 굳어진 얼굴이 되며 묻자 김봉수는 다시 대꾸했다.

"방법이 아주 없는 건 아니지. 내일부터 리어카를 하나 사서 엿장수를 하는 거야. 크게 투자할 것이 없으니 크게 손해 볼 것도 없을 테고, 당신의 재산은 지켜지겠지. 한데 당신, 엿장수로 나설 수 있겠어? 못 할 거야. 남들이 미쳤다고 할 테니."
"그, 그러지요. 그럼 어쩌면 좋지요?"
중년 남자가 다시 묻자 김봉수는 천천히 내뱉었다
"방법이 없지 뭐, 운을 바꿀 수는 없는 법이니까. 그러니 요 앞에 있는 극장(단성사)에 가서 007영화를 보면서 기분 풀이나 하라고…"
중년 남자는 더 이상 말을 꺼내지 않고 힘없이 일어섰다.

*. 내용 3

 눈빛이 강한 중년의 여인은 남편의 진급에 대한 궁금증을 풀기 위해 그곳에서 차례를 기다리고 있었다. 여자는 종이에 쓰여진 남편의 이름을 내려다보는 김봉수의 모습을 곁눈질해서 바라보며 은근한 목소리로 물었다.
 "저어, 이번에는 별을 달 수 있을까요?"
 그녀의 남편은 대령 계급을 가진 군의 장교인 것 같았다. 김봉수는 종이에서 눈을 떼며 말했다.
 "아주머니의 남편 말고도 별을 달 사람들이 너무나 많이 밀려 있어."
 "힘들다는 얘기군요. 하긴 나이가 있으니…"
 여자는 고개를 떨구며 혼잣말처럼 중얼거렸다. 그러자 김봉수는 낮은 소리로 한 마디를 덧붙였다.
 "나이 때문이 아니야. 그릇의 질 때문이야. 내 말의 뜻을 알겠어?"

*. 내용 4

 김봉수는 두 개의 이름이 적힌 종이를 내려다보다가 앞에 앉은, 예쁘지만 조금은 경박스럽게 생긴 아가씨에게 물었다.
 "이 이름들은 뭔가?"
 "네, 두 사람 중 어느 쪽과 결혼해야 좋을지 알고 싶어서…"
 아가씨가 배시시 웃으며 말하자 김봉수가 설명했다.
 "두 사람 모두 굉장히 좋아. 여기서 나가는 즉시 전화를 걸어 '키스 미 퀵'이라고 말해도 상관없어. 한데 아가씬 정말로 운이 좋군."

"네? 왜요?"

아가씨가 두 눈을 동그랗게 뜨며 반문하자 김봉수는 대답했다.

"만일 지금과 반대로 이 청년들 중의 하나가 아가씨의 이름을 가지고 나를 찾아왔다면 나는 아가씨와 결혼하지 말라고 말했을 거야."

"그, 그건 무슨 말씀이시지요?"

"두 청년들은 백만 불짜리인데 비해 아가씨는 단 1불짜리도 되지 않기 때문이지. 그러니 아가씨 쪽이 나의 손님이 된 것이 천만다행이라는 거지."

"…"

그 아가씨는 아무런 대꾸도 하지 않았다. 그리고 슬며시 일어섰다.

*. 내용 5

이어서 성명철학가 앞으로 나가서 앉은 손님은 단정하게 생긴 30대 초반의 여성이었다. 그녀의 이름이 쓰여진 종이를 훑어본 김봉수는 너무나 재미있는 것을 알았다는 듯이 시익 웃으며 말했다.

"오래 살다보니 별 여자를 다 보겠군. 나이 30이 넘도록 멘스를 해보지 못한 여자가 있었다니…"

여자는 아무런 대답을 하지 못하며 부끄러워했지만 이상하게도 김봉수의 말을 인정하는 반응을 보였다. 아울러 아이를 낳지 못해 이혼 당하게 된 자신의 사정을 기어들어가는 목소리로 말했다.
 그러자 김봉수는 희망을 주는 구세주처럼 말했다.
 "걱정할 것 없어. 올해가 가기 전에 멘스를 하게 될 거야. 그리고 내년엔 아들을 낳게 될 거야."
 때문에 그 여자는 꿈을 안고 그 방에서 나가게 되었다.

*. 내용 6

 다음 손님은 수심에 가득 찬 노파였다.
 그녀는 딸의 이름을 보고 있는 김봉수에게 하소연하듯이 말했다.
 "글쎄, 그 아이가 죽어버리겠다는 편지를 써 놓고 나갔는데 소식이 없어요. 죽었을까요? 아니면 어디엔가 살아 있을까요?"
 한데 김봉수는 대답하는 대신 엉뚱한 질문을 던졌다.
 "할머니, 좋아하는 사람을 따라간 사람이 죽기는 죽어요? 그나저나 이번의 남자가 몇 번째지요?"
 그러자 노파는 도둑질 하다가 들킨 앙큼한 계집 같은 표정을 지으며 더듬거렸다.
 "세…세 번째랍니다. 한데 이번 남자와는 잘 살까요?"
 노파는 성명철학가의 눈치를 살피며 작아진 소리로 물었다. 한데 그의 대답은 그녀가 기대한 것이 아닌 것 같았다.
 "석 달이 지나지 못해서 쫓겨 올 겁니다."
 "네? 그럼 우리 아이는 앞으로 어떻게 되는 거지요?"
 "글쎄요. 대단히 안 된 이야기지만 그런 식으로 살다가 결국엔 588로 가게 될 겁니다."
 "588이라고요? 그게 도대체 뭐지요?"

노파가 얼떨떨해하며 묻자 김봉수는 한 순간 머쓱해하는 표정을 짓다가 말했다.
"저어, 그건 말이지요, 할머니. 술집에서 노래를 하며 술을 파는 여자들을 본 적이 있으시죠? 그런 곳 다음에 가게 되는 곳이랍니다."
그러자 노파는 비척거리면서 일어서며 혼잣말을 하는 것처럼 중얼거렸다.
맞아요, 선생님 말씀이 맞아요. 가엾은 년 같으니…그년은 결국 그렇게 되고 말 거예요."

*. 내용 7

다음 손님은 후줄근한 코트를 걸쳐 입은 30살 정도의 청년.
김봉수는 그 청년이 뭐라고 말하기도 전에 혀를 차며 말했다.
"쯧쯧, 작년에 1억 이상 손해를 보았군!"
1970년대의 1억 원이라면 굉장히 큰돈이었다. 때문에 나는 그 청년 쪽으로 시선을 옮기며 귀를 기울였다. 그처럼 큰돈을 만졌던 사람 같아 보이지 않았기 때문이었다. 한데 그는 뭔가 계산하는 것 같은 표정을 지어보이더니 머리를 끄덕였다.
"네, 그 정도 됩니다."
그러자 김봉수는 약간 힘이 들어간 목소리로 다시 말했다.
"하지만 너무 낙심할 것 없어. 내년 겨울쯤이면 손해 본 돈을 모두 찾고도 2억 정도 벌 거야!"
"그, 그래요?"
그 청년은 반사적으로 환한 표정을 지었다. 그것은 마치 신

용도가 높은 회사의 2억 원짜리 어음을 받은 것과도 같은 얼굴이었다. 가볍게 몸을 일으킨 그는 김봉수에게 머리를 숙여 보이고는 그 방에서 나갔다.

*. 내용 8

손님은 40살 정도의 남자.
종이에 쓰여진 이름과 그 남자의 얼굴을 번갈아보던 김봉수는 머리를 갸우뚱하며 중얼거렸다.
"역시 본인이 아니로군. 이 이름의 주인은 지금 빨간 나라에서 살고 있으니…"
"네? 빨간 나라라니요?""
"이북 말이야! 김일성이가 사는 이북…!"
반문하던 남자의 목소리는 갑작스러운 흥분으로 인해 격해지고 있었다. 그는 6.25때 납치당한 가족의 생사를 알 수 있을까 하여 그곳에 찾아왔던 것이었다.

*. 내용 9

김봉수는 그 여자의 이름이 쓰여진 종이를 내려다보고 있었는데, 여자가 조심스럽게 먼저 입을 열었다.
"저어, 결혼을 하자는 사람이 있는데…쉽게 마음을 정할 수가 없어서…"
그러자 듣고 있던 김봉수가 퉁명스럽게 내뱉었다.
"이봐, 아가씨! 나는 말이야, 양코백이와의 앞일을 보여줄 수 있는 능력은 가지고 있지 않아."

다음 순간 여자의 얼굴은 견디기 힘든 당혹감으로 인해 붉어졌다. 그녀는 기지촌의 여자였던 것이다.

나는 확신에 가득 찬 태도로, 그리고 독설적(?)인 어조로 방문객들의 급소를 찔러대는 김봉수라는 성명철학가의 놀라운 신통력에 감탄하지 않을 수 없었는데, 그에게는 그처럼 남의 앞일을 예언해주며 살아가는 것이 숙명이었을 것이다.
어쨌든 나는 기이하다고 말할 수밖에 없는 그의 이야기를 두 가지 더 해 주어야 할 것 같다.

*. 새로운 이야기 1

내가 두 번째로 김봉수를 찾아간 것은 선배 만화가 전상X 선생 때문이었다.
전 선생은 그로부터 몇 달 전에 첫 아들을 얻었는데, 겨울이 시작되면서 기침을 해대며 앓기 시작했다.
당연히 병원에 다니며 치료를 받게 되었는데, 쉽사리 낫지 않았다. 더 이상 찔러댈 자리가 없을 정도의 주사 바늘 자국이 어린 아기의 몸에 생겼지만 아기의 병은 조금도 나아지는 것 같지 않았다. 때문에 전 선생 부부는 이 병원에서 저 병원으로 옮겨 다니게 되었고, 그로 인해 아기는 아기대로, 어른들은 어른들대로 지치게 되었다.
전 선생의 집에 자주 드나들어 사정을 잘 알고 있었던 나는 어느 날 김봉수를 찾아가게 되었다. 끈질기게 낫지 않는 그 아기의 병의 원인은 어쩌면 그 아기의 이름 때문인지도 모른다는 생각이 문득 들었기 때문이다.

그 아기의 이름은 '전진성(全進星)'이었다.
한데 그 아기의 이름이 씌어진 종이를 내려다본 김봉수가 낮은 목소리로 중얼거렸다.
"음, 죽을 아이로군."
"네? 죽다니요?"
내가 소스라치게 놀라며 반문하자 그가 설명했다.
"이건 성명철학의 원칙을 따지기 전에 너무나 무식(?)하게 지어진 이름이오. '나갈 진'이라는 글자는 다른 글자와 어울리면 대체로 좋은 뜻을 갖게 되지요. 하지만 '별 성'자와 어울리면 나쁜 의미를 갖게 되지요. 별이 나간다는 (움직인다는) 것은 곧 별이 떨어진다는 이야기, 즉 별의 죽음을 의미하는 문구가 되지 않겠소?"
"아하…"
나는 그런 것도 같다고 생각하며 고개를 끄덕였다. 그리고 다시 말했다.
"그럼, 아이의 이름을 좋은 것으로 바꿔 주시지요?"
하지만 김봉수는 강하게 머리를 저었다.
"공연한 짓이요. 너무 늦었어."
"네?"
"이름이라는 것은 원래 본인의 것이긴 하지만 남들에 의해 불리어지기 때문에 본인의 뜻과 다른 나쁜 상황이 되기도 하지요. 이 아기의 경우는 그로 인해 날아든 죽음의 독소들이 회복될 수 없을 정도로 많이 쌓여 있어요."
"살아날 수 있는 가능성이 조금도 없다는 겁니까?"
내가 혹시나 하며 물었지만 그는 담담하게 대답했다.
"살 수도 있겠지요. 하지만 만일 죽지 않는다면 성치 않은 반신불수의 몸으로 살아가며 오랫동안 부모의 가슴을 아프게 만들겠지."
"…!"
 나는 더 이상 질문할 말을 찾지 못하고 돌아왔다. 그리고 그로부터 석 달이 지나지 않아 그 아기는 하늘나라로 떠났다.

*. 새로운 이야기 2

 그로부터 얼마 후 나는 거래처에서 알게 된 어떤 노처녀에게서 성명 철학가 김봉수에 관한 이상한 이야기를 들었다.
 그녀도 친구를 따라 그곳에 가게 되었는데 동행인이 있었다. 그 즈음에 형부가 교통사고를 당해 형부와 언니의 아들인 조카를 돌봐주고 있었는데, 함께 간 김에 그 아이의 이름도 감정을 의뢰하게 되었다.
 "쯧쯧, 아이의 이름을 이렇게 지었으니 아버지가 교통사고를 당해 다리가 부러지지."
 그녀는 당연히 기겁을 하며 놀라지 않을 수 없었다. 한데 그런 와중에도 묘한 장난기가 발동했다. 때문에 짐짓 화난 체하며 언성을 높여 떠들어댔다.
 "이봐요, 도대체 무슨 소리를 하는 거지요? 그보다 그런 끔찍스러운 소리를 그렇게 함부로 해도 되는 거예요? 멀쩡한 다리가 부러졌다니…"
 그러자 김봉수는 눈을 들어 그녀의 얼굴을 한동안 바라보더니 사형을 선고하는 재판관처럼 이렇게 말했다는 것이다.
 "아직 부러지지 않았다고? 그럼 오늘이 다 가기 전에 부러질 거야."

희한한 녀석들

*. 개 이야기

 이O호 씨는 개를 굉장히 좋아했다. 때문에 선후배들과의 모임에 참석하게 되면 항상 개에 연관된 이야기를 많이 했다.
 때문에 듣는 사람들은 아무래도 처음에는 재미있어하며 귀를 기울였지만 '듣기 좋은 소리도 세 번'이라고 차츰 그의 개 이야기를 듣는 것을 지겨워하게 되었다. 하지만 어지간히도 개를 좋아했던 O호씨는 그런 반응을 눈치 채지 못하며 계속해서 개 이야기를 해댔다.
 결국 S라는 후배 하나가 어느 날 그의 입을 막았는데 그 방법이 재미있었다.
 모임이 있었던 갈비집에서 기분 좋게 취한 O호씨가 담배 한 가치를 입에 물며 평소처럼 개 이야기를 꺼내자 S는 묘한 미소를 머금으며 말했다.
 "형님, 개 소리는 이제 그만 좀 하쇼. 하도 들어서 지겨우니…"
 "뭐?"
 O호씨는 반사적으로 대꾸하며 두 눈을 크게 떴다. 술로 인해 벌개진 그의 얼굴은 더욱 붉어지고 있었다. 하지만 O호씨는 섣불리 화를 낼 수가 없었다. S가 말한 '개 소리'란 말의 의미가 애매했기 때문이었다. 물론 O호씨는 그 말을 '개 같은 소리'로 받아들였지만 그 말을 문제 삼으면 S는 '개에 대한 소리'라는 뜻으로 말했다고 발뺌을 할 것이 뻔했기 때문이었다.
 어쨌든 O호씨는 그 때부터 섣불리 개 이야기를 하지 않게 되었다.

심만기 선생이 기르고 있는 4마리 개들 중의 하나인 진돗개 (1998년 현재)는 악바리들 중에서도 악바리다.
한데 이 녀석이 많이 별나다.
도대체 어떤 내용의 훈련을 시켜 그런 결과를 얻게 되었는지 모르지만 이 녀석은 자기 집에 찾아오는 사람들이 뭔가 들고 오면 절대로 짖지 않는다. 하지만 반대로 찾아왔던 사람이 작은 물건이라도 들고 나가는 것만 보면 당장이라도 물어뜯을 것처럼 하얀 이빨을 드러내며 덤벼든다.
말하자면 주인집의 재산 보호를 최상의 임무로 생각하는 경제통(?) 개로 분류할 수 있는데 어쨌든 간에 심 선생의 집을 방문하게 되면 조심해야 한다.
물론 진돗개에게 물린 사람은 아직까지 없지만 책이라도 한 권 빌려 돌아가게 되면 느닷없이 진돗개의 이빨 앞에 서게 될지도 모른다.

내 친구인 김영구(서남국)는 영리하게 생긴 치와와를 (1995년 현재) 방에서 키우고 있다.
몸집은 쥐만큼이나 작지만 성질은 늑대처럼 사나워서 낯선 사람이 찾아가기라도 하면 요란하게 짖어대며 덤벼든다.
한데 그 녀석에게 있어서 주인인 영구의 명령은 어떤 상황에서나 절대적이다. 그가 근엄한 목소리로,
"누워!"
하고 말하면 문제의 치와와는 반사적으로 동작을 멈추며 발랑 드러눕는다. 한데 재미있는 것은 그 모습이 벌거벗겨진 여자가 무방비 상태로 누워 남자의 처분을 기다리는 것과 같은 자

세라는 것이다. 치와와는 마치 '나를 마음대로 요리해 주세요'라고 말하기라도 하는 것처럼 두 눈을 껌벅거리기도 한다.

때문에 나는 가끔 '먹고 살려고 만화 그리기에만도 바빴을 텐데 저런 교육을 언제 시켰을까?' 하고 궁금해하기도 한다.

치와와에게 섹스의 자세를 취하게 하고, 그것을 보면서 잠시 동안이나마 피로를 푼다. 얼마나 만화가다운 기발한 착상인가…하지만 문제의 치와와가 머리가 나쁜 개였다면 그런 시도도 결과도 없었을 것이다.

문제의 치와와가 우리 집에서 키우던 멍청한 잡견 같은 녀석이었다면 그 어떤 특수한 훈련을 시도했어도 그런 결과를 얻어내지 못했을 것이다.

<흰돌이>라는 이름을 가지고 있던 우리집의 그 녀석은 쥐가 자기의 밥을 훔쳐 먹는지도 모르고 잠만 쿨쿨 자고 있던 신경이 매우 무딘 강아지였다.

*. 물고기를 잡는 희한한 방법

이 희한한 이야기는 내가 이 원고를 쓰기 시작했을 무렵에 기록한 것이다.

때는 1980년대 말 겨울이었고 장소는 강원도 철원군 근남면 와수리의 한 수로 옆에서였다. 내가 아는 사람인 J사장이라는 친구가 당시 와수리에 청소년 훈련원을 짓는 공사를 하고 있었기 때문이다. 그래서 1박 2일 계산으로 겨울휴가를 즐길 겸 해서 쉬러 갔던 것이다. 그리고 그곳에서 너무나 뜻밖의 광경을 보게 되었다.

다음 날 오후 떠날 준비를 하는 우리 일행에게 J사장이 불쑥 말했다.
 "저어, 이왕 이곳까지 오셨으니 물고기나 잡고들 천천히 돌아가시지요."
 "물고기 잡는 구경? 글쎄…"
 추운 겨울이어서 들판에 나가 물고기를 잡는다는 것이 그리 내키는 일은 아니었지만 우리는 그의 성의를 생각해서 마지못해 잠시 후 그가 운전하는 그렌저 승용차에 몸을 실었다.
 한데 고기를 잡을 수로 앞에 도착했을 때 나는 뭔가 이상하다고 생각했다. 물고기를 잡으러 간다는 친구들이 물고기를 잡을 기구들을 하나도 가지고 오지 않은 것 같았다. 그리고 이상하게도 승용차 뒤에는 중간 크기의 중장비인 포크 레인이 한 대 굉음을 흘리며 따라오고 있었다.
 "자, 그럼 시작할까요? 날도 추우니."
 J사장은 내게 궁금증을 표하려는 시간을 주지 않으며 포크 레인에 탄 사나이에게 말했다.
 "양 기사! 시작하지."
 "예."
 그 사나이가 포크 레인을 수로 옆으로 세우며 대답했다. 수로의 깊은 물은 겨울이었기에 얼어 있었다. 그리고 다음 순간 포크레인의 전방에 부착된 커다란 삼지창 같은 쇳덩어리가 둔탁한 소리를 내며 얼음을 찍었다.
 "콰앙-"
 '?…'
 "콰앙- 콰아앙- 콰아앙-"
 쇳덩어리가 얼음을 때리는 소리는 몇 번인가 계속해서 울렸고 둥글고 큰 얼음구멍이 생겼다. 이어서 포크 레인을 운전하는 기사는 커다란 국자처럼 생긴 쇳덩어리를 물속으로 들이민었다.

'어어…?'

 내가 놀라며 눈이 커지는 동안 포크 레인의 국자 부분은 물 속에서 커다랗게 뭉쳐진 철망 덩어리를 꺼내들었다. 시멘트 덩어리와 함께 뭉쳐진 그것은 아마도 공사장의 인부들이 몰래 버린 폐기물(가로, 세로, 높이가 2미터 정도 되었음)인 것 같았다. 포크 레인은 그것을 높이 쳐들었다가 땅에 내동댕이쳤다. 그러자 그 철근 뭉치 속에서 편하게 겨울잠을 자던 많은 물고기들이 "투두둑-"하고 땅바닥에 떨어졌다.

"텅-텅-"

 포크 레인이 몇 번인가 더 그것을 땅바닥에 패대기치다가 물 속으로 다시 던져 넣자 J사장은 말했다.

"다 끝났습니다. 어이 모두들 그릇에 담지."

"예."

 함께 따라온 공사장의 직원들이 우르르, 달려들어 커다란 그 릇에 물고기들을 담기 시작했다. 물론 나도 얼떨결에 그들을 거들었는데 날이 워낙 추워서 손이 시려워 작은 물고기들까지 일일이 다 주워 담을 수가 없었다.

 그러자 J사장이 씨익 웃으면서 말했다.

"작은 것들까지 다 담으실 필요 없습니다. 그건 청소부들 몫 이니까요. 아, 벌써 왔군요."

'청소부?'

"까악-까악-"

"으응?"

 놀라며 하늘 한편을 보니 셀 수도 없이 많은 까마귀들이 날 아와 주위의 하늘을 맴돌고 있었다. 우리가 있는 수로 옆에 많은 그림자들을 만들면서. 나는 그 순간 오싹하고 소름이 끼치는 것을 느끼며 엉뚱한 생각을 했다.
'화아, 저 까마귀들은 도대체 어디서 날아온 거지? 그나저나 요즈음에도 저렇게 많은 까마귀들이 어딘가에서 살고 있었나?'

*. 악인과 선인

 정말 이상하게도 세상의 어느 곳에나 자기가 속한 조직의 물을 흐려놓는 인간들이 몇 명은 꼭 있다.
 여행사를 운영하는 내 후배에게서 들은 이야기인데 어떤 여행사(작은 여행사였다고 함)에서 부모님을 위하는 자식들의 효도 관광을 떠나게 되었다고 한다. 인원은 열 명이었으며 목적지는 하와이, 기간은 일주일이었다. 그리고 계약자들은 하와이까지의 항공비 전액을 완불했다. 그런데 하와이로 출발하는 날 여행사 사장은 항공비 3천 여 만 원을 가지고 어디론가로 사라졌다. 때문에 인천 공항에 나온 늙은 여행객들은 갈 곳이 없어지게 되었다. 하지만 집으로 돌아가 그 같은 황당한 사실을 자식들에게 말할 수는 없었다. 너무나 창피했기 때문이었다. 자식들이 실망하는 모습을 보기 싫었기 때문이다.
 때문에 그들은 서둘러 비상대책을 만들었다. 각자의 주머니에 남아 있는 돈들을 모아 세주도 행 비행기를 탄 것이다. 그리고 그곳에서 일주일을 보낸 뒤 인천으로 돌아와 하와이에 다녀온 것처럼 행동했다는 것이다. 하지만 그로부터 며칠 지나지 않아 슬픈 내막은 밝혀지게 되었다. 악인에 대한 이야기가.
 그리고 정반대의 내용인 이런 일이 있었다.
 아득하게 넌 사십 여 년 전 우리 사무실에서 그림 공부를 하던 R이라는 청년이 있었는데 어느 날 아침 출근한 그가 손에 든 서류 봉투를 보이며 말했다.

"이거 오다가 길에서 주웠어요."

"그래?"

"그런데 안에 돈이 들어 있네요."

"그래?"

"한데 굉장히 많아요. 천만 원도 넘는 것 같아요."

"뭐? 처…천만 원?"

내 목소리는 불에 덴 것처럼 갑자기 커졌다. 지금도 그렇지만 그때 돈 천칠백 만 원이면 엄청나게 큰돈이었으며 아마 경리 아가씨가 은행에서 직원들의 월급을 찾아가지고 가다가 실수로 길에 떨어뜨린 것 같았다. R이 수표와 많은 현금들이 들어있는 봉투 안을 뒤져보니 지갑이 있었으며 회사의 것인 것 같은 주소가 적힌 명함이 있었다.

"야, 그 돈 그대로 돌려주려고 그러는 거야?"

사무실에서 같이 일하는 P가 아깝다는 듯이 묻자 R이 당연하다는 듯이 대답했다.

"그럼요. 지금 이 돈 때문에 얼마나 난리가 났겠어요."

"하…하지만…"

P는 뭔가 이야기하려는 것 같았지만 R은 즉시 명함에 적힌 번호로 전화를 걸었고 잠시 후 두 명의 남자가 허겁지겁 내 사무실로 달려왔다(사무실이 근처에 있었던 것 같았다).

그들은 봉투 안의 돈을 확인하고 고맙다고 몇 번이나 인사를 하더니 내 사무실에 올 때처럼 서둘러 돌아갔다. 아 참, 그들 중의 한 사람이 아래층 구멍가게에서 내 사무실 사람들의 숫자만큼 콜라를 사서 R에게 안겨주고는 바람처럼 사라졌다. 몇 천 만 원을 찾아준 사례가 콜라 몇 병이었던 것이다.

나는 그때 문득 P가 R에게 하려던 말이 사례비에 대한 것이 아니었을까 하고 생각했다. 그즈음 남의 물건을 찾아주면 그 돈의 10%에 해당하는 돈을 사례비로 받는다는 법이 생겼다는 말을 누구에게선가 들었기 때문이었다.

아, 몇 번을 다시 생각해봐도 재미있는 이야기이다. 아무리 공금이라도 그렇지, 10%의 돈은 고사하고 사례비로 콜라 네 병이 뭐란 말인가.

*. 답답한 제본소 사장

2000년대 초에 한동안 마포 가든 호텔 근처에 여관방을 하나 얻어놓고 작업을 한 적이 있었다. 때문에 점심 식사는 부근에 있는 음식점을 하나 정해 놓고 해결하고 있었는데 흥미 있는 상황과 맞닥뜨리게 되었다. 음식점에 들어가면 거의 매일 같이 구석 자리에 앉아 있는 60대 중반의 한 남자를 보게 되는 것이었는데 그는 항상 식사를 하는 대신 술을 마시고 있었다. 뭔가 못마땅해 하는 표정을 지으며.

그래서 어느덧 구면인 사이가 되었기에 물었다.

"아저씨, 오늘도 또 낮부터 술을 들고 계시는군요. 혹시 뭔가 속상하는 일이라도 있으십니까?"

그러자 그는 희미하게 웃으며 대꾸했다.

"답답해서 마시는 거지요. 직원들이 속을 썩여서…"

"아, 그래요?"

그는 사람들 몇을 데리고 작은 제본소를 운영하는 사장이라고 했다. 그런데 그날도 출근하기로 한 직원이 미리 통보도 하지 않고 결근을 한 바람에 작업을 할 수가 없게 되어 홧김에 술을 마신다는 것이었다. 제본소의 작업이라는 것은 일의 차례가 접지-무선작업-제본-마무리 작업으로 이어지기 때문에 작업의 원만한 연결을 위해 공정이 끝난 책들을 다음 작업장소로 재빨리 운반하여 작업이 끊어지지 않도록 조치해 주어야 한다. 따라서 일의 과정상 한 사람이라도 빠지게 되면 그 작업은 제대로 이루어지지 못하게 된다.

"허어, 듣고 보니 과연 답답한 일이군요."

"이제 내 심정을 이해하시겠소? 이거 정말 못해먹겠어요. 화가 나서 다음날 출근한 결근한 직원에게 '야, 어제 결근할 거면 미리 얘기를 했어야지.' 하고 화를 내면 미안하다는 말 대신 오히려 화를 내며 '오늘까지 일한 것 계산해 주세요' 하고 짧게 말하는 거예요."

"허어, 그거 참 보통 일이 아니로군요. 그럼 제본소 문을 닫을 수밖에 없잖습니까?"

내가 말하자 그가 재빨리 말했다.

"그렇기는 하지만 그렇게 할 수도 없지요. 제본소를 그만 두면 어디 가서 뭘 합니까? 경노원에 가서 장기나 두며 세월을 보낼 수도 없고…그래서 이렇게 술을 마시고 화를 푸는 거예요."

듣고 보니 과연 낮부터 술을 마시지 않을 수 없는 일이었다.

*. 레슬러

긴 투병 생활을 하다가 오래 전에 세상을 떠난 박 사장은 유명한 프로레슬러였던 박송남 선수를 연상시키는 턱이 긴 얼굴과 커다란 체격을 가지고 있었는데, 거칠게 생긴 외모와는 어울리지 않게 여학생 독자들을 대상으로 한 순정만화를 그리는 작가이기도 했다.

 오랫동안 만만치 않은 인기를 유지하며 자금을 형성한 그는 편치 않은 몸으로(당뇨병이 있었음) 자기의 책을 출판하는 저력을 발휘하며 다른 만화출판사의 사장들과도 친해졌다.

 한데 그들 중의 하나인 S출판사의 O사장은 그의 외모에 대해 항상 재미있어하며 기회만 있으면 싱거운 장난을 하곤 했다.

 그리고 박 사장은 묵묵히 그의 요구를 충족시켜 주었다.
 한 번은 이런 일이 있었다.
 출판사 대표들이 지방 총판들과의 결산 때문에 동대문 쪽에 있는 작은 호텔의 큰 방을 몇 개 빌리게 되었다. 당연히 분위기가 시끌벅적해지게 되었는데, 갑자기 일거리가 많아진 어려 보이는 벨 보이 녀석의 태도가 영 친절하지 않았다.

만화같은 에피소드 379

그러자 O사장은 그 녀석을 부르더니 한 쪽에 앉아 있는 박 사장을 가리키며 넌지시 말했다.
 "너 말이다, 저분이 누군지 아냐?"
 "그, 글쎄요."
 "쯧쯧, 텔레비전에서 본 적이 있을 텐데. 레슬링 선수 박송남 씨 아니냐? 녀석아…"
 "아아…"
 녀석이 뒤늦게 약간 놀라는 얼굴이 되며 머리를 끄덕거리자 O사장은 빙그레 웃으며 말했다.
 "너 말이야, 이 방의 손님들이 시키는 대로 빨랑빨랑 움직이며 잘 해야 한다. 그렇지 않으면 혼이 나는 수가 있다. 모두 박 선수를 찾아온 손님들이시니까. 그렇지요? 박 선수님?"
 시선을 돌린 O사장이 확인시켜 주듯이 말하자 커다란 곰처럼 웅크리고 앉아 있던 박 씨는 묵묵히 머리를 끄덕였는데 그것은 영낙 없이 박송남 선수의 모습 바로 그것이었다.
 그러자 O사장은 벨 보이를 다시 불러 더없이 상냥한 목소리로 첫 임무를 부여했다.
 "손님들이 모두 오실 때까지 고스톱이라도 쳐야겠으니 어서 가서 화투부터 몇 목 가지고 와라. 음료수와 맥주도…"

제3장
만화가의 아내들

백곰표 팬츠(pants)

 많은 만화가들이 어려움을 당하던 시절의 이야기이다.
 백○ 씨라는 작가가 있었는데 그나마 명맥을 유지하던 작은 일거리가 없어지게 되었다. 실력이 모자라기 때문인지 출판사 사람들과의 대인 관계가 원만치 못해서였는지…어쨌든 그는 속된 말로 잘리게 되었다. 그리고 경기도의 능곡으로 거주지를 옮기게 되었다. 생활비 중의 사글세 부담을 조금이라도 줄이기 위해서였다.
 그곳에서 살게 된 백 씨는 재기를 위해 많은 사람들이 깜짝 놀랄 만한 신작을 만들겠다고 다짐했다. 하지만 뜻대로 되지 않는 세상살이에 대한 울분이 그를 오랫동안 책상 앞에 앉아

었으며 물이 적당히 고인 수로가 마을 한쪽에 자리 잡고 있었 있지 못하게 했다.
 더욱이 때는 바야흐로 여름이었다. 그의 집 부근은 농가들이 는데 그것이 백 씨를 유혹했다.
 백 씨는 어느 날부터인가 원고를 그리는 것보다 그물을 들고 수로를 훑으며 고기를 잡는 일에 더 열중하게 되었다. 때문에 그의 집 밥상에는 항상 푸짐한 민물 매운탕이 오르게 되었다.
 한데 동네가 시골인지라 여기저기서 수군대는 소리들이 그의 집에까지 들려오게 되었다. 속옷 바람으로 물고기를 잡으러 다니는 그의 모습이 너무나 망측스럽다는 것이었다. 그래서 논길을 가다가 그의 모습을 보게 되는 아낙네들은 가까이서 맞닥뜨려 민망스러워지지 않으려고 일부러 먼 길로 돌아서 간다는 이야기였다.
 하지만 백 씨에게는 그물질할 때 입을 반바지나 수영팬츠가 없었다. 하긴 그런 것을 제대로 갖추고 살 정도였다면 백 씨는 유배지와도 같은 그런 시골로 들어가 살지도 않았을 것이다.
 어쨌든 마을 사람들의 여론을 무시할 수는 없었다, 백 씨의 부인은 남편에게 물고기 잡는 일을 그만 두라고 말하고 싶었지만 차마 그럴 수가 없었다. 그것은 그의 단 하나의 낙이라는 것을 알고 있었기 때문에….
 부인은 할 수 없이 남편이 수로에 갈 때 입을 옷을 만들어 주려고 했지만 적당한 옷감이 없었다. 하지만 그녀는 고심하다가 그 문제를 간단히 해결했다. 그녀는 남편이 수로에 나갈 때 입을 적당한 옷을 만들어 주었다. 그것을 입은 백 씨는 당당하고 떳떳하게 물고기를 잡으러 다니게 되었다.

마을 사람들은 당연히 논둑길에서 그와 마주쳐도 그대로 지나가게 되었다. 대신 얼굴을 돌리며 소리죽여 웃게들 되었다. 농구 선수들의 경기복처럼 만들어진 긴 팬티에 <백곰표>라는 커다란 글씨가 잘려져 나간 곰의 그림과 함께 박혀 있기 때문이었다. 그 팬츠의 재료는 백곰표 밀가루 부대였던 것이다.

#. 남자의 육상 경기용의 짧은 바지는 팬츠, 여성용의 짧은 속바지는 팬티라고 부른다고 함.

내 친구의 후배의 아내

"어떤 사람이 도박에 손을 대 백만장자가 되었다는군요. 한데 그는 도박에 빠지기 전에는 억만장자였대요. 허허허…"
 먼 옛날 쟈니 윤이 <쟈니 윤 쇼>에서 소개한 우스갯소리이다. 한데 나는 그 그이야기의 모델이 되기에 충분한 사람을 알고 있다.
 일반적으로 남편이 화투놀이를 좋아하는 것을 탐탁하게 여기는 아내는 하나도 없다고 알고 있다. 그것이 큰 판이거나 작은 판이거나 도박성을 띤 화투놀이는 부부싸움의 원인이 되며 집안이 망할 징조가 된다.

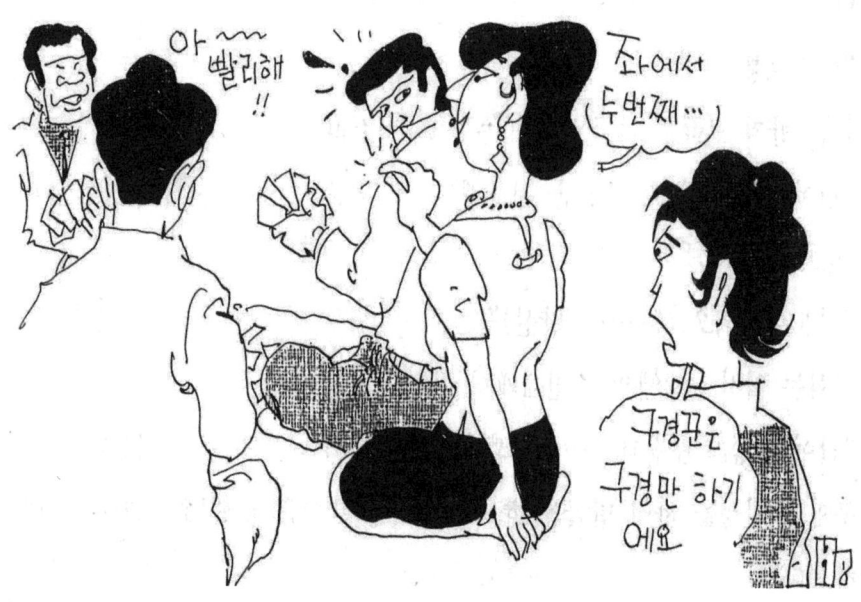

 한데 나는 그렇지 않은 여자를 하나 알고 있다.
 그녀는 내 내 친구의 후배의 아내라는 복잡한 설명을 필요로 하는 여자이며, 그녀의 특이한 행동을 직접 본 적은 없는데,

그녀는 남편이 노름을 하게 되면 권투선수의 코치처럼 제가 더 흥분하며 설친다는 것이다.
 예를 들어 남편이 친구들과 고스톱을 친다면,
"아유, 점 당 오백 원이 뭐야, 쩨쩨하게, 좀 더 올려요. 천 원 정도로…"
하고 열을 올리는가 하면 남편이 돈을 잃어 자금이 바닥 날 것 같으면
"여보, 카메라를 잡혀올까? 아니지, 가겟집에 가서 빌려오는 것이 낫겠군."
 하며 바람처럼 뛰어나가 돈을 구해오기도 한다는 것이다. 그녀는 정말로 사랑스럽고 갸륵한 아내였다.
 한데 노름을 해서 좋은 결과를 얻는 경우는 역시 드문 것 같다.
 그토록이나 지극히 내조(?)를 했음에도 불구하고 그들은 근사한 자기 집은 남에게 넘겨주고 자기들은 작은 전셋집으로 옮겨 살게 되었다고 한다.
 한데, 그녀의 그 방면의 내조는 요즈음도 변함없이 계속되는 것 같으며, 그들의 전셋집은 머지않아 작은 사글셋집으로 바뀌게 될 것이 틀림없다고 생각한다. 정말 곤란한 여자다. 물론 변함없이 동양화 공부에 몰두하는 그 여자의 남편에게도 문제가 있겠지만 ….

두레박에 묶인 아이

 채일병 선생은 한때 원로작가인 심상찬 선생 댁에서 기거하며 그의 작품 제작을 도운 적이 있었다.
 심 선생은 성격이 유별난 분이 아니셨고 부인도 시원시원한 성격을 가지고 있었으며 그 집의 음식도 채 선생의 입에 맞는 편이었다. 때문에 그 집에서의 생활은 한 마디로 말해서 괜찮은 편이었다.
 그런데, 딱 한 가지 채 선생의 마음을 편치 못하게 하는 것이 있었다.
 심 선생에게는 늦게 얻은 어린 아들이 있었는데, 이 녀석이 골칫덩어리였다. 원고를 그리고 있을 때 방 안으로 들어와 방바닥에 늘어놓은 원고지 사이를 지나다니지 않나, 앉은뱅이책상에 엎드려 작업에 열중하고 있는 채 선생의 팔꿈치를 건드려 먹물 병이 쓰러질 뻔하게 만들지를 않나, 채 선생은 그럴 때마다 주먹으로 한 대 쥐어박았으면 좋겠다는 생각이 들었다, 하지만 그럴 수는 없었다. 녀석은 존경(?)하는 사부님께서 눈에 넣어도 아프지 않을 정도로 사랑하는 막내아들이니…하지만 그대로 보고만 있을 수도 없었다. 그것이 언제가 될지는 모르겠지만 녀석이 채 선생의 팔꿈치나 앉은뱅이책상을 건드려 먹물 병을 쓰러뜨리는 사고를 칠 것은 너무나 뻔한 일이었다. 먹물이 튀어 원고라도 못쓰게 되면 심 선생이 채 선생의 부주의를 나무랄 것이 뻔했다. 하지만 어린 아들을 방 안에 들어오지 못하게 해달라고 감히 말할 수도 없었다.
 때문에 고민하던 채 선생은 선수를 치기로 했다.
 어느 여름날 오후, 심 선생은 출타중이어서 채 선생 혼자 노닥거리고 있었는데 예의 작은 무법자가 나타났다. 그리고 항상 그랬던 것처럼 방 안에서 뛰놀다가 그림을 그리고 있는 채 선생의 어깨를 가볍게 건드렸다. 동시에 채 선생은 "어!" 하고 소리를 지르며 먹물 병을 슬쩍 쓰러뜨렸고, 왈칵 쏟아져 나온 먹물은 그림이 그려지고 있는 원고지를 뒤덮었다. 물론 그것은 채 선생이 미리 준비해 놓은 가짜 원고였다. 하지만 그는 과장된 몸짓으로 화를 내며 들고 있던 펜대를 내동댕이 쳤다,

그리고는 무법자를 노려보며 더듬거렸다.
"너, 결국…으아아, 이거 정말 미치겠군!"
"…"

심 선생의 아들은 동작을 멈춘 채 눈만 말똥거리고 있었다. 어린 아이기는 했지만 자기가 한 일이 잘한 일인지 못한 일인지는 분간할 수 있는 나이였으니까.

채 선생은 먹물로 도배가 된 원고지를 걷어내 뚤뚤 뭉쳐 한 손에 들고 나오며 탄식하듯이 긴 한숨을 내쉬었다.
"흐유우_"

마침 부엌에서 나오던 심 선생의 부인이 그 모습을 보았다.
"으응? 왜 그래요? 채 선생님?"

그녀가 의아해하며 묻자 채 선생은 억지로 미소 짓는 척하며 말꼬리를 흐렸다.
"아, 아무것도 아닙니다."

그러자 그녀는 그가 방금 나온 방 안으로 시선을 돌렸고, 책상 위에 남아 있는 먹물의 흔적을 보았다.
'작전은 때를 맞추어 근사하게 끝난 것이다.'

채 선생은 그렇게 생각하며 슬그머니 마당을 가로질러 밖으로 나갔다.

한데, 그 작전은 근사하게 끝난 것이 아니었다.

채 선생이 날아갈 것 같은 기분이 되어 근처의 공터에서 두 개인가 담배를 피우고 돌아왔을 때 집 안에서는 작은 소동이 벌어지고 있었다.

심 선생 집의 마당 한쪽에는 우물이 자리 잡고 있었는데 그 주위에 심 선생 부인과 이웃의 아낙네들이 모여 웅성거리고 있었다.

"이제 그만해요. OO 엄마!"
"그래요. 그만큼 혼이 났으니 다시는 안 그러겠지!"
'어, 이게 도대체 무슨 소리지?'
 채 선생은 갑자기 눈이 커지며 긴장하지 않을 수 없었다. 동시에 우물 안을 들여다보며 두레박줄을 쥔 심 선생 부인의 자세가 어쩐지 이상하다고 생각했다.
 그때, 그녀의 왼쪽에 서 있던 아주머니가 우물 속을 내려다보며 큰 소리로 말했다.
"OO아, 어서 더 빌어. 잘못했다고, 어서!"
"으응?"
 채 선생은 재빨리 우물곁으로 다가서며 아래를 내려다보았다. 그러자 그의 눈에 화악 들어온 것은 두레박에 묶인 채 우물의 물 위에서 흔들리고 있는 무법자 녀석이었다. 녀석은 잔뜩 겁먹은 목소리로 울먹이고 있었다.
"엄마, 잘못했어. 다시는 안 그럴게."
"아우, 하느님 맙소사."
 채 선생은 아찔해지는 현기증을 느끼며 온몸이 굳어졌다. 심 선생 부인의 성격이 괄괄하다는 이야기는 누군가에게서 들어 일고 있었지만 그것은 그의 상상을 완전히 뒤엎는 사건이었다.
 어쨌든 그날 이후부터 심 선생의 아들 녀석은 원고 작업을 하는 방에 들어와도 덜 설치게 되었다. 아울러 채 선생은 그 녀석이 진짜로 먹물 병을 엎지르는 사고를 내도 화를 내지 말아야겠다고 마음먹게 되었다. 그럴 수밖에 없는 것이 어린 아이가 두레박에 묶여 우물 속에 매달리는 것보다는 자기가 심 선생에게 해망을 듣는 것이 낫겠다고 생각되었다. 그때 그 아이의 모습은 '나무꾼과 선녀'라는 동화에 나오는 두레박을 탄 나무꾼의 모습과 너무나 달랐기 때문이다.

바케츠의 물

"아우, 춥구나. 추워! 이젠 진짜 겨울이구나!"
 사무실 한쪽에 만들어 놓은 잠자리에 마악 누운 채 선생은 몸을 움츠리며 중얼거렸다.
 몇 년 만에 찾아왔다는 강추위는 며칠째 계속되고 있었다. 국민 학교에 다닐 때 배운 '삼한사온'이라는 것은 세월이 지나면서 저절로 없어지기라도 했는지 나흘이 지나고 닷새째가 되었는데도 날씨가 풀리기는커녕 오히려 더 추워진 것 같다.
 "따르르릉-"
 늦은 밤의 적막을 깨며 울려대는 전화벨 소리.
 '받아보나마나 집에서 온 전화겠지.'
 "아, 여보세요. 아, 그래 당신!"
 전화는 역시 채 선생의 부인에게서 걸려온 것이었다.
 "날이 이렇게 추운데…어떻게 사무실에서…별일 없지요?"
 부인이 걱정을 하며 말끝을 흐리자 채 선생은 믿음직스러운 가장답게 대답하셨다.
 "별일이 있을 게 뭐 있어. 한 가지 있다면 수도꼭지가 얼어붙어서 물을 쓸 수가 없다는 거지. 그래서 세수도 제대로 못하고 있다니까."
 "그, 그래요? 그럼 어쩌지요?"
 "어쩌긴 뭘 어째. 녹을 때가 되면 녹겠지."
 "한데, 오늘 들어오실 건가요?"
 "들어가고 싶은데 일이 덜 끝나서. 그래서 벌써 잘 준비를 끝냈어."
 "알았어요."
 통화는 거기서 끝났다.

그런데 다음 날 이른 아침.
"따르르릉-"
'으응? 이렇게 이른 시간에 전화를 걸 사람이 없는데. 누굴까?'
채 선생은 머리를 갸우뚱하며 전화 수화기를 들었다.
"어, 이 시간에 당신이 웬일이야?"
전화는 그의 부인에게서 걸려온 것이었다.
"사무실 아래쪽에 있는 공중전화 부스에서 거는 거예요. 내려오셔서 이걸 좀 가지고 올라가세요."
"응? 아, 알았어."
채 선생은 부랴부랴 옷을 주워 입고 층계를 내려가며 중얼거렸다.
"마른 반찬이라도 만들어 왔나 보지. 그런데 하필이면 이렇게 추운 날 아침에, 지금이 몇 시인데…"
빌딩 밖으로 나온 채 선생은 천천히 공중전화 부스가 있는 큰길 쪽으로 걸어갔다. 그의 부인도 그쪽에서 걸어오고 있었다. 한데 부인의 손에는 바케쯔가 들리워 있었다.
'아니, 웬 바케쯔?'
갑자기 궁금해진 채 선생은 부인에게 다가서며 빠르게 물었다.
"그건 뭐지?"
그러자 부인은 "턱-"하고 바케쯔를 땅바닥에 내려놓으며 대답했다.
"물이에요."
"물?"
"저걸 여기까지 늘고 오느라고 혼났어요. 하지만 이른 시간이라 버스에 사람들이 많지 않아서 고생을 덜 했어요."

만화가의 아내들 393

"그, 그래? 하지만…"
 대꾸를 하던 채 선생은 어이가 없어서 할 말을 찾지 못하며 더듬거렸다. 그러자 부인은 커다란 두 눈을 깜박이며 반문했다.
 "아니, 왜 그러지요? 물이 안 나와서 세수도 제대로 못했다면서요?"
 "그, 그랬지, 맞아. 하지만 집에서 여기까지 거리가 얼마인데, 당신도 정말 어지간하군."

처음에는 너무나 한심스럽다는 표정을 짓던 채 선생은 결국 감동하고 말았다.
 채 선생이 일하는 사무실의 위치는 퇴계로 4가였고, 그분의 집은 경기도 의정부에 있었던 것이다.

옛 만화가들의
에피소드

2024년 4월 20일 초판 인쇄
2024년 4월 25일 초판 발행
글 : 김 진 / 그림 : 채일병
펴낸이 : 조봉상 외 1명
펴낸곳 : (유)한국영상문화사
공급처 : (유)태평양저널
주　소 : 서울특별시 영등포구 신길로23길
전　화 : (02)834-1806~7
팩　스 : (02)834-1802
등　록 : 1991년 5월 3일(제 2017-000109)
ISBN : 979-11-91953-26-8

정가 : 17,000원

※ 저자와의 합의에 따라 인지는 생략합니다.
※ 잘못 만들어진 책은 바꾸어 드립니다.